会科学基金项目『煤炭资源型区域工业化与城市化空间协调布局研究』

（49）的研究成果，得到山西省城乡统筹协同创新中心的出版资助

煤炭资源型区域工业化与城市化空间协调布局研究

郭文炯◎等著

科学出版社

北 京

内 容 简 介

    本书在综述工业化与城市化协调发展研究动态的基础上，探讨区域工业化与城市化空间协调布局的内涵、影响因素与运行机制，对"资源诅咒"成因作了空间结构方面的解析；从人口与经济空间动态、城镇村体系特征及演进、煤炭资源型城市与企业联系三个方面，以山西为案例作了实证研究，提出了资源型区域工业化与城市化空间协调布局的目标、战略取向和重点，以及机制创新与相关政策建议。

    本书可供从事区域经济、城市地理、城乡规划与管理等的研究人员及政府有关部门的决策人员参考使用。

图书在版编目 (CIP) 数据

煤炭资源型区域工业化与城市化空间协调布局研究 / 郭文炯等著. —北京：科学出版社，2019.6

    ISBN 978-7-03-061331-8

    Ⅰ. ①煤…　Ⅱ. ①郭…　Ⅲ. ①煤炭资源—区域—工业化—研究—山西
②煤炭资源—区域—城市化—研究—山西　Ⅳ. ① F426.21

    中国版本图书馆 CIP 数据核字（2019）第 108382 号

责任编辑：王　媛　刘蒙伟 / 责任校对：韩　杨
责任印制：张　伟 / 封面设计：润一文化

科 学 出 版 社 出版
北京东黄城根北街 16 号
邮政编码：100717
http://www.sciencep.com

北京虎彩文化传播有限公司 印刷
科学出版社发行　各地新华书店经销

*

2019 年 6 月第 一 版　开本：720×1000　B5
2019 年 6 月第一次印刷　印张：16 3/4
字数：278 000
定价：92.00 元
（如有印装质量问题，我社负责调换）

目 录

第一章 导　　论

一、研究背景与目标

煤炭资源的不可再生性和可耗竭性决定了煤炭资源地区具有独特的经济结构和产业演变特征，也决定了煤炭资源区域特殊的空间结构特征。20 世纪 60 年代，欧美部分老工业基地沦为"问题区域"，70 年代以后荷兰、尼日利亚等国家出现了"资源诅咒"（resource curse）现象，资源诅咒、资源型经济转型问题成为学术研究的热点。

在我国，资源型区域曾经是国家工业化发展的重要支撑和城市化发展的重点区域。但是，从 20 世纪 80 年代后期开始，这些地区相继出现了不同程度的资源型经济问题，经济结构、经济增长、居民收入、资源环境、社会就业等一系列危机逐渐显露，资源型区域转型发展问题既受到学者的关注，也得到政府的高度重视。2007 年 12 月，国务院发布了《国务院关于促进资源型城市可持续发展的若干意见》，积极推进资源型城市转型发展工作。2010 年，经国务院同意，中华人民共和国国家发展和改革委员会正式批复设立"山西省国家资源型经济转型综合配套改革试验区"，这是我国设立的第九个综合配套改革试验区，也是唯一一个全省域、全方位、系统性地进行资源型经济转型综合配套改革的试验区；以期通过改革试验，率先走出一条在更大范围内实现资源型经济转型发展的新路子，为其他地区加快资源经济转型和经济发展方式转变起到带动作用。《中华人民共和国国民经济和社会发展第十三个五年规划纲要》（以下简称"十三五"规划）提出，加强政策支持，促进资源枯竭、产业衰退、生态严重退化等困难地区发展接续替代产业，促进资源型地区转型创新，形成多点支撑、多业并举、多元发展新格局。2017 年 9 月 1 日，国务院印发了《国务院关于支持山西省进一步深化改革促进资源型经济转型发展的意见》。该意见指出，山西省是我国重要的能源基地和老工业基地，是国家资源型经济转型综合配套改革试验区，在推进资源型经济转型改革和发展中具有重要地位。该意见要求，为加快破解制约资源型经济转型的深层次体制机制障碍和结构性矛盾，走出一条转型升级、创新驱动发展的新路，努力把山西省改革发展推向更加深入的新阶段，为其他资源型地区经济转型提供可复制、可推广的制度性经验。这一意见的出台，进一步凸显了山西在全国改革发展大格局中的战略地位和对资源型经济转型的示范意义。

区域空间结构是与区域发展关系最密切的区域结构，探讨区域经济空间结构及其演化规律，既为人们所重视，又具有重要意义。在转型发展的大背景下，经济转型和产业结构高度化需要空间组织模式的优化和协同作为支撑。城市化与工业化空间作为社会经济要素及产业的核心空间载体，需适应经济转型发展的要求，引导生产要素合理流动与集聚，为产业结构调整提供空间导向与空间控制，最大限度地规避空间格局不经济的制约作用，创造一个开放、高效、集约的空间环境，形成经济结构调整与空间结构调整互促互动的态势。煤炭资源型区域非常态的工业化道路和分散的人口城市化布局，致使工业化与城市化空间的不协调问题比其他类型区域更为突出，协调发展的任务也更为迫切。

目前，关于资源型区域问题及转型发展的研究，更多地集中于分析"结构—增长"和"制度—增长"两个方面，更为注重对资源结构、产业结构和制度的分析，往往忽视对相应空间结构方面的研究。对资源型区域工业化与城市化关系的研究，主要集中于工业化与城市化水平的相关关系、偏差现象及资源型城市空间形态的实证研究，从工业化与城市化空间关系角度来解释资源型经济问题形成的内在机制及转型对策的研究相对较少。在资源型区域发展过程中，作为经济结构变动过程的工业化和作为空间秩序安排过程的城市化之间的作用机制是怎样的？如何促进二者协调同步发展？如何从工业化与城市化空间结构角度来解释资源型经济的形成及存在问题的内在机制？如何以工业化与城市化空间结构重组来推动区域资源型经济转型发展？这些问题应该是资源型区域转型发展中亟须研究和解决的。

本书以煤炭资源型区域工业化与城市化空间协调布局为主线，以期达到以下研究目标。

1）在对国内关于城市化与工业化相关研究进行综述的基础上，力求界定区域工业化与城市化空间协调布局的内涵，阐明工业化与城市化空间协调布局的主要任务与内容、影响因素与作用机制及运行条件。

2）尝试从产业结构与空间结构的区域协同性角度，揭示煤炭资源型区域工业化与城市化关系特殊的演进过程与区域性特征；尝试将资源型经济问题的"三部门"模型与"核心—边缘"模型结合起来，分析资源型区域特殊的工业化和城市化空间关系，从空间结构角度解释资源型经济的形成及存在问题的内在机制，为防范跌入资源优势陷阱与促进资源型经济体转型提供空间结构方面的理论依据。

3）在实现资源型经济（产业）与空间结构协同互动目标的引导下，提出资源型区域转型发展中工业化与城市化空间重组的基本目标、战略重点与路径；提出在空间规划整合、城镇群一体化发展、矿业城市和煤电集团对接融合、城乡统筹等方面的机制创新重点，以及基于人口与生产要素合理集聚的就业、社会保障、土地、投融资等政策建议，为资源型经济转型综合配套改革试验区建设提供参考。

二、本书的框架与主要内容

本书以经济转型与空间重组为主线，遵循"区域工业化与城市化空间布局协调的一般规律—煤炭资源型地区区域性特征及与一般规律的偏差—煤炭资源型区域工业化与城市化空间布局协调路径—煤炭资源型区域工业化与城市化空间布局协调机制及政策建议"的研究路径，除导论外，共分为三部分七章内容，各部分之间的逻辑关系如图1-1所示。

第一部分为理论解释，包括工业化与城市化空间协调布局的理论认识，资源型区域的空间结构模式："资源诅咒"的空间结构解释，共两章内容。

第二章，工业化与城市化空间协调布局的理论认识。首先，从工业化与城市化关系的理论研究、中国工业化与城市化空间协调布局研究和资源型区域工业化与城市化协调发展问题研究三个侧面，对工业化与城市化协调发展问题研究作了较为全面的综述，并以此为基础，对区域工业化与城市化空间协调布局的内涵、影响因素、形成机制，以及区域工业化与城市化空间协调布局的运行条件等进行了梳理和概括，提出了本书的一些观点和结论。

第三章，资源型区域的空间结构模式："资源诅咒"的空间结构解释。本章试图将资源型经济问题的"三部门"模型与"核心—边缘"模型结合起来，从工业化与城市化空间结构角度分析资源型经济形成及存在问题的内在机制，

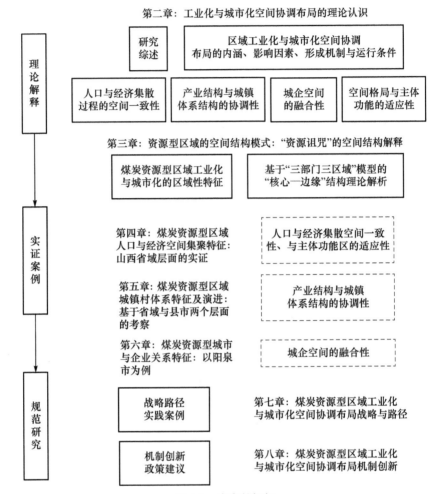

图 1-1　本书的框架

揭示煤炭资源型区域产业结构和工业化与城市化空间布局之间的动态演化特征、特殊的作用机制和空间效应。从煤炭资源型区域工业化与城市化特殊的形成过程出发，概括和揭示了煤炭资源型区域工业化与城市化的区域性特征，提出了资源型区域"三部门三区域"结构，并依据景普秋、范昊等基于可耗竭资源开发的三种区域经济模式，分析了资源推动型、资源诅咒型模式的经济结构与"核心—边缘"结构的特征，对"资源诅咒"成因作了空间结构的分析与解析；并从山西省"核心—边缘"结构及人口与经济集聚动态等方面对观点作了验证。

　　第二部分为实证案例，分别从煤炭资源型区域人口与经济空间集聚特征、煤炭资源型区域城镇村体系特征及演进、煤炭资源型城市与企业关系特征三个层面进行了不同空间层次的实证和案例研究。其中，第四章，煤炭资源型区域人口与经济空间集聚特征：山西省域层面的实证，主要研究了人口与经济空间关系及变化特征、流动人口空间分布与变化特征、煤炭产业就业人口的空间分布与变化特征，以及不同主体功能区人口与经济集中动态四个方面。第五章，煤炭资源型区域城镇村体系特征及演进：基于省域与县市两个层面的考察，分析了城镇体系演进及规模、职能和空间结构的变动特征，并研究了在快速工业化和城市化背景下，资源型区域乡村聚落规模结构及其空间动态。第六章，煤炭资源型城市与企业关系特征：以阳泉市为例，研究了煤炭资源型城市与大型资源型企业的相互影响、空间过程、空间联系与空间冲突，以及城企空间协同路径和对策。

第三部分为规范研究，包括煤炭资源型区域工业化与城市化空间布局协调战略与路径、煤炭资源型区域工业化与城市化空间协调布局机制创新两章内容。第七章，煤炭资源型区域工业化与城市化空间协调布局战略与路径，包括资源型区域工业化与城市化空间协调布局的战略取向、资源型区域工业化与城市化空间协调布局的实践案例，以及资源型区域工业化与城市化空间协调布局的县域规划案例三部分内容。其中，第一部分是第七章的核心，从宏观角度提出资源型区域工业化与城市化空间协调布局的基本目标、战略取向和战略重点；第二部分，调研和总结了山西省在转型综改试验区建设中，区域城镇群建设、县（市）域空间布局优化的实践模式；第三部分，以处于重要生态功能区的新兴资源型县域沁源县为案例，从规划角度，研究了实现县域生产、生活、生态空间协调布局的方向、路径与政策措施。第八章，煤炭资源型区域工业化与城市化空间协调布局机制创新，重点研究了空间规划整合与空间协调管控机制、区域与城乡空间协调机制及政策、人口和重要资源的一体化配置机制三个方面，提出了较为具体的机制创新重点和政策建议。

三、本书的主要结论与基本观点

1. 区域工业化与城市化空间协调布局的理论认识

工业化与城市化是区域社会经济发展中密切联系的两个侧面，工业化实质上是经济结构的变动过程,城市化实质上是空间秩序再安排、物质环境再建构和空间相互作用关系再调整的过程。区域工业化与城市化空间协调布局具有丰富的内涵,包括人口、产业、生态在区域之间("核心—外围")、城乡(郊)之间及城市地域三个空间尺度,以及在空间过程、结构、功能、效应四个方面的协调,它是区域人口及居民点系统、产业系统、生态系统、基础设施与社会服务设施系统整体空间系统的协调,即"核心—外围"人口分布与经济布局的协调,城镇体系内部产业结构与城市功能结构的协调,城市地域层面上企业区位与园区功能相匹配、产业空间与生活空间相融合的协调,区域人地系统层面城市化空间格局与主体功能区布局的协调。

区域工业化与城市化空间格局主要受资源本底、企业区位和产业组织、交通条件、政策环境、技术进步、发展阶段等因素影响,这些因素受经济活动的区位指向与路径依赖、要素和经济活动的集聚与邻近效应、经济活动的外部性和政策制度三种机制的共同作用,这是工业化与城市化空间协调发展形成机制的理论基础。工业化与城市化空间协调布局需要微观集聚主体的经济理性、完善的要素市场体系和最低程度的集聚与扩散障碍等运行条件来保障。

在实践中,产业结构调整与空间结构调整是区域发展同等重要的两条主线。促进区域工业化与城市化空间协调布局的主要任务是充分发挥市场机制的主导作用,并通过科学地引导和有效地干预优化空间资源和生产要素配置,提高生产要素配置和利用效率,缓解生态脆弱区域的资源环境压力,构建生产、生活、生态空间协调有序的空间格局,同时为区域经济社会发展构建空间组织高效集约、城乡区域分工明确、城乡区域联系紧密、人地关系和谐、可持续发展的空间载体。

2. 煤炭资源型区域工业化与城市化的区域性特征

从我国资源型区域工业化与城市化的历史演变中可以看到,工业化进程基本上依赖于其自然资源特别是矿产资源对资本的吸引力,通过发展采掘、能源及相关的重化工业,生产和输出初级产品来推进。与此相应的是以资源型产业推动为主的资源开发速生型城市化发展模式。这种围绕资源型产业的发展进行的突发式、嵌入式的工业化与城市化,导致资源型区域在工业化与城市化空间布局和相互作用关系上与一般区域的差别。

资源型区域工业化特征主要表现为区域分工的低层次性、产业结构演进的反工业化、产业结构的低关联性与单一性、社会效应的技术及人力资本挤出性、企业布局的资源指向和产业布局分散性，以及生态环境影响的负外部性等。

资源型区域城市的形成发展有两种类型：一是在原有中心地基础上叠加工矿开发而兴起的城市；二是以大型矿业开发项目建设为动力，在短期内迅速崛起的专门化工业城市。这种城市形成发展的特殊路径，使资源型城市化与城市体系表现出一些区域性特征：城市化进程的突发性和人口增长的不稳定性、城市职能的高度专门化与城镇体系功能结构的同构性、城市内部空间结构与城市体系空间结构的分散化、城市内部与城市和区域之间的二元性、城市景观的半城市化特征等。

3. 资源型区域的空间结构模式："资源诅咒"的空间结构解释

借鉴资源型区域资源部门、制造业和服务业"三部门"模型和"核心—边缘"模型，资源型经济区域可划分为三类地区，即核心区、工矿区、边缘区。核心区是指区位条件优越、交通便利，具有人口、制造业、服务业集聚条件的城镇密集区和区域性的中心城镇；工矿区是指拥有丰富的矿产资源、有开发的条件、以采掘业为主导的区域，由于煤炭资源分布的特殊性，这类区域一般分布于丘陵、山区；边缘区是指以农业生产、生态功能为主导，经济较为落后的区域。这三类发展条件、区域功能不同又相互联系、相互作用的地域，构成了煤炭资源型经济的区域系统。

对"资源诅咒"形成的经济方面的代表性解释是"三部门"模型，该模型揭示了在资源丰裕区域，一旦资源部门成为主导部门，便会形成资源部门对经济要素特殊的吸纳效应，资源部门的扩张与延伸使产业家族形成黏滞效应，工业化演进过程中的沉淀成本与路径依赖形成对资源功能的锁定效应，产生发展的路径依赖，陷入资源优势陷阱。

空间结构与组织是"资源诅咒"研究被忽略的一个分析视角。实际上，资源型区域由于制造业部门和资源部门的空间关联性及空间的集聚经济效果不同、要素分布地域与产业布局指向性差异，在资源型经济的自强机制作用下，人口与经济活动倾向于空间分布的分散化，形成了资源型区域特殊的"核心—边缘"结构和要素流动特征。资源部门繁荣不仅会挤出制造业，还会通过挤出物质资本、人力资本、科学技术等城市发展动力要素来延缓区域城市化进程，导致核心区域发展滞缓；核心区域集聚效应弱化及偏态的城市功能，会制约制造业集聚和现代服务业的发展，制约产业结构升级，形成缺乏城市化支撑的工业化，进而影响到区域的经济平稳增长和产业结构升级，使区域发展落入"资源诅咒"陷阱。因此，资源型经济问题的根源，除了产业结构问题外，工业化与城市化空间割裂导致的集聚经济效应弱化是一个重要原因。

规避"资源诅咒"，走出资源优势陷阱，既需要关注经济结构调整、制度创新，也需要把提高空间利用效率作为重要任务，优化"核心—边缘"结构体系，构建高效、集约的空间组织结构，促进经济结构与空间结构的协同优化。基本路径包括：同步推进资源型经济转型中经济结构调整和空间结构重组；高度重视核心区域的发展，构建新型产业集聚与创新增长的空间和产业转型升级平台；高度重视矿业城市的"再城市化"，解决工矿区域的"半城市化"问题；突出边缘区域生态、农业功能，协调边缘区域经济发展与生态功能的矛盾。

4. 煤炭资源型区域工业化与城市化空间协调特征与面临的主要问题

区域人口与经济协调发展问题，可以简化为人口分布与经济发展的空间格局一致性问题，这是区域工业化与城市化空间协调的重要内容。根据山西省人口"五普""六普"①资料的实证研究，人口与经济空间联系密切程度不断提高，经济与人口在地理分布上基本趋向一致，符合人口与经济发展的一般规律。但由于资源型地区经济结构的特殊性及人口流动的滞后性，经济增长所带来的人口集聚效应并不显著，山西省人口分布格局几乎没有变化。从县域层面分析，资源型地区与非资源型地区的人口与经济耦合程度出现两极分化现象，一些煤炭资源丰富的县域经济发展迅速而人口集聚少，一些非资源型县域经济发展缓慢而人口滞留多，呈现出不同的空间集聚特征。山西省流动人口规模与城市人口规模的相关性显著，从性质上，流动人口倾向于向综合型城市、工矿资源型城市集聚。山西省煤炭产业就业人口空间布局自1990年以来呈现出由单核心结构向多核心结构的演变过程，空间上表现为由点状集聚拓展为面状集聚的演变轨迹，人口的空间扩张一般是蔓延式的扩散模式，煤炭产业人口空间分布趋向分散化。

推进形成主体功能区，就要统筹谋划人口分布、经济布局、国土利用和城市化格局，逐步形成人口、经济、资源环境相协调的国土空间开发格局。

---

① "五普"是指第五次全国人口普查；"六普"是指第六次全国人口普查。

山西省总人口集聚基本符合主体功能区建设导向，但城镇人口、经济空间趋势与主体功能区政策导向存在空间上的偏差。

城镇规模结构分散，功能不健全，城市群发育滞后。山西省城镇体系规模结构更接近于次位型分布类型，高位次城市规模不突出，中小城市比较发育，城市人口分布呈现日益分散的趋势，缺乏在全国具有较强竞争力和影响力的特大城市，区域性中心城市规模偏小，集聚能力和经济辐射能力较弱，"小马拉大车"问题仍十分突出。城市经济活动的资源型色彩十分浓厚，城镇体系职能组合表现出鲜明的资源型经济特色，即城镇经济职能类型以工矿城市为主，城市职能体系不完善，突出表现在城市制造业职能薄弱，科技、文化、服务、金融职能普遍较弱方面。从1990～2010年动态演进看，以工矿城市为主导的职能结构一直未有大的变化。为此，加快推进工矿城镇由单纯工矿型职能向城镇主导型职能的转型发展，促进城镇职能体系多样化和综合化，是山西城镇体系建设的重要任务。城镇空间分布的交通指向和矿产资源指向特征十分突出。城镇群人口与经济集聚能力仍然较弱，并未表现出人口与经济向城镇群集聚的态势，且与中西部其他城市群相比，无论是经济集聚规模还是人口集聚规模均有较大差距。

通过阳泉煤业（集团）有限责任公司（以下简称阳煤集团）和阳泉市关系的实证分析，发现资源型企业在资源型城市发展、转型中具有重大的作用。企业产业多元化、空间多区位扩张和空间联系，对城市职能转型、城市与腹地联系具有重要的促进作用和影响。但是，城市内部城企之间"二元结构"明显，既存在功能上的城企分离，也存在空间上的城企分割，还表现出城市人口、景观的半城市化特征。促进企业多样化和空间扩张与城市功能的协同，城镇发展空间上城、矿、乡的协同，生态空间与生产生活空间建设的协同，城市社区体系和社会空间的整合与协同是城企协调发展的重要方向。

5. 煤炭资源型区域工业化与城市化空间协调布局战略与路径

区域工业化与城市化空间协调布局发展的目标与标志包括过程协调、结构协调、功能协调和效应协调。以山西省为例，工业化与城市化空间协调布局的总体目标：构建集约、高效的空间开发格局，打造一个牵引山西经济转型发展的新的经济增长极和新兴经济生长空间，形成主体功能清晰的省域空间功能分工格局，形成产业与城市融合互动发展态势。

资源型区域工业化和城市化空间协调布局的战略重点包括：实施"空间

集中化"战略，构建高效、集约、开放、可持续的城镇体系空间组织结构；实施城市化数量与质量同步提升战略，促进城市化与新型工业化进程相协调发展；实施城镇集群化发展战略，强化城镇之间的分工与合作，构建新产业集聚与创新增长的空间；实施工矿城市"再城市化"战略，构建资源型城市经济转型的产业空间；推进主体功能区战略，促进产业布局、城镇建设与资源环境保护相协调。

6. 煤炭资源型区域工业化与城市化空间协调布局机制创新

促进工业化与城市化空间布局的协调发展，需要发挥市场在区域之间、城市之间、城乡之间进行资源配置和要素流动的主体作用，需要强化政府的空间管制，发挥空间规划在工业化与城市化布局中的引领作用，需要进行有针对性的制度设计。

加快空间规划机制创新，促进各种空间规划的整合与协调，构建新型的空间规划体系是促进工业化与城市化空间协调、城乡区域协调发展的重要任务。在梳理我国空间规划问题、实践探索的基础上，提出完善空间规划的基本思路为遵循"强化龙头，横向协调；完善层次，纵向指导"的路径，建立以主体功能区规划和市县域城乡总体规划为基础的空间规划体系框架，形成全域覆盖、城乡统筹、功能清晰、横向协调、上下衔接的空间规划体系。促进规划协调的主要行动包括：完善规划编制的协调衔接机制，实现规划目标、标准、内容、信息平台对接；完善规划实施机制，建立 5 年规划和年度实施计划制度；推进规划管理机构改革和管理机制创新，建立统一的规划管理体制和全覆盖的城乡规划监管体系。

资源型区域工业化与城市化空间协调政策层面，存在一些比较突出的问题和难点，主要包括城市群整合协调发展的机制尚未建立、产业园区和城市建设互动发展机制尚未完善、城乡统筹布局与发展机制尚未形成、工矿城镇转型的促进机制亟待加强、与主体功能区划相适应的城镇布局调整政策尚不健全等。因此，需要以城镇群一体化发展、产城协调布局、资源型城市转型、县域城乡一体化布局、资源节约型与环境友好型城市建设的体制机制创新为重点，优化资源型区域工业化与城市化空间布局协调机制。

工业化与城市化空间协调布局的关键是实现人口和生产要素的合理集聚，要素聚集能力也关系到城镇建设和发展的质量。因此，需要尊重市场规律，统筹推进人口管理、土地管理、财税金融等体制机制改革，最大限度地消除人口和生产要素合理集聚的障碍，形成有利于工业化与城市化空间协调布局的制度环境。

四、本书的创新之处

本书的创新之处主要体现在理论创新和应用创新两大方面，主要包括以下四项内容。

第一，在借鉴前人研究工作的基础上，从理论上对区域工业化和城市化关系进行梳理，较为系统地提出了区域工业化与城市化空间协调布局的内涵、主要任务与内容、影响因素与作用机制，以及运行条件等，为工业化与城市化协调布局研究提供了理论方法指导。

第二，以产业结构与工业化和城市化空间结构的互动为主线，借鉴资源型区域"三部门"模型和"核心—边缘"模型，构建了分析资源型区域城市化与工业化空间过程的"三部门三区域"结构框架模型，从"核心—边缘"空间结构的视角对"资源诅咒"作了空间结构方面的解析，揭示了资源型经济问题的根源。除了产业结构问题外，工业化与城市化空间割裂导致的集聚经济效应弱化也是一个重要原因。要规避"资源诅咒"，走出资源优势陷阱，既需要关注经济结构调整、制度创新，也需要把提高空间利用效率作为重要任务，优化核心边缘结构体系。

第三，煤炭资源型区域工业化和城市化空间战略，以山西省为例，提出工业化与城市化空间布局协调的目标、战略取向和实施"空间集中化"战略、城市化数量与质量同步提升战略、城镇集群化战略、工矿城市"再城市化"战略、主体功能区战略等的战略重点和路径。

第四，面向资源型经济转型综改实验实践，提出强化空间管制和空间规划机制创新的思路与行动；提出以城镇群一体化发展、产城协调布局、资源型城市转型、县域城乡一体化布局、资源节约型与环境友好型城市建设的体制机制创新为重点，优化资源型区域工业化与城市化空间布局的协调机制的主要方向；提出有利于人口和生产要素合理集聚的人口管理、土地管理、投融资等机制改革的政策建议。

第二章 工业化与城市化空间协调布局的理论认识

一、工业化与城市化协调发展研究的简要评述

工业化与城市化的关系及协调发展问题是经济学、地理学等学科和各级政府管理部门长期关注的热点。关于工业化与城市化关系的国内外研究现状，景普秋和张复明（2003）、邵明伟（2015）等作了较为详细的评述，本部分则围绕工业化与城市化空间协调布局这一研究主题，从工业化与城市化关系的理论研究、中国工业化与城市化空间协调布局研究、资源型区域工业化与城市化协调发展问题研究三个方面，对研究进展与动态作进一步的梳理与简要评述。

（一）工业化与城市化关系的理论研究

关于工业化与城市化关系的理论研究，主要集中在以下三个方面：一是工业化、城市化和经济增长的基本关系与阶段性特征的理论；二是工业化与城市化关系的机制与理论阐释；三是工业化与城市化空间演进特征及规律。

1. 工业化、城市化和经济增长的基本关系与阶段性特征的理论

经济学家库兹涅茨和钱纳里认为，随着经济增长，社会经济结构也会出现一系列的转变，其中有两个基本结构转变引人注目：一是从以农业为基础的经济向以工业和服务业为基础的经济转变，即工业化；二是人口持续不断地从农村地区向城市迁移，即城市化。两者之间究竟有什么样的关系，成为学者探讨的一个重要问题。以钱纳里为代表的实证主义对工业化与城市化的相关关系进行量化分析和理论阐释。这些理论，以发达国家的实践为基础，

开展了长期趋势、阶段划分和经验总结的实证研究，代表性理论有钱纳里的发展型式理论、诺瑟姆（Northam）的"S"形曲线及罗斯托的发展阶段理论等（陈明星，2015）。

钱纳里和塞尔昆于1971年在《发展的格局　1950—1970》一书中提出了城市化率与工业化率比较的世界发展模型。书中提出城市人口比重与人均收入增加之间有较高的正相关性，并粗略分析了不同经济水平下工业化率与城市化水平的定量关系，在工业化初期，城市化是由工业化推动的，城市化率与工业化率的变动有较高的相关关系，在人均GDP（gross domestic product，国内生产总值）大于300美元以后，城市化率明显高于工业化率，工业化的速度开始明显滞后于城市化的进程。其定量研究的方法和结论被广泛引用（钱纳里和塞尔昆，1989）。

美国城市地理学家诺瑟姆较早关注城市化水平与经济发展水平的关系，指出城市化水平与经济发展水平之间存在粗略的线性关系。在对西方国家工业化进程中城市化水平变化趋势进行分析的基础上，提出了城市化进程大致符合变体的"S"形曲线变化的规律，对应于工业化的初期、中期、后期，将城市化划分为初始阶段、加速阶段和成熟阶段。

其他国外学者如美国地理学家贝里的研究显示，城市化和经济发展之间具有正相关关系。国内城市地理学者也关注经济发展水平与城市化、工业化之间的相关关系，周一星（1982）采用137个国家的城市化水平与人均国民生产总值进行相关分析，得出了城市化水平与人均国民生产总值的对数成正比的关系式；许学强等（1997）用151个国家的资料进行回归，也得出了相同的结论。同时，有学者对钱纳里发展型式理论、诺瑟姆提出的"S"形曲线进行了修正和发展（张颖和赵民，2003；陈明星等，2013；陈彦光和周一星，2005）。

已有的许多实证与理论成果显示，城市化与工业化之间的联系是无法否定的。在宏观水平上，经济发展、工业化与城市化水平之间呈现显著正相关关系。对于二者关系的认识，大致有以下三种观点：第一种观点认为，工业化是因，城市化是果；第二种观点认为，工业化过程也是城市化过程，而城市化过程又推动了工业化过程，两者是互为因果的关系；第三种观点认为，工业化与城市化变动关系在工业化的不同阶段存在较大差别，不同收入国家、不同类型国家的工业化与城市化变动关系表现出不同特点（景普秋，2003）。根据邵明伟（2015）的综述性研究，从目前基本观点来看，首先，较多学者赞同二者互为因果、互为动力、螺旋上升的演进次序和动力机制关系；其次，在发展进程上，不同阶段分别体现出同步、超前、滞后的关系。

2. 工业化与城市化关系的机制与理论阐释

工业化与城市化关系及其理论阐释主要基于以下几个角度：①工业区位理论，建立在微观经济学产业组织理论，特别是交易与分工学说基础上，主要从劳动过程的角度阐明了工业的区位选择过程对城镇发展的推动机制，最具有代表性的是斯科特的城市和区域理论；②人口流动理论，主要应用人口经济学理论和分析方法，描述了城市化不同阶段的人口流动过程的发生和发展特点，并尝试解释人口格局背后的形成机制，从劳动力转移角度阐释了工业化与城市化的同步或偏差，代表性的是刘易斯模型和托达罗模型；③聚集经济理论，以马歇尔、巴顿为代表，从规模经济、外部经济角度分析经济活动与人口空间聚集所带来的成本递减；④以杨小凯为代表的新兴古典经济学派，从交易费用与专业化经济的两难选择角度对二者之间的关系进行阐释；等等。虽然从多个角度进行阐释，但是空间因素似乎未进入主流经济学研究领域，直到克鲁格曼（Krugman）将空间纳入主流经济学分析框架，通过"核心—边缘"理论解释工业化与城市化之间的空间布局关系。

作为区域经济学的核心理论之一，农业区位论、工业区位论、城市区位论等认为，城市是以社会生产的各种物质要素和物质过程在空间上的集聚为特征的，城市的聚集性创造出大于分散系统的社会经济效益，这是城市化的基本动力。韦伯在分析19世纪欧洲城市化时，认为城市化是由工业化所产生的劳动力分工在空间上的反映。艾伦·斯科特（Allen Scott）是美国独树一帜的经济和城市地理学家，他从20世纪80年代初开始对产业组织与大城市内部区位关系进行研究，从劳动过程的角度阐明了工业的区位选择过程对城镇发展的推动机制（樊杰等，2009）。斯科特通过分析劳动过程中的纵向一体化和纵向分解、生产联系、集聚经济而得出现代工业的区位原则，并与资本主义国家的城市化联系起来，是继韦伯工业区位论、勒施城市区位论之后的又一重要区位理论，可称为"工业—城市"区位论（宁越敏，1995）。斯科特认为，企业内部技术分工的主要目的是实现规模经济，如果企业内部的技术分工转化为企业之间的社会分工，即每个企业只从事某一劳动过程的专门化生产，那么这些企业会因投入产出的各种交易活动而被连接为一个生产系统，即产业综合体。根据交易成本学说，不同的分工形态导致企业间出现不同形式和特点的交易活动。企业的区位过程可出现两种趋势,若联系是小规模、非标准化、不稳定或需要特殊中介的,其集聚程度部分地取决于产品价值与交易、联系成本的比例,交易成本越大,集聚程度越高。若联系是大规模、标准化、稳定的和易于管理的,它们单位流动的交易成本较低,企业区位选择的自由度非常大,可以选择远离联系厂家的布局。斯科特把由交易关系网络连接的、空间集聚的产业综合体称为"原始城市形态"。沃克(Walker)把斯科特按照交易成本学说发展起来的区位论称为新工业区位论(即 CWS 模式),指出该模式首次进行了把劳动过程的分工和一体化综合起来的探讨,也提供了一种更强有力的分析方法,分析了某些工业比另一些工业更趋向集中化,以及城市不断成长的原因。

刘易斯最早提出了一个劳动力无限供给的二元经济模型,该模型假定工业是城市的主要产业部门,农业是农村的主要产业部门,在假定农业劳动力边际生产率为零的前提下,农村剩余劳动力会源源不断地流向城市的工业部门,劳动力的产业与地域间的转换同时实现,工业化与城市化的发展是同步的。但是,这一模型忽视了农业的重要性。费和拉尼斯(Fei and Ranis)对模型的假设作了修正,完善了农业剩余劳动力转移的二元经济发展论。托达罗的人口流动模型进一步揭示了农村劳动力向城市迁移的迁移量的决定因素,认为它取决于城乡工资差距、城市失业率及潜在的移民对机会的响应程度。Lucas 和 Rossi-Hansberg(2002)用人力资本理论构建了一个在无限增长的经济里,劳动力从传统的土地技术密集型部门向人力资本密集型部门转移的城乡二元模型,强调了城市对移民积累现代产业新技能的重要性。上述人口流动理论分析了城乡人口迁移和经济发展的效率问题,却不能解释人口和经济活动不断向城市聚集的动态过程的原因,以及经济增长的可持续性问题(钱陈,2005)。

对工业化与城市化作用机制的研究,另一种思路是从微观方面分析。城市经济学家巴顿(1986)用聚集经济来解释城市的成因,将聚集经济视为城市化的规模经济,以说明城市规模大小,认为"原料的分布不均,地方气候的特点,高昂的运输费用促使工业集中在一些有利的地区,工业劳动力需要有住房和其他的服务事业,这些只有在城市环境中才能提供,结果,工业城镇发展了。伴随着这种发展就要求进一步扩大商业和零售活动,也满足当地居民和企业增长需要。反过来城市化由于具有集聚经济效益又促进工业化的发展,同时也促进城市规模的进一步发展"。城市化的产生与发展离不开工业化，工业化促进了城市化。巴顿把城市聚集经济效益分为十大类，在他的集聚经济效益中，既包括内部规模经济又包括外部规模经济。从供给的角度，企业规模的扩大与企业在空间的聚集，通过共用基础设施、提供潜力较大的本地市场和熟练劳动力、减少相关联产业的交易成本与运输成本等，可以降低生产成本，提高相对收益，成为城市化促进工业化发展的重要动力。从需求的角度，由于向区域外提供产品带动了本地市场消费需求的增加，进而带动本地居民收入的增加，消费结构升级，促进产业结构的高度化和多样化发展，也促进工业化的深化发展。马歇尔较早关注产业集聚这一经济现象，他描述了专用机械和专业人才在产业集聚中具有的高使用效率。他认为外部经济是非常重要的，包括提供协同创新的环境、共享辅助性工业的服务和专业化劳动力市场、促进区域经济健康发展、平衡劳动需求结构和方便顾客等。克鲁格曼设计了一个模型，假设工业生产具有规模报酬递增的特点，而农业生产的规模报酬不变，在一个区域内，工业生产活动的空间格局演化的最终结果将会是集聚，这从理论上证明了工业活动倾向于空间集聚的一般性趋势（Krugman, 1991）。随着空间集聚的规模扩大，生产成本、交通运输成本、交易成本下降，引起了规模报酬递增。

新经济地理学基于规模报酬递增、不完全竞争和运输成本的假定，认为自然禀赋优势或偶然历史事件使某一区域获得比较优势，集聚经济发生，并通过循环累积因果机制自我强化，不断吸引产业、人口转移，使工业化和城市化互动、协调发展，集聚经济是工业化和城市化的互动核心（邵明伟，2015）。

将聚集经济视为一种规模经济利益，即聚集能够享受专业化分工的好处，在这一点上，杨小凯和黄有光（1999）的理论可以做出很好的解释。分工引起专业化水平提高，促使专业化经济出现；分工同时引起产品种类的增加，产品之间的交易费用提高。按照杨小凯和黄有光的理论，如果交易效率极高或者交易费用为零，那么经济会是自给自足状态或完全分工。如果专业化经济存在，就是完全分工；如果专业化经济不存在，就是自给自足状态。现实是专业化经济与交易费用同时存在，二者之间的两难选择促进了分工的深化。城市化与劳动分工之间的循环演进关系：一方面，分工是城市化的基础，是推动城市化的根本动力；另一方面，城市化是促进分工深化的空间组织形式。城市化通过把人口和产业集聚在一起，创造出大规模的市场，降低了协调交易活动的成本，提高了交易效率，从而推进劳动分工的进一步演进和深化

（成德宁，2004）。

3. 工业化与城市化空间演进特征及规律

城市化本质上是一种空间过程，即人口、生产要素和经济活动的空间集中过程。无论是城市化现象还是经济活动在区域之间的分布，实际上都反映了经济活动的分布在聚集和分散之间的一种权衡。理论和实证研究均表明，工业化与城市化良性互动的基本前提之一，是工业区位与城镇区位的空间耦合。工业企业区位和城镇体系布局的空间耦合关系是地理学综合基础理论研究中具有重要意义的命题（樊杰等，2009）。

以增长极理论和"中心—外围"理论为代表的区域工业化非均衡增长理论，主要从区域空间结构演进和依附关系角度，揭示了区域工业化和城镇空间之间的关系；以克鲁格曼为代表的新经济地理理论，通过"核心—边缘"结构解释了工业化与城市化之间的空间布局关系。

增长极理论是由佩鲁（Perroux）于 20 世纪 50 年代提出的，原用于分析不同产业之间的关系，后经布德维尔（Boudeville）进一步发展，将增长极的概念从经济空间推广到地理空间，演绎为"增长中心"空间概念，指出一旦经济发展在某一地区发生了发动型工业或主导工业，则该地区就必然产生一种强大的力量使经济发展进一步集中到该地区，成为极核地区（许学强等，2009）。增长极恰似一个"磁场极"，能产生吸引或辐射作用，从而产生"城市化趋向"。增长极理论的基本点是其地理空间表现为一定规模的城市，必须存在推进性的主导工业部门和不断扩大的工业综合体，具有扩散和回流效应。在此理论框架下，经济增长被认为是一个由点到面、由局部到整体依次递进的有机联系的系统。其物质载体或表现形式包括各类别城镇、产业区和经济协作区等。

"核心—边缘"理论由美国地理学家弗里德曼于 1966 年提出，是解释区域之间经济发展关系和区域空间结构演变模式的理论（包卿和陈雄，2006）。该理论拓展了增长极理论视角，并充分解释和阐述了极化效应和扩散效应及其作用。"核心—边缘"理论认为，任何区域的空间系统都可以看作由中心和外围两个空间子系统组成。在若干区域之间，由于多种原因，个别区域首先发展起来而成为"核心"，其他区域则因发展缓慢而成为"边缘"。一个空间系统发展的动力是核心区产生的大量创新。创新增强了核心的发展能力和活力，并在向外围的扩散中加强了核心的统治地位。该理论还认为，主导效应、信息效应、心理效应、现代化效应、连接效应和生产效应支持了中心的成长。在区域经济增长过程中，区域空间结构演化阶段呈现离散型空间结构、集中型空间结构、扩散型空间结构、均衡型空间结构的阶段演变，最终达到了区域空间一体化。与弗里德曼几乎同时提出"核心—边缘"理论的还有施坚雅（William Skinner），其理论的侧重点在于"核心—边缘"结构的自然背景研究及流域空间结构的研究。"核心—边缘"理论从产业发展和空间演变相结合的角度建立了区域空间结构和发展阶段的关系，不仅揭示了区域经济发展过程中空间结构的阶段性变化规律，也揭示了区域工业化和城市化过程的一般规律。

20世纪90年代，克鲁格曼等开创了新经济地理理论，基于规模报酬递增、不完全竞争和运输成本的假定，通过对Dixit-Stiglitz垄断竞争模型的变形，把地理因素重新引入主流经济学中，构造了一个制造业劳动力可以自由流动而农业劳动力不能流动的两地区两部门经济，并且引入了运输成本，建立了一般均衡框架下的"核心—外围"模型，强调了在垄断竞争的市场结构下人口和产业聚集现象是如何发生的，从而使"核心—边缘"理论发展到了一个新的阶段（王小玉，2007）。

在"核心—外围"模型中，处于中心或核心的是制造业地区，外围是农业地区，区位因素取决于规模经济和交通成本的相互影响。假设工业生产具有报酬递增的特点，而农业生产的规模报酬不变，那么随着时间的推移，工业生产活动将趋向于空间集聚。在资源不可流动的假设下，生产总是聚集在最大的市场，从而使运输成本最小并取得递增报酬。在"核心—外围"模型中，市场通路效应、生活费用效应、市场挤出效应三种基本效应组成了该模型的基本机制，前两种效应形成了向心力，促使厂商空间集聚；而后一种效应形成了离心力，促使厂商空间扩散。在运输成本很高时，一个分散的经济布局是稳定的；当贸易成本低于某个临界值时，规模经济的收益将超过贸易成本，所有企业都将集聚在一个地区，整个经济高度聚集在一个制造业中心周围，这就构成了"核心—外围"结构模型。

除了静态模型以外，Fujita和Thisse（2002）把"核心—外围"模型放到增长理论框架之中，在原来的两部门模型基础上增加了一个创新部门，通过提供新的知识来推动经济增长，并且这个部门具有集聚效应；另外，还把劳动力分成熟练劳动力和非熟练劳动力两种，创新部门只能雇用熟练劳动力。在该模型中，当运输成本足够低时，现代部门和创新部门都会集中到一个区域之中，而其他地区则专注于生产传统产品。技术流动障碍的存在尽管在一定时间内可以维持一种分散的经济布局，但是随着经济一体化的加深，"核心—外围"结构也将最终形成（冯俊新，2009）。

新经济地理学中关于区域经济分布不平衡的理论，通过向心力和离心力因素的不同组合，强调了不同因素对区域经济分布不平衡的影响。总体来说，这些模型利用向心力和离心力的组合证明，在经济发展的初期，经济活动的区域布局倾向越来越不平衡；而随着经济一体化程度的加深，这种不平衡的区域经济布局可能会得到逆转（冯俊新，2009）。

（二）中国工业化与城市化空间协调布局研究

国内关于工业化与城市化空间协调布局方面的研究，宏观方面侧重于不同经济区之间、省区之间的工业化与城市化区域协调的实证研究，区域产业结构演进与城镇空间结构的对应关系，区域城市化、空间集聚与经济绩效，基于集聚经济的协调机制，劳动力与产业区域转移对区域城市化影响等方面；微观层面侧重于企业区位、园区、产业集群等与城镇体系布局的空间耦合分析等方面。

1. 关于我国工业化与城市化空间差异与区域模式研究

工业化和城市化关系的区域差异其实就是空间问题。2000 年以来，我国学者对于国内各区域的工业化与城市化区域协调程度及地区差异的研究主要如下：樊杰和田明（2003）、刘盛和等（2003）研究了非农化与城市化关系的省际差异。李国平（2008）采用农业劳动力变动与城镇人口变动的比值来反映我国各个地区的城市化与工业化关系，研究表明东北三省有类似过度城市化的倾向，中西部一些省份显示出低度城镇化的倾向。刘耀彬（2004）、陈明星等（2010）研究了我国城市化与经济发展水平关系的省际格局，对中国工业化与城市化协调发展的区域差异进行了分析与研究，表明全国省际格局呈现明显的东西差异，东部沿海地区以城市化超前经济发展水平类型为主，而中西部地区则以城市化滞后经济发展为主。

由于不同区域的自然背景、区位条件、发展历史和经济基础等方面的差异，城市化与工业化协调模式也具有显著的地域差异。陈雯等（2013）对长江三角洲城镇密集区的城市化发展态势与动力进行了研究，表明东部沿海地区作为中国经济发达、人口稠密的新型城市化地区，经过长时期工业化和城市化的快速发展，进入了城市化发展的优化升级期，城镇人口增长规模开始放缓，需着力创造有序、健康、可持续的发展环境。孙平军等（2012）研究了东北地区"人口—经济—空间"城市化协调性，综合测度了东北地区地级市的人口、经济、空间城市化的内在协调性。冯德显和汪雪峰（2013）研究了中部传统农区的城市化，提出中部地区生产要素流动性差、空间集聚能力差，加快城市化的关键是要促进生产要素流动，增强空间集聚。其他学者对西北干旱地区、西南山地地区的城市化空间模式也展开了深入研究。

2. 关于工业化与城市化经济绩效的研究

合理有序的空间组织结构是提高经济增长质量和效益的重要源泉，区域城镇空间结构经济绩效，近年来日益受到重视，相关研究不断涌现。例如，张浩然和衣保中（2012）基于 2000—2009 年的面板数据，考察了我国十大城市群空间结构对经济绩效的影响，发现单中心结构对全要素生产率具有显著的促进作用，且这种作用在城市群规模较小时尤为明显。因此，合理有序的空间组织结构是提高经济增长质量和效益的重要源泉。刘修岩和何玉梅（2011）利用 1999—2008 年我国全部国有和规模以上非国有工业企业数据，对集聚经济、要素禀赋与产业的空间分布进行实证研究，结果表明地方化经济效应、本地市场规模效应是我国制造业动态集聚的主要因素，因此，地方政府在制定产业发展战略时应充分考虑集聚经济因素。孙东琪等（2013）分析了 1980—2010 年长江三角洲地级市的城市化效率与经济发展水平之间的关系，表明长江三角洲地区城市化效率与经济发展水平的耦合度呈倒"U"型发展特征。陈修颖（2003a）指出区域空间结构具有重要的经济意义，主要体现在对经济活动的组织作用和促进区域经济增长的作用两个方面，空间结构重组是提高全要素生产率的有效途径。张毓峰和胡雯（2007）指出在一国经济发展中，通过资源、经济要素和经济活动的主体在空间上的优化组织，可以获得特有的空间经济效益，从而对经济增长产生重要的影响。

3. 关于区域产业结构演进与城镇空间结构的对应关系的研究

区域城市化和产业结构升级之间也具有内生的互动机制，城市发展带来的高端资源的集聚，能够形成诱使产业结构升级的高端需求和供给；城市自身形成的多元化集聚，使专业化分工的规模经济效应和创新产生的概率大大增加；伴随着城市化而来的第三产业的发展和社会资本整备，也对产业结构升级产生直接的影响（陈建军等，2009）。城市是现代区域社会经济要素及产业的核心空间载体，产业结构的演进和高度化会不断对城镇空间结构和组织模式提出新的要求；同时，产业结构演进也需要城镇空间结构和组织模式的持续优化和协同作为支撑（沈玉芳，2008）。城市化与经济结构转型之间存在着比较明显的良性互动关系，工业化为城市化提供了经济支持，而城市化又为工业化的有效与有序创造了良好的空间依托条件，在这一良性的互动关系中，经济结构的梯次升级与企业的规模化及专业化发展起着决定性的作用（蒋满元，2005）。在区域发展的不同阶段和不同地区，城市化对区域产业结构演变表现出不同的响应强度和方式，并存在明显的空间差异性。区域产业结构演变的城市化响应研究成为近年来地理学者研究的热点之一。有学者对全国和东北地区作了较为系统的研究（刘艳军和李诚固，2009；刘艳军等，2010；李诚固等，2004a）。研究表明，我国产业结构演变的城市化响应强度不断增大，并呈阶段变化特征。各省区产业结构演变城市化响应强度具有明显的时空差异性，可划分为强响应型、较强响应型、中等响应型、较弱响应型及弱响应型等区域类型。城市开发强度是影响我国各省区产业结构演变城市化响应强度差异的主导因素。改革开放以来，我国区域发展实践说明城市化发展迅速、城市体系变化明显的地区，也是产业结构不断调整与升级的经济发达地区。城市化的快速推进对区域经济总量增长、新兴产业发展及产业结构升级发挥了重要的拉动作用；同时，区域产业结构调整与优化又极大地促进了城市职能结构、城市化地域形态的转变及城市化进程的加速。

4. 关于微观层面企业区位、园区、产业集群等与城镇体系布局的空间耦合关系的研究

实现工业化与城市化良性互动的基本前提之一是工业区位与城镇区位的空间耦合。从工业企业、园区、产业集群等微观区位角度，探讨其与城镇体系布局、城镇空间格局的关系，探寻产城融合的路径，是城市化与工业化空间协调的重要研究命题。樊杰等（2009）以洛阳市为例，研究了不同时期洛阳市工业布局指向对城镇体系空间结构演化的影响；提出在工业化进程决定城市发展水平的阶段，工业企业布局指向与城市内部布局形态、城镇体系格局有着紧密的关系，协调工业布局与城镇布局可能性的大小，主要取决于政府降低企业生产成本的能力、促进城镇体系的合理组织给企业带来的预期效益。纪良纲和陈晓永（2005）探讨了产业集群在工业化与城市化互动关系中的作用。肖立军和付建平（2013）以四川省为例，探讨了产业集群作用下工业化与城市化互动发展问题，提出产业集群对工业化与城市化发展具有重大作用，它通过聚集经济中地方化经济外在化和城市化经济内在化，有力地推进了城市化进程；指出应发挥产业集群的作用，促进工业化与城市化互动发展。李文彬和陈浩（2012）、王超等（2013）探讨了产城融合的内涵，并从产城综合体角度探讨一种新型工业化、城市化互动发展模式。

5. 关于城市化、工业化与区域资源环境承载力的关系研究

资源环境承载力是我国开展城市化布局的重要依据。我国城市化与工业化进程中带来的生态功能低下、环境污染严重、资源短缺、人居环境恶化等问题，日益受到学者的关注，成为城镇化布局方面一个重要的热点。目前的研究大致可以分为两个方面：一是城市化、工业化与资源环境相互作用的机理的研究。黄金川和方创琳（2003）探讨了城市化与生态环境的交互耦合机制与规律性，提出城市化与资源环境之间存在着交互胁迫的非线性复杂关系，总结出城市化与生态环境交互胁迫理论，研究了城市化与生态环境交互耦合胁迫动态模拟技术。鲍超（2014）研究了水资源与城市化进程的作用效应。二是城市化对资源环境的影响研究，重点关注耕地资源保护、土壤可持续性等问题。近年来，城市化发展中的区域资源环境超载及其生态补偿问题，以及城市化与主体功能区的关系也受到了广泛关注，成为有潜力的研究方向。

6. 关于城市化与工业化的协调机制与对策研究

工业化与城市化的偏差给国民经济生活的各方面都带来一定的影响，学者提出的相应的工业化与城市化协调发展思路与对策，主要从产业发展、制度创新、人口与产业空间集聚、生态环境基础等方面分别论述。叶裕民（2001）把提高工业化质量放在首位，以加速工业化进程，为城市化奠定经济基础。他指出其中关键要解决两个问题：一是调整轻、重工业的技术结构；二是稳步发展两大经济主体，即国有企业和乡镇企业。郭克莎（2002）认为只有加快发展第三产业才能加快城市化进程。从服务业与城市化发展的逻辑顺序和长期进程来看，主要趋势是先有服务业的发展和就业的增加，后有农村人口的转移和城市化率的上升。在制度创新上，重点是改变户籍管理，变城乡分割的二元户籍制度为统一的居民身份证一元户籍制度。邓玲和张鸥（2011）强调工业化和城市化互动的要素基础，包括自然禀赋、产业结构、制

度保障、技术水平和社会文化等。其他学者提出的关键因素还包括土地利用与农业人口转移、发挥中心城市带动作用、更新观念与技术创新等。在协调机制研究中，国内学者多基于西方城市经济学分析范式，强调集聚经济机理在促进工业化与城市化协调发展中的作用。冯云廷（2001）较为系统地探讨了集聚经济对城市化的作用机制。张云飞（2014）从理论上推导了产业集聚与经济增长之间的关系，并表示适度的产业集聚规模才能推动经济增长。张浩然和衣保中（2012）基于 2000—2009 年的面板数据，考察了我国十大城市群空间结构对经济绩效的影响，结果表明单中心结构对全要素生产率具有显著的促进作用，且这种作用在城市群规模较小时尤为明显。因此，合理有序的空间组织结构是提高经济增长质量和效益的重要源泉。刘修岩和何玉梅（2011）利用 1999—2008 年我国全部国有和规模以上非国有工业企业数据，对集聚经济、要素禀赋与产业的空间分布进行实证研究，结果表明，地方化经济效应、本地市场规模效应是我国制造业动态集聚的主要因素，因此，地方政府在制定产业发展战略时应充分考虑集聚经济因素。

（三）资源型区域工业化与城市化协调发展问题研究

资源型区域在工业化、城市化的进程中，由于对耗竭性资源的依赖关系，一般会依托资源基地形成和兴起，在后期有可能陷入"矿竭城衰"的危机。由于资源型城市的发展程度在前期取决于资源的开发，后期则取决于其他产业的发展和向综合型城市的过渡，因此呈现不稳定的特征。现今资源型城市在普遍经历了高强度、高速度的开发阶段之后，相当一部分的经济发展与资源枯竭的矛盾凸显，必须寻求新的工业化、城市化可持续的发展途径。

1. 资源型区域工业化与城市化关系的特点

从工业区域的空间布局来看，宋飏和王士君（2011）指出矿业经济是矿业城市空间得以确立和发展的初期主导，伴随矿业经济经历"矿业开采—矿业初级加工—矿业配套企业"的过程，城市先后经历"点状离散—点状集聚—跳跃性扩展—轴向集聚"的空间发展。对采矿点城市化进程的研究结果则表明，其空间结构呈现"点状离散—采矿点的近域扩张与数量扩展—初级加工业的空间集聚—'城区＋矿区'双核格局—新型制造业的分区极化—融合的多组团圈层格局"。

弗里德曼提出了区域发展的"核心—边缘"模式（李小建，2006），郭文炯（2014）借鉴此理论，认为资源型经济区域可划分为核心区、工矿区、边缘区三类地区。资源型区域在空间上的特征是有一个规模较大的工矿区，此类工矿区域在工业化过程中会分异为"向下工矿区"和"向上工矿区"两类区域。前者是区位不佳、建设条件差的工矿区，有可能逐步衰退，成为边缘区；后者是依托原有中心地的城镇，区位条件、建设条件相对较好的工矿区，有可能会逐步转型为区域中心城市。

从工业化与城市化关系的角度来看，资源型地区工业化和区域发展的偏差表现在区域空间布局方面，弱的生态环境与矿区潜在生态问题突出。景普秋和郭文炯（2009）认为造成这一特征的原因在于资源型产业的生产方式及产业空间布局方式使集聚效应难以发挥，生产要素中的物质资本流失严重。翟顺河等（2010）对山西省进行实证研究后，总结出资源型区域城市化动力的主要特征是，经济发展与人均收入提高时、城市化演进的直接动力、煤炭资源开发推动了城市化进程，二者呈现的同向变化趋势、工业化与经济发展推动了城市化进程，但城市化尚未起到带动工业化的作用，城市化率与采掘业就业比重之间同方向变化、与制造业就业比重之间反方向变化、与第三产业就业比重之间反向变化。

从城市职能与空间结构的关系来看，宋飏和王士君（2011）指出，在矿业经济时期，城市职能主要体现为城市经济与矿业经济的共存，两者的此消彼长，影响了城市空间的发展方向；区域中心职能与矿城职能在城市空间中体现为城区与矿区的共存。随着矿业的衰竭，新型制造业迅速发展，城市体现为非矿的工业职能，"新区"作为新型制造业的载体应运而生。第三产业的发展和行政职能提高，使城市的重心性加强，矿业城市发展成为综合性职能城市，城市空间呈现出一般综合性城市的整体特点，此阶段集聚与分散作用并存，城市圈层扩展与轴线性扩展同时存在，但主要以向内填充为主。

从产业结构的发展模式来看，资源型区域由于制造业部门、资源部门的空间关联性，以及空间的集聚经济效果不同、要素分布地域与产业布局指向性差异，在资源型经济的自强机制作用下，人口与经济活动倾向于空间分布的分散化。资源部门繁荣不仅会挤出制造业，而且会通过动力要素来延缓区域城市化进程；核心区域集聚效应弱化及偏态的城市功能，又制约制造业集聚和现代服务业的发展，制约产业结构的升级，形成缺乏城市化支撑的工业化，进而影响区域的经济平稳增长和产业结构升级，致使区域发展落入"资源诅咒"的陷阱（郭文炯，2014）。

2. 资源型区域工业化与城市化协调发展面临的主要问题

城市为工业提供空间载体，实现工业区位与城镇区位的空间融合是工业化与城市化发展的前提。与区域经济结构的发展阶段类似，资源型城市的空间结构特征也表现为中心地体系模式（极核式空间开发）、轴带体系模式（点—轴式空间开发）、圈层体系模式（网络式空间开发）的演变特征（梅林和孙春暖，2006）。

空间结构演变模式方面，宋飏和王士君（2011）对比总结了四种外国资源型区域空间发展模式，其中美国休斯敦实施的是飞跃型空间可持续发展模式，主要是延伸传统产业、新建科技密集的先导产业、完善基础设施，在空间结构上表现为建立产业集群，依托45号公路对外加强轴向联系，形成点轴发展结构。德国鲁尔区实施的是转型空间可持续发展模式，从衰退初期政府就高度参与，制定战略规划，平衡生产力布局，并通过改变整个鲁尔地区的物质空间面貌来实现。法国洛林实施的是告别型空间可持续发展模式，即在原先的工矿城市上建立综合性城市，彻底关闭落后、污染严重的工业企业。美国匹兹堡实施的是复兴型空间可持续发展模式，主要对传统工业部门进行技术革新，大力发展新兴产业和第三产业，努力开拓新的出口市场，形成出口型经济格局。

梅林和孙春暖（2006）指出，城市空间结构的发展过程是一个空间自组织和外部因素共同作用的结果，各种经济要素和非经济要素最终转化为经济力、政策力和社会力，共同促进城市空间结构变化。在这个过程中，企业、政府、居民分别为主体，各种力从城市本身和整个区域对城市发展施加作用，有的牵引城市离心式外向扩展，有的则吸引城市向心式向内重组。杨显明等（2015）对淮南市作了实例分析，认为淮南市城市空间形态逐步由分散向紧凑布局演化。内部空间重构现象自20世纪80年代开始逐步加强，以居住用地取代工业用地和商业用地、公共设施用地取代居住用地两种形式为主，成长期以厂兴镇、联厂成镇、延伸扩展模式为主，中兴期以后多通过新区扩展模式来实现空间结构演化，自组织扩展模式贯穿煤炭资源型城市发展的始终。

空间结构变化的影响因子方面，宋飏等（2012）认为城市空间的影响因子主要是历史基础、自然条件、矿产资源、区域背景、技术进步、经济发展、城市职能、城市规划、交通系统、社会分化、制度政策等。矿业城市空间发展的过程机理，最大的特点就是"矿产资源""矿业城市功能"的逐步升级在城市发展各个阶段的重要作用。张文忠和王岱（2014）认为制约资源型城市城市化建设发展的关键因素是驱动城市化发展的核心动力缺失、带动城市化发展的外部环境缺失、支撑城市化发展的基本功能缺失三个方面。杨显明等（2015）认为煤炭资源型城市空间结构演化的影响因素主要包括资源、自然环境、交通、产业结构、城市规划等。

针对我国经济发展实际情况，学者对不同经济发展时期、不同区位的资源型区域工业化与城市化关系进行了大量研究。

在计划经济时期，资源型企业大多为国有，按照国家层面的计划进行生产组织，对周边地区的带动、辐射作用极为有限。景普秋和张复明（2005）通过对山西省资源型地区的研究，认为国内各地区普遍存在工业化与城市化偏差现象，在资源型地区的偏差尤为严重，主要是工业布局与城镇分布的偏离，单一的嵌入式的资源开发模式与城市化的偏离，以及生产、社会组织方式与城市化的偏离导致的水平与结构、质量、速度、效率偏差。

进入市场经济时期，城市规模扩大，未来中心城市大企业逐渐向外围地区扩散。樊杰等（2009）以此为基础对洛阳市城镇体系空间组织进行了分析，认为中心城市大企业的布局指向是城镇体系演化的核心因素，出于企业配套（集聚）的目的，大型工业城市的配套企业布局呈现在距中心城市10千米距离之内的卫星城市布局的特点，使中心城市与卫星城市的职能有所强化。张诚和杨宝（2010）通过研究改革开放以来东北地区城市化的发展轨迹，提出东北工业区城市空间结构的发展趋势通过国家层面的重点项目推动、政策引导，区内城市的空间组合，将由"单一"转向"群体"状态。金钟范（2010）对跨国公司母、子企业联系进行研究，指出包括道路、铁路、信息设备等在内的基础设施及信息网络和各种经济要素的企业网络构成了经济活动的格局，促进了母、子企业所在城市之间的要素交流，进而形成城市网络。

伴随矿业经济的兴起，城市的经济结构不断升级，城市空间作为城市职能的载体，随城市职能的转变而不断演变。在矿业经济时期，城市职能主要体现为城市经济与矿业经济的共存，两者的此消彼长，影响城市空间的发展方向，区域中心职能与矿业城市职能在城市空间中体现为城区与矿区的共存。随着矿业的衰竭，新型制造业迅速发展，城市体现为非矿的工业职能，"新区"作为新型制造业的载体应运而生。第三产业的发展和行政职能提高，城市的中心性加强，矿业城市发展成为综合性职能城市，城市空间呈现出一般综合性城市的整体特点，城市空间演变为"体系完备的商业空间、社会分异的居住空间和市域范围内组团圈层的工业空间"（宋飏等，2012）。

对于中心大城市而言，朱玉明（2001）认为产业结构调整是空间结构演进的直接动力，可能会引起城镇组织体系在空间分布格局上的巨大变化。鲍文（2011）对成渝经济区进行研究时，根据现代产业经济在空间上的推移时序和区域城市化进程，判断产业结构中第二产业居于主导时，中心城市是经济空间集中化的核心。在大多数资源型城市中，其主导产业恰为第二产业，故随着企业的进一步发展，产业结构不断调整，城市的空间结构也会随之发生变化。王磊（2001）研究了在更大的背景下，产业在不同时期呈现的特点：前工业化时期以资源密集型产业为主，所在的城市为团块城市；工业化前期为劳动密集型产业，城市形态为星状；工业化中后期，生产方式变为资本密集型，对应的城市形态为向心状城镇体系；后工业化时期的城市以技术密集型的第三产业为主导，形成了城市连绵带。这一过程反映出产业结构调整的扩散作用，导致产业在市域范围重新分布。

从城市内部空间结构来看，根据级差地租理论，各类用地布局按产业的不同呈现出明显的区位特征，大型工业区被划定在远离城市中心的外围区域。即使是重工业城市，也把企业与市区之间隔开一定的距离，保持相对的功能独立，但是随着城市的扩展，市区与企业之间的空间距离越来越近。企业与所依托的城市便形成了对空间的竞争，而解决的途径一般是企业搬迁或企业转型。企业产业结构的变化导致其所需区位的变化，最终引致城市内部空间结构的变化。还有一种情况在中国较为普遍，即"单位制"社区的存在，使资源型城市中典型的单位对城市空间肌理造成分割，形成有别于周边区域的城市空间形态。孙明等（2011）通过对黑龙江省煤炭型区域的城镇空间进行研究，指出这种类型的城市空间形态局部交通拥挤、空间局促，存在空间聚集效益差、基础设施落后、生态环境恶化等空间发展问题，而且受自然资源和产业发展状况的影响较为显著。这些问题也成为资源型城市基于产业转型的空间可持续发展的研究对象。

3. 资源型城市城矿协调问题

矿业城市是指依托矿产资源的开采而形成和发展起来的城市，而矿产资源开发是一种人地系统相互作用最强烈的活动，具有典型的人地耦合系统脆弱性特征。矿业城市的发展受到动力和阻力的共同作用，阻力来自环境的恶化、地质灾害、资源枯竭、人才缺乏、经济体制不顺、建设布局不合理、不利的区位及交通条件、不健全的社会服务体系等（万会和沈镭，2005）。矿业城市可持续发展的特殊性表现如下：矿区向城市演变过程中的突发性；城市化水平低层次性；城市经济发展高工业化的虚假性；城市基础设施建设明显滞后；工矿企业与城市机制的约束性；等等（沈镭和程静，1999）。孙平军和修春亮（2010）以我国第一个资源枯竭经济转型试点城市阜新市为研究对象，探讨了矿业城市人地耦合系统的特征，采用了耦合度的方法，把指标主要设置为经济、社会、生态环境系统三个方面，低的耦合度意味着高的脆弱性和不协调性；反之则意味着高的耦合度和协调度，通过测评认为，矿业城市人地系统脆弱性属于典型的人类活动胁迫型脆弱性。

在城企产业结构融合的研究中，已有的文献大多是对矿业城市的论述，这与资源型城市的内涵是紧密相关的。刘洁（2011）以单一大企业主导型城市为研究对象，认为资源型城市往往有一个主导性的大型企业，城市的主导产业部门与该企业有高度一致性，即企业的产业结构决定了所在城市的产业结构。根据资源型城市的定义，其主导产业最初都是围绕资源而生的，产业结构呈现初级化、重型化、单一化特征。当资源匮乏导致经济衰退后，应对产业结构进行调整，减轻或避免经济效益低下、适应市场能力差的弊端。沈镭和程静（1998）指出，产业结构多元化是资源型城市发展的必然选择，可从发展资源深加工产业、非资源主导产业、第三产业等方面对产业结构进行调整。李军堂（2000）通过对一些矿业城市的产业结构演变过程的研究，指出产业结构调整和实现产业结构高级化是矿业城市发展的必由之路，且对应的产业结构升级是时序性的，升级的条件是本过程各产业的充分开发，最终实现产业发展的跃迁。谢海（2008）在对阳泉市的分析中指出，资源型城市必须以经济结构调整为主线，努力实现传统产业新型化、支柱产业多元化、新型产业规模化，从而实现产业结构的科学有序转型。

资源型区域城市化的研究主要涉及城市化与工业化的关系、城市化的主要制约因素及城市化的模式等内容。张复明（2001）对山西省工矿区域的城市化进行研究，认为存在的问题表现为工矿城市产业同构现象严重及城市—区域的空间二元性导致的中心市区和矿区城市化快速发展，而外围地区工业化和城市化进展缓慢。李钢（2015）认为矿业企业与地方统筹发展的内涵包括矿政、地政统筹管理，矿地资源统筹利用，城、矿、乡统筹发展；并指出矿地矛盾集中在三个方面：一是矿区生态环境不断恶化，二是耕地保护压力不断加大，三是矿区社会矛盾突出。矿区企业更多地关注经济发展指标而忽视社会发展，结果侵害了矿区群众的合法权益。

资源型城市城矿协调问题的另一个重要方面就是承担社会职能的问题。我国的资源型城市（特别是无依托资源型城市）大多是从资源型国有企业建立起来的，城企关系具有一城一企、政企合一、企业办社会三个特点（陈亚光和钱勇，2006）。从大的环境来看，"企业办社会"是计划经济时代的产物，很多国有企业本着"大而全""小而全"的建企原则，"政企不分""企社合一"，过多地承担了政府和社会的职能。樊杰等（2009）认为城市内部空间结构为企业区位选择所分割。城市发展在空间上需要适度集聚与合理的功能分区，以提高城市的规模经济效益和综合服务职能。而在矿业城市内部，其社会服务功能主要依附于大型矿业企业，企业的区位选择和矿产资源分布状况主导着城市功能分区和空间结构的特点，在空间形态上表现为点多、线长、面广。市区与矿山企业或矿产冶炼工厂交错分布、职能混乱。

国有企业现存的社会职能大致包括医院（主要是地方国有企业）、幼儿园、职工住房、职校技校、居民社区医疗服务中心、社区物业管理、社区居民生养病亡管理、企业专业消防等。这类"企业办社会"的社会职能可以分为两个方面：一方面是应当由社会承担的职能和义务，如教育、社区服务、社会保障等职能；另一方面是为企业和社会提供服务的职能。张国康（2003）认为企业生产经营的目的是利用有限的资产获得最大限度的经济效益（包括企业效益与社会效益），企业是社会服务的享受者而不是社会服务的提供者，要使国有企业真正回归企业的本质属性，还必须继续全面、长久地开展社会职能分离工作，使企业真正成为以承担生产产品为首要职责的经济主体，把其他职能分离出来。

4. 资源型区域工业化与城市化协调发展的对策与路径

资源型区域的工业化、城市化协调发展主要涉及城矿（城企）之间的产业发展、空间组织、社会职能三个方面的问题，也涉及其他方面的一些保障。关键是把握资源型区域发展的生命周期，以合理地促进产业结构转换和提升、强化城市职能、构建支撑体系。

（1）产业发展

在资源型区域城企产业方面的协同，公认做法是在产业链的延伸和扩展方面进行尝试。张复明（2001）指出工矿区城市化要点是实行资源开发的集约化战略，建立地域工业综合体，实行成组布局，强化生产关联，构建专业化和多元化的产业体系。张永国和宗科（2006）以煤矿型城市为对象，提出要依据产业链的原理，规划好产业链上各个层次企业的规模和数量，形成一个以煤炭企业为中心兼顾其他的辐射型产业结构体系，为将来矿产资源企业衰退时城市的经济持续发展创造条件；同时，根据城市的具体情况发展一些与矿产资源企业关系不密切或无关的企业，在尽可能保持原有支柱产业不快速下滑的前提下，选择那些市场前景好、技术先进、产业关联度大、具有动态比较优势的主导产业群体，实现产业的转型。孙平军和修春亮（2010）提出发展重点为产业结构调整，包括改造资源产业和延伸产业链。鲍文（2011）通过对成渝经济区的分析，认为产业聚集是经济集中的前提，在区域产业经济发展的过程中，经济增长与空间集中化、产业结构转变紧密相连，有利于促进区域经济发展和竞争力的提高。

（2）空间组织

大量的实证研究显示，城镇群、产业集群对资源型区域城市化提升具有重要作用，城市空间结构为城市的转型和持续发展提供了基础支撑，创建企业创业园或产业基地作为转型的空间载体，科学的规划必不可少。梅林和孙春暖（2006）指出，资源型区域城市空间结构重构需要引导人口向城区和重点镇集聚、调整城镇体系；依托基地和产业园区，建设产业集聚区，形成产业集群（带）；调整行政区划，加强空间资源整合。景普秋和郭文炯（2009）认为，煤炭资源型地区工业化、城市化协调发展，应以集中型、宜居型城市化战略为支撑，加强要素积累。翟顺河等（2010）认为，构建高效、集约、开放、可持续的城镇体系空间组织结构，实施集中型城市化、城镇集群化发展，有助于促进资源型经济转型的城市化实施，进而构建资源型城市经济转型的产业空间。宋飏等（2011）重点关注企业园区对外交通联系的构筑，以提升区位条件，以物质景观改变实现文化转型，负责处理和解决衰老矿区遗留下来的土地污染闲置场地的重新有效利用问题，将国土整治规划与城市转型结合起来。郭文炯（2014）认为，资源型区域应把提高空间利用效率作为重要任务，加快中心城市、城镇群发展，构建高效、集约的空间组织结构，促进经济结构与空间结构的协同、优化。基本路径包括高效配置资源、优先发展中心城市和城市群、促进矿业城镇向区域性中心城镇转型、加快资源型区域空间优化等的机制创新。张文忠和王岱（2014）认为，不同区位的资源型城市应选择差异性发展路径，临近区域经济中心的城市，按照"服务于中心，借势于中心"的思路；远离区域经济中心的城市，首先应集中力量做大做强中心城区，以提升综合承载力为基础；其次要发挥重点县和中心镇的比较优势；自然条件极端恶劣的地区，应以切实改善基本发展条件、保障人民群众基本生活为核心任务，大力实施就地改造，有序推进异地搬迁，重点加强基础设施和公共服务设施建设。

（3）社会职能

资源型城市的基本城市职能是资源型产业经济发展，围绕主导产业提升城市非基本职能水平是此类区域城市化发展的重要保障。穆东等（2002）提出围绕矿企的矿业城市产业链辐射模式，构建以矿产资源企业为中心的产业体系，除了上下游企业外，还可以带动金融行业、房地产业、社区建设、公共交通、保险、服务业等行业的发展，使矿业城市依托矿业企业在生产、生活各行业建立配套产业，非基本职能与基本职能共同提升。孙平军和修春亮（2010）提出在投资方面要加大对直销企业和民营企业、生产支撑体系、生活设施等的投资，同时加大科研投入；在所有制结构方面，要降低国有企业在地区国民经济中的分量，实现投资主体多元化；在人才就业方面，健全人才引进机制。

对于长期存在的企业承担城市社会职能导致生产效率不高、企业负担重的问题，在倡导社会职能社会化的背景下，不能忽略的是，企业还需承担一定的社会责任。按照城企关系的类型，资源型城市社会服务协同模式如下：①矿区型城企协同，即依靠规划统一行动，具体应对生产性企业进行统一规划、对生活服务企业及设施进行统一的规划建设，使二者协同发展（张永国和宗科，2006）；②新城型城企协同，即企业由大城市向周边小城镇或卫星镇转移，形成综合职能（张娜，2012）；③城镇体系下的城企协同，即在服务效率最大化的城镇体系模式下，县城为配套企业集中提供较高水平的公共基础设施和生产性、生活性服务（樊杰等，2009）；④社区重建，即将企业剥离出的社会职能承接给社区居委会。

（4）其他方面的保障

宋飏等（2011）指出城企协调的政策保障对区域持续发展至关重要，需制定促进矿业城市转型的产业调整政策，国家应根据矿业城市的现实情况，制定和实施产业扶植政策，在产业布局、项目审批、规模确定等方面，对矿业城市采取适度的产业倾斜优惠政策；规范矿业城市转型的环境保护政策。矿业城市在确立主导产业和接替产业之后，要根据可持续发展的原则优化资源配置，严格控制资源浪费和防止环境污染，协调经济发展与生态环境保护的关系。

李钢（2015）认为，应注意构建矿地统筹发展的关键技术体系，如开展矿地一体化数据库建设、开展开采沉陷预测与建筑抗变形技术研究、开展矿区土地综合整治、开展矿区土地空间规划与加强耕地保护、加强矿区水土资源优化配置与生态环境保护、推进矿区新型城市化与新农村建设。

二、区域工业化与城市化空间协调布局的内涵

（一）对区域工业化与城市化关系的认识

由以上关于工业化与城市化关系的研究综述可知，对工业化和城市化基本关系的认识，大致可以分为两种观点：第一种观点突出强调工业化对城市化的促进作用，认为工业化是城市化的最根本动力，随着劳动生产率的不断提高，人均收入水平增长，第二、第三产业发展，农村人口会不断向城市地区集中，由此形成城市化，即工业化是因，城市化是果。把工业化理解为经济现象，而城市化是与之相伴的社会现象，工业化发展必然推动城市化发展（杨敬年，1988）。韦伯（Weber）在分析 19 世纪欧洲城市化时认为，人口在城市中的日益集中是经济增长和差异化发展的"自然结果"。城市经济学家巴顿认为，"城市化的产生与发展都离不开工业化，工业化促进了城市化"。国内学者在 2000 年之前大多持这一观点（姜爱林，2001）。第二种观点认为，工业化过程也是城市化过程，而城市化过程又推动了工业化过程，两者是互为因果的关系（杜闻贞，1987）。工业化和城市化的作用是双向作用过程，而不是简单的单向传导的因果论，城市化在一定阶段内一定程度上也可以反作用于经济发展，两者共同构成了当代经济社会发展的主旋律（叶裕民，2001）。从目前的基本观点来看，大多学者倾向于这种观点。

对工业化概念的理解，目前学界还有分歧。广义的概念认为，工业化是

社会经济发展中由以农业经济为主过渡到以工业经济为主的一个特定历史阶段和发展过程，它有较为宽泛的内涵，主要包括 4 个方面，即经济水平的提高、经济结构的变革、生活条件的改善和人类文明的进步。狭义工业化概念，则从经济部门或产业的角度，把工业化看作工业产值和就业人口比重不断上升而农业产值和就业人口比重不断下降的过程。如果一个国家或地区工业部门产值和就业人口比重在国民经济中达到优势地位，就被认为实现了工业化。实际上，工业化内涵处于不断演进之中，工业化的本质是社会分工的深化，从经济系统本身来看，既涉及经济发展水平，又涉及经济结构的变革，其中心内容是经济结构的成功转换。

城市化也是一个影响极为深远的社会经济变化过程，是人口向城镇的集中过程，非农活动向城镇的集聚、发展过程，城镇景观的地域推进过程和人类生活方式、价值观念的转变过程的统一。城市化首先必须表现为一个人口的迁移和集中的过程，具体表现为农村人口转变为城市人口的过程。这只是城市化的表现形式或重要前提，而非农活动或产业的集聚才是城市化的主要内容，社会经济结构的转变则是城市化的实质与核心。城市化也是城市与农村之间来往和相互联系日益增多的过程，逐步实现有序互动、城乡居民共享现代文明的过程。从经济学意义上说，城市化主要包括两个方面的集聚：一是产业的空间集聚；二是人口的空间集聚（成德宁，2004）。由此可见，城市化本质上是一种空间过程，即区域空间结构的转换过程。从经济系统本身来看，它既涉及非农产业区位及与此相伴的消费区位的形成和集聚，也涉及各种生产要素的形成与集聚。所以，城市化既是一种经济现象，也是一种社会现象，而且首先是经济现象。

从人口的转换来看，实现人口乡城转换首先要实现人口就业转换，即就业非农化，然后实现地域转换，即由乡村地域向城市地域迁移。刘易斯的二元经济模型、托达罗的人口流动模型实际上是将人口的"两部门"转移和"两区域"结合起来，通过人口转换过程描述从产业之间转换的工业化到地域之间转换的城市化的过程。刘易斯基于劳动力无限供给的二元经济模型，假定工业是城市的主要产业部门，农业是农村的主要产业部门，在假定农业劳动力边际生产率为零的前提下，农村剩余劳动力会源源不断地流向城市的工业部门，劳动力的产业与地域间的转换会同时实现，工业化与城市化的发展是同步的。托达罗人口流动模型进一步揭示了农村劳动力向城市迁移的迁移量的决定因素。他认为这取决于城乡工资差距、城市失业率及潜在的移民对机会的响应程度，并解释了大多数发展中国家出现的过度城市化现象，或者说是缺乏工业化的城市化现象。结合我国的实际，尹继东和张文（2007）基于劳动力转移理论，通过一个"两产业三部门"的理论模型（图2-1），分析了我国经济从传统农业经济向现代非农经济过渡（工业化）与从传统农村经济向现代城市经济过渡（城市化）的双重演进关系，提出双重演进关系既可能相互促进，也可能相互制约，而扩展城市非农部门是我国实现双重演进的前提和必由之路。这些理论实际上是从乡城人口转换的角度把经济结构与空间结构联系在一起，把工业化和城市化两个过程联系在一起。

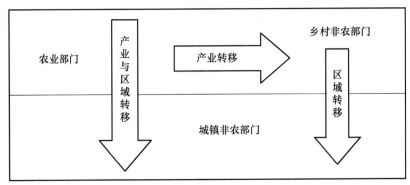

图 2-1　"两产业三部门"的理论模型

资料来源：尹继东和张文（2007）

向右的箭头表示劳动力从农业部门向乡村非农部门的就地产业转移，向下的箭头由左向右分别表示劳动力
从农业部门向城镇非农部门的异地产业转移和劳动力从乡村非农部门向城镇非农部门的区域转移

从经济发展的角度，工业化表现为产业结构的变动，以及由此引致的生产方式、技术水平等的提高；城市化表现为产业的空间集聚，以及由此形成的产业发展的空间载体。赵红军等（2006）认为，工业化和城市化内生出现的环境条件就是一国经济体的总和交易效率高低。工业化通过提高交通技术和设备、交易技术和设备、生产技术和设备的生产效率，从而提高一国经济体的总和交易效率，而城市化则通过将交易、生产活动集中在较小地理范围内而获得了交易成本节约，从而进一步推动个人层次的劳动分工或厂商层次的规模经济。于是，在一般均衡框架中，交易效率的动态演进推动了工业化和城市化，而工业化和城市化又推动了交易效率提高，更高的交易效率又成为经济进一步发展的前提，从而整个经济发展也会进入持续健康

发展的快车道。

在实践层面,《国家新型城镇化规划（2014—2020 年）》对工业化与城镇化关系进行了明确的定位。城镇化是伴随工业化发展,非农产业在城镇集聚、农村人口向城镇集中的自然历史过程,是人类社会发展的客观趋势,是国家现代化的重要标志。当今中国,城镇化与工业化、信息化和农业现代化同步发展,是现代化建设的核心内容,彼此相辅相成。工业化处于主导地位,是发展的动力；农业现代化是重要基础,是发展的根基；信息化具有后发优势,为发展注入新的活力；城镇化是载体和平台,承载工业化与信息化的发展空间,带动农业现代化加快发展,发挥着不可替代的融合作用。

通过概括上述工业化及城市化的内涵及进行不同侧面的分析,本书认为,工业化与城市化是区域社会经济发展中密切联系的两个侧面,工业化更多地关注社会经济发展中经济结构的变动,而城市化更多地关注社会经济发展中空间结构的变动,两者共同作用构成了区域社会经济发展的整体。工业化从生产、消费需求和结构转变方面推动城市化发展；城市化通过空间结构的转变、以城镇特有的规模经济和集聚经济效应吸引人口和各种经济要素持续不断地向城镇集中,为非农产业发展提供有利的空间环境,创造市场需求,促进工业化的发展。从区域经济系统角度,区域经济系统包括产业结构子系统和空间结构子系统两个方面；从区域经济结构演进角度,产业结构子系统表现为产业结构的有序演变,空间结构子系统表现为城市化的发展,两者相互作用,共同影响着区域的经济发展（图 2-2）。

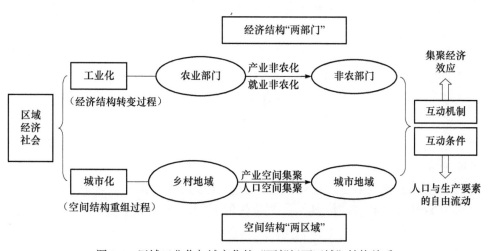

图 2-2　区域工业化与城市化的"两部门两区域"结构关系

　　工业化与城市化的协调发展，是指在经济发展过程中，在保持工业化过程和城市化过程内部协调的基础上，使工业化与城市化过程二者之间在发展阶段、发展目标、发展政策、发展速度上有机配合，形成良性互动的合力系统，从而取得较好经济发展绩效的过程（周维富，2002）。本书基于上述两者关系分析，认为工业化和城市化协调发展，除了促使城市化率与工业化率和经济水平协调外，还应有更为丰富的内涵，包括以下几个方面。

　　第一，产业集聚过程和人口集中过程的协调。库兹涅茨在分析19世纪至20世纪50年代美国人口再分布与经济发展的历史时指出，经济发展与人口的区域再分布相互紧密关联，互为变量。区域当中的某个部门，由于偶然或者有意识地选择在生产方式上有所突破，或者创造出一种新产品，或者发现一种新资源，这个区域相对于其他地域，会表现出明显的高收益、高利润的优势，从而引发人口与生产要素在产业与空间上的流动，引发同类或其他企业的集聚，加速这一生产部门的创新活动，诱使越来越多的人口与资本集中。随着生产规模与人口规模的进一步扩大，交通、通信等基础设施的建设成为可能，基础设施的建设会大大改善这一地域的投资环境，扩大产品的市场供应范围，引发这一区位第二轮工业化与城市化的扩张。随着城镇人口的聚集，以金融、贸易、信息等服务业为主导的第三产业的兴起又增加了城镇对人口的吸引力；同时，人口聚集使活跃的社会和信息交流成为可能，文化、知识、经验和技术的碰撞，迸发出创新和革新的火花，使城镇成为创新的中心，引致产业的进一步集聚（图2-3）。

　　在世界各国工业化和城市化的实践中，产业集聚与人口集聚的过程并不都是协调的，由此形成了拉丁美洲国家人口集聚快于产业集聚的假城市化或缺乏工业化的城市化模式，也出现了我国改革开放前和改革开放初期人口集聚慢于产业集聚的滞后型城市化模式。人口集聚过程、流动迁移方向与规模和产业集聚过程、空间格局的协调是工业化与城市化协调的一个关键问题。

　　第二，经济结构演进与城市化进程的协调。根据发达国家的实证研究，城市化与产业结构之间的联系要比工业化率之间的联系更为密切。一般而言，区域经济结构的变化要经历三个阶段：从以农业为主的经济过渡到工业经济；由工业经济过渡到第三产业经济；第三产业经济继续发展进入成熟阶段，经济结构呈现出次第演进特点。从工业化发展的规律看，工业结构的演进遵循由以轻工业为主到以重工业为主的工业结构重型化规律。在每个阶段，城市化发展表现出明显的特征，在发展速度方面相应形成三个阶段，即城市化水平

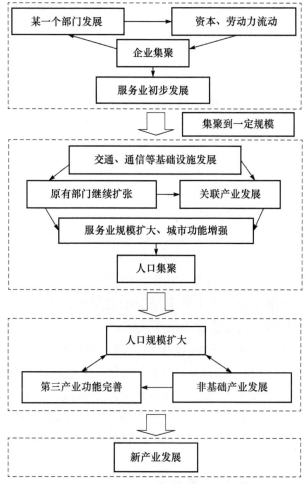

图 2-3　产业集聚与人口集聚的互动发展过程

较低、发展较慢的初期阶段，人口与经济要素向城镇迅速集聚的中期加速阶段和进入高度城市化后的缓慢发展阶段。工业化阶段，正是城市化快速发展的阶段。在这一阶段，工业化与城市化能否协调发展，与工业结构演进有着重要的关系。英国、美国等发达国家的工业化模式有一个显著特点，即工业的增长与工业所创造的就业机会的增长几乎是同步的。它们大多是以劳动密集型轻工业起步的，随着资本存量的增加，重工业才逐渐取代轻工业成为第二次工业革命的主角，而这时第三产业的迅速发展又保证了对非农劳动力的吸纳。这种渐进式的、以劳动密集型工业起步的轻工业、重工业、第三产业有序推进的工业化模式，可以最大限度地创造非农就业机会，从而有利于吸纳农业人口进入非农部门工作，这是城市化与工业化协调发展的重要方面。

第三，城镇与区域联系的强化。城镇并非区域中的"孤岛"，城市与其经济腹地之间有着复杂多样的分工协作联系，正是这种联系的不断强化，形成了城市与区域发展的协调，促进了工业化与城市化的健康发展。发达国家作为工业化的先行者，其工业化和城市化都是内生的，即工业化和城市化的动力主要源于社会内部经济结构自身产生的创新，城市集聚规模与区域分工状况和市场区域大小直接相关，城镇发展与区域保持着密切的联系。而拉丁美洲地区发展中国家的城市化，不是建立在本国工业化基础之上的，其城镇在文化上与周边地区相对疏远，在经济上则是出口产品的中转站而不是工业发展和国内市场交换关系发展的结果。其城镇与区域发展脱节，而制造业发展严重滞后，城乡差异不断扩大，出现"过度城市化"问题。

第四，农村和农业的功能与经营性质的转化。城镇发展与农村发展是相互依存的，在城镇发展与农村发展之间形成了一种良性的互动关系，即农业进步促进工业化和城市化，工业化和城镇的发展又为农业发展创造广阔的市场，工业反哺农业的方式使农业迈向现代化。

第五，城市化与工业化空间过程的协调。根据英国经济学家 L. 范登堡（L. Vandenberg）的研究，城市化方式可分为三个阶段，即集中型城市化阶段、郊区化和城市群区化阶段及逆城镇化阶段，城市化方式经历由集中到分散的过程。综观发达国家城市化的历史，即是由集中到分散的发展过程，这反映了城市化的内在发展规律，也反映了工业化发展的客观要求。

（二）区域空间结构及其表现形态

区域经济的发展往往通过两种途径，即区域产业的发展和区域空间结构的组织优化。资源投入是经济增长的基础，而其投入的产出效益和资源利用的有效性在很大程度上取决于结构的优化程度。在现代经济社会发展中，产业结构无疑是一个重要的方面，它阐明了一个地区在工业化过程中各产业之间、产业内部各行业之间及企业之间相互制约的连接关系。区域是进行资源配置、实现资源增值的载体，很大程度上影响了经济增长的效率与发展状况。从动态看，经济总量的持续增长依赖结构转变。经济活动的进行最终要落地到地理空间，区域空间便是经济活动的载体。空间结构的变化反映了社会经济空间集聚或分散的趋势，随着区域分工的不断深化，区域经济活动将日益专业化，区域间的市场依存度和空间紧密性将不断提高，经济的空间结构将日益成为宏观经济的重要内容。

由于产业结构与工业化、空间结构与城市化的密切关系，产业结构与空间结构二者构成的有机整体（即产业—空间结构），其变化的实质是工业化与城市化进程的有机联系（赵改栋和赵花兰，2002）。无论是城市化现象还是经济活动在区域之间的分布，实际上都反映了经济活动的分布在聚集和分散之间的一种权衡。理论和实证研究均表明，工业化与城市化良性互动的基本前提之一，是工业区位与城镇区位的空间耦合。关于工业企业区位和城镇体系布局的空间耦合关系的探讨，是地理学综合基础理论研究中具有重要意义的命题（樊杰等，2009）。

陆大道（1995）认为，区域经济空间结构是社会经济客体在空间中的相互作用和相互关系，以及这种关系的客体和现象的空间集聚形态及空间组合形式。曾菊新（1996）认为，区域经济空间结构的最基本含义是人类活动作用于一定地域空间范围所形成的空间组织形式，内涵包括：第一，以资源开发和人类活动场所所荷载的经济地域为中心问题的空间分异与组织关系；第二，空间实体构成某种等级规模关系；第三，各种空间实体之间的某种要素流的形式。还有学者认为，从区域经济学角度看，空间结构是指区域经济的核心、外围、网络诸关系的总和。概括起来，区域经济空间结构包括：一是区域条件与区域空间宏观格局和框架的关系；二是强调经济空间的集聚及由此形成的各级经济中心与其外围地域的关系，包括城乡关系、核心区与周围地区的关系及城镇体系关系；三是区域产业的空间组合关系；四是要素流动和空间联系。

区域经济空间结构由点、线、网络和域面四个基本要素组成。点、线、网络和域面不是简单的空间形态，它们具有特定的经济内涵和相应的功能，相互结合在一起构成了区域经济空间结构。点、线、面区位要素的组合可构成不同的空间组合实体。例如，点与点区位要素结合构成的村镇系统、城镇体系等；点与线区位要素结合形成的交通、工业等经济枢纽；线与面区位要素结合形成的作物带、工矿带或工业走廊等产业带；等等。

19世纪初至20世纪40年代，区域经济空间结构研究主要是对产业与企业的区位选择、空间行为和组织结构的规律性的阐述，由此产生了杜能的农业区位论、韦伯的工业区位论、克里斯泰勒的中心地理论等经典区位论。第二次世界大战后至20世纪80年代，研究的重点开始关注区域总体空间结构与形态。从注重抽象的纯理论研究演变为从总体出发寻求各经济主体在空间中的最优组合与分异的区域经济空间结构演化理论。20世纪80年代以后，区域经济空间结构理论进入新空间经济学时期，研究重点为对经济活动的空间集聚和区域增长集聚的动力分析，通过对集聚的空间格局研究，认为区域空间集聚的动力机制是报酬递增、运输成本和需求的相互作用等（郭腾云等，2009）。

区域存在空间尺度。地理学的尺度理论认为，不同空间尺度上研究的问题是不同的，在研究中要做出明确的界定（陈修颖，2005）。对区域经济空间结构的认识，可以从宏观区域空间和微观区域空间的不同空间尺度进行认识和研究。根据曾菊新（1996）的研究，一般把空间结构划分为三大类型，即宏观的"核心—外围"结构、中观的"城市—乡村"结构及微观的"城市地域"和"乡村地域"结构。

（三）区域空间结构模式及过程

按照区域非均衡增长理论，区域经济空间最基本的地域结构模式为"核心—外围"二元结构。其中，具有代表性的是弗里德曼的"核心—边缘"理论（图2-4）。该理论认为，任何区域的空间系统都可以看作由核心和边缘两个空间子系统组成。核心区域由一个城市或城市集群及其周围地区所组成，是经济发达地区。根据核心的等级可分为国内都会区、区域的中心城市、亚区的中心和地方服务中心等。边缘区是国家或区域中经济较为落后的区域，分为两类：一是过渡区域；二是资源前沿区域。过渡区域又可以分为两类：一是向上过渡区域，是指环绕核心区的周围地区，核心区的繁荣带来相邻区域投资的增加、人口的迁入，呈现出经济社会上升趋势；二是向下过渡区域，这种外围地带多为偏远的农村地区，包括原料枯竭、老工业向衰退方向变动在内的区域。资源前沿区域，又称资源边疆区，一般地处边远但拥有丰富的资源，且有开发的条件，可能位于向上带与向下带之间。

核心与边缘相互作用的基本观点包括：第一，在若干区域之间，个别区域会因多种原因率先发展起来而成为"中心"，其他区域则因发展缓慢而成为"外围"。中心与外围之间存在不平等的发展关系。总体上，中心居于统治地位，而外围则在发展上依赖中心。第二，一个空间系统发展的动力是核心区的大量创新，并向外扩散，影响到边缘区的经济社会发展，进而作用于整个系统，促进整个区域的发展。第三，核心区域与边缘区域的关系，在经济发展的不同阶段会发生转化。在发展的初级阶段，它们的关系是核心区域对边缘

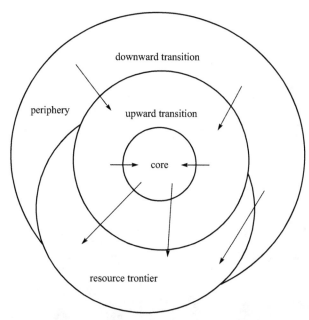

图 2-4 弗里德曼的"核心—边缘"结构模式

资料来源：Friedman J R, 1966. Regional development policy: a case study of Venzuela. Cambridge: MIT Press.

区域的控制及边缘区域对核心区域的依赖，之后是依赖和控制关系的加强。随着社会经济的发展，核心扩散作用加强，核心将带动、影响和促进边缘区域发展。边缘区域将形成次级核心，甚至取代原来的核心区域的控制。

该理论同时揭示了区域经济空间的演化过程（图 2-5），认为在区域经济增长过程中，区域空间结构会发生结构性演变，按照"工业化前期—工业化初期—工业化成熟期—工业化后期"的演化阶段，区域空间结构演化阶段呈现离散型空间结构阶段—极化型空间结构阶段—扩散型空间结构阶段—均衡型空间结构阶段。

1）工业化前期。由于区域的生产力水平低下，经济极不发达，总体上处于低水平的均衡状态，区域空间结构是由一些独立的地方中心与广大的农村所组成的，地方中心之间没有等级结构分异，区域内部各地区之间相对封闭，彼此缺乏联系。城镇之间在性质及规模方面没有从属关系，也没有形成等级关系，且规模小、职能单一、影响范围小，区域社会经济的空间组织呈原始状态。

2）工业化初期。由于资源分布不均、规模经济和空间交易成本等影响，具有优势的地区首先获得发展，资本、劳动力等要素向其集中，经济与人口

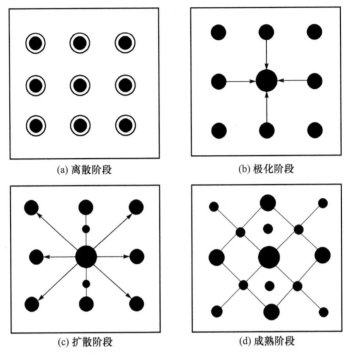

(a) 离散阶段   (b) 极化阶段

(c) 扩散阶段   (d) 成熟阶段

图 2-5   区域经济空间的演化过程

资料来源：许学强等（1997）

分布趋于集中，逐渐成长为核心区。其他地区成为受其支配的外围区，经济发展不平衡已开始出现，社会经济空间组织的二元结构已形成，城镇的规模等级体系也开始形成。

3）工业化成熟期。随着经济活动范围的扩展，新的经济中心产生，就形成了区域的经济中心体系。由于每个经济中心都有与其规模相应的大小不一的外围地区，区域中就出现了若干规模不等的"中心—外围"结构。这些"中心—外围"结构相互组合在一起，构成了区域复杂化和有序化的空间结构。"经济上升区域"的经济与人口集中到较高水平，扩散效应开始居于主导地位，经济要素与人口开始向落后地区扩散，区域发展不均衡程度逐步缩小。

4）工业化后期。经济发展达到了较高的水平，区域内之间的经济交往日趋紧密和广泛。在区域结构上，已形成同级核心之间、不同等级核心之间的联系网络，常以一个综合性城市或少数职能分异、互补的中心城市为核心，实现空间结构和规模结构的均衡，区域空间各组成部分完全融合为有机整体，整个空间结构系统处于均衡稳定状态，并将最终走向空间一体化。

弗里德曼从产业发展和空间演变相结合的角度，建立起区域空间结构和发展阶段的关系，揭示了区域经济与人口分布变动的波动推进过程，区域经济与人口分布的变动，就是在极化与扩散效应作用下经历空间分布由集中到分散，地区差异由扩大到收敛，由优势地区优先发展到各个地区均衡发展的动态演化过程，也揭示了区域工业化和城市化过程的一般规律。

20 世纪 90 年代，保罗·克鲁格曼等开创了新经济地理理论，把地理因素重新引入主流经济学中，建立了一般均衡框架下的"核心—外围"模型，从而使"核心—边缘"理论发展到了一个新阶段（王小玉，2007）。新经济地理学中关于区域经济分布不平衡的理论，通过不同的向心力和离心力因素的组合，强调了不同的因素对区域经济分布不平衡的影响。总体来说，这些模型利用向心力和离心力的组合，证明了在经济发展的初期，经济活动的区域布局倾向越来越不平衡，而随着经济一体化程度的加深，这种不平衡的区域经济布局将可能得到逆转（冯俊新，2009）。

"核心—边缘"结构，一方面揭示了宏观尺度下空间结构特征及演变，说明了区域之间的空间关系，经济聚集或集中在地理空间上表现为接连起伏的多种状态，从小城镇—小城市—中等城市—大城市—城市群—都市圈，形成了聚集的中心或重心，说明城镇体系的空间结构是区域空间结构的主要内容，也是重要的表现形式，从某种意义上说，区域城镇体系的空间结构代表了区域空间结构（陈修颖，2005）。另一方面，揭示了中观尺度下城市与乡村的关系。城镇是中心，区域是基础。城镇通过交通、信息、商品、流通、金融等网络与周围区域紧密连结在一起。因此，任何一个区域都要重视核心的发展，要形成和壮大区域的中心城镇。缺乏中心，区域经济将是一盘散沙。尤其是经济落后的地区，要十分注意培育自己的经济中心。

（四）区域工业化与城市化空间协调布局的内涵

从经济学和地理学的视角，工业化实质上是经济结构的变动过程，而城市化则是空间秩序再安排、物质环境再建构和空间相互作用关系再调整的过程。如何从空间组织和效率方面保证这一过程的良性发展是关键，也是对科学研究的客观要求（金凤君，2007）。城市化空间格局常体现在城市化水平和城镇体系的发育程度上，即区域范围内城市化率的空间差异，以及城镇在空间上不断组织嬗变而形成的城镇体系格局。由于城市化内涵丰富，还有一些学者将经济空间格局、生态空间格局等也作为城市化格局的内容。

从布局角度，工业化与城市化空间格局需要同时满足以下三点要求，才称得上协调发展：一是提高空间组织和效率，即空间格局有利于优化资源的空间配置，形成各具特色、功能互补的区域分工格局，提高资源配置效率；二是促进区域联系，即区域格局有利于强化区域之间、城乡之间的经济社会联系，逐步缩小地区发展差距和福利差距；三是人地关系和谐，即区域格局有利于实现对资源、环境和生态的保护，实现人与自然的和谐，促进可持续发展。

对一个区域来说，空间系统是由人口与居民点系统、生态系统、基础设施与社会服务设施系统、产业系统相互影响、相互制约而构成的整体。空间布局协调不是单一子系统的协调，而是整体空间系统的协调（图 2-6）。

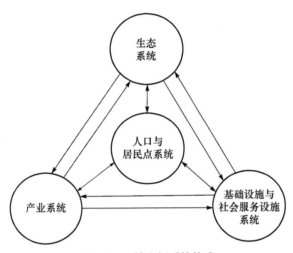

图 2-6   区域空间系统构成

从区域空间尺度来看，区域空间系统协调可分解为宏观尺度下人口分布与经济分布的协调，人口—经济集聚强度与资源环境承载力的协调，"核心—外围"结构演变的协调和微观尺度下城企关系的协调。

城市化本质上是一种空间过程，即区域空间结构的转换过程，包括两个方面的集聚：一是产业的空间集聚；二是人口的空间集聚。区域工业化与城市化空间布局协调就是要根据区域资源环境承载力，统筹布局区域人口、产业、城镇体系和基础设施，实现人口、居民点、产业在不同空间尺度下的协调与资源环境承载力在空间上的协调，形成要素能够充分流动和优化配置、空间中人的发展机会和福利水平相对公平、生态环境可持续发展的空间格局。主要包括以下几个方面。

1."核心—外围"人口分布与经济布局的协调

在区域空间系统构成中，人是第一要素。人作为生产者和消费者的双重属性决定了其既受自然资源、资本等经济要素的深刻影响，又对区域自然生态和经济发展具有重大的反作用。作为生产者，大规模的人口意味着大规模的劳动力，是区域经济规模扩大的基础。作为消费者，大规模人口是构成大规模消费市场的必要条件。一定规模的人口和经济密度还有利于信息传播和技术创新。当然，大规模的人口虽然能创造规模经济效益，有利于推动区域经济发展，但它需要在一定的限度内，否则就会加重对自然资源，特别是土地资源和环境的压迫，或造成劳动力资源的浪费，影响区域经济的健康发展。在知识资本自由流动和劳动者自由迁移的情况下，城市化空间格局演化包括人口空间格局演化和产业空间格局演化两个方面，其内生动力分别来源于知识资本收益率差异、劳动者福利水平差距及其循环积累因果作用，最终，城乡经济系统可能形成两种稳定的"核心—边缘"型城市化空间均衡格局（刘松涛和严太华，2014）。

对于城市化，人们更多侧重于从城市和乡村人口与产业空间动态来分析，实际上，人口城市化过程既表现为就近的乡城转移过程，也表现出远距离的异地转移过程。在二元经济向现代经济的转变过程当中，伴随着工业化和城市化的推进，在市场或利益机制的驱动下，人口在实现大规模乡城转移的同时，也出现了大规模的劳动力跨区域流动，形成了区域总人口和城镇人口空间分布的重新配置。当人口自由流动的障碍因素较少时，区域经济规模的扩大、就业机会的增加和预期收入的提高，必然会吸引人口的空间集聚，形成经济规模与人口规模在空间分布上的均衡协调，这是城市化和工业化均衡发展的通常结果（刘洁等，2011）。对于每一个区域来说，只有在一定的生产力和消费水平下，人口分布与自然资源和经济发展保持协调和平衡，达到人口分布和区域经济的合理配置、相互作用和协调发展，才能保证区域经济的可持续发展。

如前文对工业化和城市化协调发展内涵的理解，产业集聚过程和人口集聚过程的协调应是工业化和城市化协调发展的基本内涵之一，人口集聚过程、流动迁移方向及规模与产业集聚过程、空间格局的协调是工业化与城市化协调的一个关键问题。

人口与经济分布不均衡性是人口与经济分布的最基本属性,其作用机理主要表现在资源分布、规模经济和空间交易费用的不均匀性三个方面。在区域发展的相当长时期内,人口与经济的空间集中化是区域发展的内在规律,非均衡发展是区域空间结构演进的主旋律。人口与经济空间结构的动态演进过程,在极化与扩散效应的作用下,经历空间分布由集中到分散、地区差异由扩大到收敛,由优势地区优先发展到各个地区均衡发展的动态演化过程。在这一过程中,区域人口与经济协调发展问题,可以简化为人口分布与经济发展的空间格局的一致性问题。这是区域经济持续增长的重要内容,也是制约和影响区域经济可持续发展的关键因素(封志明和刘晓娜,2013)。因此,人口分布与经济布局的区域协调在空间上主要表现为宏观上不同类型经济区域之间、核心与外围之间,中观上城乡之间的协调;在内容上应包括人口及城镇人口流动与集聚方向同经济集聚方向的协调、人口及城镇人口集聚与经济集聚过程的协调、人口及城镇人口分布格局与经济发展的空间格局的协调。

2. 城镇体系内部产业结构与城市功能结构的协调

"城市的希望永远只能在于城市之外。"城市产业结构的升级必须与所在区域构成统一的城市群体,在更大的区域范围内,才能实现合理的城市分工。在区域经济系统中,产业子系统的发展表现为产业结构的有序演变,地域子系统表现为城镇体系规模结构和职能结构在地域内空间的组合和演进。工业化与城市化的协调过程,反映出动态的产业结构与空间结构从分散到集中、从低级到高级的不断适应过程。产业结构的演进和高度化会不断对城镇空间结构和组织模式提出新的要求,同时,产业结构演进也应以城镇空间结构和组织模式的持续优化和协同作为支撑(沈玉芳,2008)。在这一良性的互动关系中,经济结构的梯次升级与企业的规模化及专业化发展起着决定性的作用(蒋满元,2005)。

分工交易经济是城镇体系演化的主导力量,城镇体系的结构演化过程实质上是一个产业分工协作不断深化的过程。城镇体系一般可理解如下:在一个相对完整的区域中,由不同职能分工、不同等级规模,联系密切、互相依存的城镇构成的整体。不同的等级意味着不同的分工。中心地理论阐述了城镇体系结构问题,认为城市的基本功能是为其腹地提供中心性商品和服务,城镇职能等级决定了城镇规模等级和空间布局。一般来说，城镇等级越高，职能类型越多，规模越大，影响腹地半径也越大，数量越少；城镇等级越低，规模越小，数量越多。新古典城镇体系理论吸收了中心地理论的城镇体系概念，认为城市职能并不是由商品服务范围决定的，而是由生产的规模经济程度决定的，规模经济程度越高，它的职能等级越高、规模越大。新经济地理学认为，城市区位依赖于城市主导产业的规模报酬和运输成本的相互作用，城市规模大小是由城市主导产业的规模经济程度和运输成本作用的程度决定的，最终的分布符合中心地理论的对称结构（葛莹等，2005）。

城市地理学认为，城市功能也称城市职能，是某城市在国家或区域中所起的作用、所承担的分工。居住、商贸、行政、生产、公共服务等为城市的非基本职能，是一个城市运行应具备的基本功能。而城市发展到一定阶段时，尤其是大城市所具备的基本职能，可以称为城市的高级职能，它又可细分为医疗保健、休闲娱乐、生态观光等与高端消费相适应的生活服务职能，以及商务、研发、物流、金融、会展等为城市生产服务的功能。在城市形成发展过程中，多种要素资源的集聚效应和扩散效应是城市功能得以实现的基础。在新的发展时期，根据城镇体系的地域分异和组合特点，城市功能结构应体现在经济、管理和创新等方面，支撑这些功能的要素综合集成水平和能力的高低，决定了城镇的等级和地位。在城市发展初期，工业生产功能、商贸流通功能占据主导地位。在城市高级阶段，随着新国际产业地域分工的深入，生产性管理功能、创新研发功能等逐步占据了主导地位。在区域城镇体系中，各个城市各具特色，应承担不同的职能，形成不同的等级规模和层次结构，才能通过有效的产业链联系与城市之间的分工协作，形成高效的区域功能性整体。

根据交易成本理论，在完善的市场经济条件下，由于市场机制的作用，会引起地域产业空间组织的重组，从而在空间上形成产业分布的纵向一体化和横向一体化，促进城市职能等级体系的形成。另外，区域产业结构升级需要有要素支撑。例如，制造业升级需要有第三产业的发展环境和相关的配套服务，需要资本、人才、知识和技术等高端要素的支持，需要相应的文化环境的支持。城市发展带来的高端资源的集聚，能够形成诱使产业结构升级的高端需求和供给；城市自身形成的多元化集聚，使专业化分工的规模经济效应和创新产生的概率大大增加；伴随着城市化而来的第三产业的发展和社会资本整合，也对产业结构升级产生直接的影响（陈建军等，2009）。区域的产业结构演进，在很大程度上取决于城市功能的合理结构，通过产业联系的前后向联系，形成合理的城镇层级关系、产业分工。因而，城市功能提升与产业结构的演进和梯度转移直接相关，只有城市体系职能层级分明，形成一个合理和高效的城市体系功能结构，适应环境变化和经济发展的需要，实现资源的空间优化配置，才能使产业结构的演进与城镇空间结构构成正向对应且实现协调和谐的促进关系。

从动态过程分析，区域城镇体系结构需要适应产业结构升级，构建相应的职能结构和组织模式，实现发展阶段、过程的协调。

3. 城市地域层面产业空间与生活空间的协调

从城市地理角度，城市空间布局既关注城市与城市之间，即点与点之间的空间关系，也关注城市内部空间结构。实现工业化与城市化良性互动的基本前提之一是工业区位与城镇区位的空间耦合。这种耦合不仅体现在宏观的"核心—外围"空间层面，也体现在微观的"城市地域"层面。

城市作为现代区域社会经济要素及产业的核心空间载体，兼有经济性和空间性双重属性，是配置与协调各种经济社会资源的空间场域。在城市发展进程中，通过各种资源要素的空间流动与重组，形成了内部结构的核心与边缘，形成了生产、生活、生态各种功能空间的地域结构。在工业化与城市化的进程中，城市产业的发展、升级与集群导致了城市空间的重组，城市空间的重组又推动了产业形态的变革与创新。结构不断优化和持续升级的产业及其相应的产业组织、空间布局的变化，成为推动城市空间重组和优化的主导力量（李程骅，2008）。因此，城市空间格局变化中，最重要的是产业空间格局的变化。城市各产业的区位选择是产业空间演化的表现形式。

在前工业社会，城市空间结构很简单，一般表现为行政、宗教、贸易和居住等功能区的空间分化，往往形成同心圆的空间结构模式。工业社会时期，工厂成为城市的重要组成部分，城市功能区布局日趋复杂，主要表现如下：第一，中心区扩展。城市的中心区土地资源稀缺、成本高，人才、资本、信息和技术发达，形成了行政管理、商务服务、科教文化、医疗卫生、国际交往、金融交易、总部决策等层级较高的服务功能区，随着城市的扩张，城市中心商务区的边界逐步模糊化。第二，各种经济活动空间专业化导致形成了多中心马赛克式的结构，城市空间分解为工业、仓储、居住、绿化等功能相对独立的单元。第三，城市功能的向外疏解，形成城市功能空间的梯度分化和大集中、小分散的布局特征。20 世纪以来，工业资本有机构成提高，企业规模扩大，采取一体化的生产组织结构；同时，在交通引导和地价规律支配下，城市集聚经济产生背离城市旧中心的离心力。制造业从城市中心区分离出来，在郊区则兴起了大量的工业园区，城市功能布局逐渐由单中心结构向中心、分区中心、郊区卫星城、邻县中心的多中心城市结构转变，形成当代工业城市内部经济空间的多中心。

实际上，追求企业自身经济收益最大化是工业区位选择的主导目标，工业的区位选择更侧重成本和效益的比较关系，其影响因素主要是原料、劳动力、燃料、市场等，而城市功能区布局则更加侧重城市服务功能的有效发挥。在我国城市发展与规划实践中，产业布局往往立足于产业需求对城市空间资源进行组织，而忽视产业发展与城市功能的协同，普遍存在"重产业、轻城市"的问题，导致产业布局与城市发展需求不匹配，产业空间与城市空间分割、离散甚至相冲突（贺传皎等，2012），形成城市内部空间上的"二元结构"。实现城市内部工业化与城市化空间协调布局，重点在以下几个方面。

1）产业需求与空间供给的有效匹配。城市产业空间重组实质上是企业区位选择与调整的过程，不同产业类型对空间的需求不同，企业需求的生产要素和区位的禀赋条件影响空间生产成本，而企业的联系特征影响空间交易成本。因此，需要充分关注不同类型企业区位的要求、企业组织转型与新型的产业网络组织需求，优化城市产业空间区位和形态，合理布局城市产业园区，强化分工协作关系，促进产业内对接、跨产业对接，合理组织产业集群，围绕产业链，实现研发、生产、营销环节在城市与产业园区之间的合理布局，促进产业需求与空间供给的有效匹配，既可为城市发展提供充足动力，又可为工业的长远发展提供高效的空间载体。

2）生产空间与生活空间的有效融合。从城市工业布局历程来看，工业区空间经历了由生产空间主导到生产空间和配套服务空间，再到消费空间主导的发展历程。产业发展推进城市空间扩展经历了由产业发展带来产业集聚，由产业集聚形成相对一体化的产业空间的过程。产业空间经过深度城市化，上升为更有价值和归属感的城市空间。生产空间与生活空间融合，首先表现为居住和就业的融合，即居住人群和就业人群结构的匹配，就业结构与居住供给状况相吻合，居住人群与当地的就业需求相匹配。其次表现为产业空间的深度城市化，即以工矿建设为契机、动力，配套发展商贸、交通、行政、文化、旅游、科教等职能，逐步形成多样化职能的城市功能区域，有效增强城市的综合服务能力，使生产空间真正成为城市发展的基础和依托。

3）生产功能和服务功能的城企统筹。遵循"城以企兴、企以城荣、城企互动"的思路，建立企业与城市共生、互动式的发展机制，逐步破解各企业和园区内部封闭的"小而全"的功能体系，统筹布局城市基础设施和社会服务体系建设，把原属于企业承担的成本部分改变为高效低价的社会化公共服务，实现企业与城市在生产和技术联系方面的整合，在各类非生产性设施和服务方面系统接轨。

4. 区域人地系统层面城市化空间格局与主体功能区布局的协调

在经济学理论研究中，基本假设之一是均质区，在均质和没有地理条件差异的情况下，工业化与城市化空间是资源和其他经济要素在空间上配置的结果。市场作为空间开发格局的主要推动力量，伴随市场配置经济要素的过程，正外部性和负外部性不断产生。优化空间开发格局，就是要鼓励其正外部性，抑制负外部性。农业社会时期，空间开发长期处在"流域主导期"；工业化时期，空间开发由流域主导向产业主导转化；工业化中后期，伴随快速城市化进程，空间开发由产业主导向城市主导转化。随着经济发展和人们认知水平的提高，经济增长不再是区域发展唯一的价值取向，社会发展、生态发展等问题被同时纳入区域发展目标之中，城市可持续发展日益得到重视，空间开发在"产业主导、城市主导"的基础上，增加了"生态约束"（肖金成和刘保奎，2013）。

区域自然条件与生态环境等作为工业化与城市化发展的基础条件，支撑其发展，同时，自然条件与生态环境的区域状况又决定着一个地区的产业类型、人口与产业布局模式，区域工业化与城市化布局必须要统筹考虑资源和环境约束条件。可以说，资源环境承载力是开展工业化与城市化布局的重要依据，决定了区域工业化与城市化的布局区位、功能、规模与强度。

功能区划是对人地关系地域系统的科学识别、科学表达的新途径（樊杰，2007）。功能区划实质上是遵循自然分异规律，并依据资源环境承载力和人类社会发展目标。对自然生态空间进行分区的最终目的，是对功能区的环境资源进行合理开发利用和分类管理。2005年，《中共中央关于制定国民经济和社会发展第十一个五年规划的建议》中提出了"主体功能区"的概念。2011

年 6 月,《全国主体功能区规划》颁布。主体功能区是指基于不同区域的资源环境承载力、现有开发密度和发展潜力等,将特定区域确定为具有特定主体功能定位类型的一种空间单元。自然特点及承载力是功能区形成的重要基础,也是区域的主体功能与约束方向。主体功能区的核心是根据区域主体功能,将国土空间划分为优化开发、重点开发、限制开发、禁止开发四类主体功能区,实施不同的开发策略。四类主体功能区因其资源环境承载力不同,承载的地域功能亦有很大的区别。在主体功能区核心内容上,体现为四类主体功能地域的区划,优化开发区和重点开发区以承载力约束条件下的经济开发为主体功能,以城市化地区为主要功能承载地区;限制开发区和禁止开发区则以保障生态安全和粮食安全为主要功能的承载区。

推进形成主体功能区,就是要根据区域不同的资源环境承载力、现有开发强度和发展潜力,统筹谋划人口分布、经济布局、国土利用和城市化格局,确定不同区域的主体功能,并据此明确开发方向,完善开发政策,控制开发强度,规范开发秩序,逐步形成人口、经济与资源环境相协调的国土空间开发格局(马凯,2011)。

在主体功能区划条件下,工业化和城市化的空间表现形式、集聚与分散过程的表现,与传统的、西方国家经历的过程有很大区别。主体功能区划视角下,工业化和城市化过程是市场机制和政府机制在特定空间(优化开发区、重点开发区、限制开发区与禁止开发区)的耦合。市场力量考虑交易成本进行要素的配置与影响要素流动,政府通过区域管理、区域政策等国家干预形式引导要素的配置和要素流动。不同主体功能区市场机制和政府机制的耦合关系不同,从而导致其空间均衡形式不同(赵玲,2011)。

城市化空间格局与主体功能区布局的协调主要表现在以下几点:第一,在宏观区域层面,人口与产业集聚方向、过程等要与主体功能区划相协调,符合主体功能区的定位和要求;工业化与城市化的区域功能结构、规模结构、开发强度等与区域主体功能定位和承载能力相协调。第二,在微观层面及城市地域层面,生产、生活、生态空间格局符合区域自然本底特征和承载力要求。第三,工业化城市化空间既要符合市场力量引导下的以经济利益为导向的要素集中与分散,又要符合政府力量引导下的以整个人类生存为目标的生态导向,区域分工格局由劳动地域分工向生态地域分工和劳动地域分工耦合转变,结构转换由空间上集中到分散,再向集中转换,由小集中向"大集中、小分散"转换(表 2-1)。

表 2-1　工业化与城市化空间布局协调的主要内容

协调对象	协调侧重点	协调重点	空间尺度
区域人口与产业空间关系	过程协调	人口集散过程与经济集散过程的空间一致性	宏观尺度"核心—边缘"中观尺度城乡（郊）之间
区域产业与城镇体系空间关系	结构协调	产业结构及演进与城镇体系结构及演进的协调性	宏观尺度城镇之间
城企空间关系	功能协调	企业区位需求与城市空间供给、产业空间与生活空间的融合性	微观尺度城市地域内部产业空间与生活空间之间中观尺度城乡（郊）之间
人地空间关系	效应协调	城市化空间格局与区域主体功能的适应性	宏观尺度区域之间中观尺度城乡生产、生活、生态空间之间

三、区域工业化与城市化空间协调布局的影响因素与形成机制

区域工业化与城市化空间格局主要受资源本底、企业区位及产业组织、交通条件、政策环境、技术创新等因素的影响，这些因素通过经济活动的区位指向与路径依赖、要素和经济活动的集聚与邻近效应、经济活动的外部性和政策制度三种机制共同发挥作用。

（一）影响因素

1. 资源本底

资源禀赋、生态环境仍是城市化空间发展的基础性要素，也是城市化空间差异的主要原因。区域内地质、地貌、水文、土壤、气候、植被、资源等自然地理条件及生态环境状况会通过影响人口分布、产业发展而影响城市化空间格局及演化进程（吕园，2014）。区域的土地资源、水资源、矿产资源、生态资源等的丰裕程度、匹配程度、比较优势和承载能力、区域已开发程度与开发潜力等，构成了区域的资源禀赋。各区域资源禀赋决定其主体功能，进而影响到区域人口与产业集聚的功能、规模和空间结构。

2. 企业区位及产业组织

从微观角度分析，城市化过程就是微观主体向城市迁移的过程。从纯粹经济意义上讲，企业的空间行为遵循决策效益的最大化原则，由于影响微观主体空间行为的诸因素具有空间差异，微观主体可以通过区位选择的决策达到效益最大化。实际上，城市的发生、发展过程即产业区位的形成与集聚过程。伴随着产业的集聚，基础设施及生产配套设施不断完善，前向及后向产业不断兴起并完善产业链，相关服务性产业也不断跟进，不同等级、规模的城镇将会在产业聚集的带动下，逐渐增强城镇间的联系，形成相对合理的地域劳动分工体系和相对稳固的区域城市化空间格局。产业空间组织的演化也会推动区域城市空间的演化。产业结构的优化呈现为由资源密集型、劳动力密集型产业向技术、信息密集型产业的不断演替过程，随之带来经济规模、就业规模的变化，进而形成区域城市规模、职能及空间布局的演化。正是区域内产业的承接、演替与空间变动才使区域空间结构处于变动之中。

3. 交通条件

现代交通运输的发展和工业经济的迅速扩张是工业化和城市化发展的重要动力。交通条件的改善可提高区域之间、核心与外围之间的联系便捷度，降低资本、物质、人力等要素在空间上的流动成本，可加速区域之间要素流动的频繁程度，进而促进规模效益和集聚效益的形成，强化区域之间的联系和空间相互作用。交通条件的改善是影响区域工业化和城市化进程与空间格局的重要因素。

4. 政策环境

区域发展战略受政府意志影响，多为解决特定历史条件下区域发展中存在的问题而采取的空间上的解决途径，这在政府调控力度较强的国家表现得尤为显著。政策环境包括规划引领、产业政策、空间政策等，直接影响一个区域发展中人口与经济要素在空间上的流动和组织方式，影响产业分工、地域分工及要素配置效率，对区域工业化和城市化空间格局的形成与演化有较大影响。

5. 技术创新

伴随着现代经济活动对技术与知识的依赖程度的加大，技术与知识已经成为影响经济活动区位选择,进而影响产业与城市空间格局及演化重要的因素之一。技术创新会通过改变各种生产要素对劳动与资本相对收益的影响,改变其在国民收入中的相对份额。此外,创新通过对生活条件和工作条件的改变间接影响产业结构的变化。同时,技术创新和制度创新是影响产业特征和地方环境互动发展的关键,技术创新改变产业的特征,从而提高该产业的适应能力;制度创新会改变本地的环境或解决产业发展的瓶颈问题,从而减少本地环境对该产业的约束力。因此,产业集聚是技术创新和制度创新互动关系所导致的规模报酬递增的结果(王缉慈等,2001)。反过来,产业集聚又会加快技术创新。技术创新是产业结构与城市空间结构协调的重要动力因素。一方面,技术进步使产业区位自由度增强,为产业集聚提供了条件;另一方面,城市是技术和信息的集聚与扩散地,技术进步往往首先产生于城市,进而推动产业的集聚和城市产业结构的升级,促进工业化和城市化在空间上的相互融合。

(二)形成机制

空间开发格局的形成,从根本上说,是资源和其他经济要素在空间上配置的结果。工业化与城市化的空间格局,首先基于区域自然条件和资源禀赋空间差异,微观经济主体在区位选择过程中形成不同的基础地域分工。在市场经济条件下,地域分工形成之后,人口(劳动力)与生产要素在产业间与地域间自由流动,在集聚效应、邻近效应等作用下,人口与经济活动表现出向不同等级核心区聚集的倾向。经济活动在空间的聚集,又为创新活动的发生提供了条件;反过来,创新活动会强化生产要素继续向某一区位流动、聚集,使工业化与城市化互为动力,在空间上协调发展。而伴随市场配置经济要素的过程,正外部性和负外部性不断产生。在存在外部性和公共物品生产的领域,市场有时会失灵。因此,工业化和城市化空间格局的优化还离不开政府的力量。经济活动的区位指向与路径依赖、集聚机制与邻近效应、区域外部性和区域政策三种机制的共同作用,是工业化与城市化空间协调发展的形成机制。

1. 区位指向与路径依赖

区位指向是指经济活动在选择区位时所表现出的尽量趋近于特定区位的

趋向。经济活动的区位指向包括自然条件和自然资源指向、原料地指向、燃料动力指向、劳动力指向、市场指向、运输指向等。不同指向的区位选择形成了相应的空间集聚区位。古典区位理论把自然条件和自然资源作为重要的区位因素，各种经济活动在地理空间上的分布主要受其区位指向的制约，自然禀赋的差异和要素的不完全一致性是区域空间结构差异的前提，区位指向是影响区域空间结构形成与发展的一种重要的、基本的力量（李小建，1999）。

路径依赖是一个具有正反馈机制的体系，一旦在外部性偶然事件的影响下被系统采纳，便会沿着一定的路径发展演进，很难为其他潜在的更优体系所代替，地理学称之为"地理惯性"。克鲁格曼认为，现实中产业区的形成是具有路径依赖性的，而且产业空间集聚一旦建立起来，就倾向于自我延续下去。产生空间上路径依赖的原因：一是市场保护；二是迁移成本；三是制度障碍。因此，市场的一体化、人口与企业迁移成本、区域性制度壁垒等，会影响工业化与城市化空间布局的协调过程和格局。

2. 集聚机制与邻近效应

工业化与城市化互动发展过程如下：技术进步引发了产业革命，工业化由工场手工业转为工厂制度，实行大规模的生产，制造业在国民生产总值中的比重和就业中的比重不断上升，并带动了第三产业的发展和第三产业就业比重的上升，同时形成了人口和各种经济资源向第二和第三产业的转移与集中，第二和第三产业的集聚产生了大规模的城市。产业结构的演进导致了经济的非农化、工业化和服务化，产业空间布局的转移导致了人口定居方式的聚居化、规模化和城市化。而城市以其集聚效益和规模效益降低了企业的各种成本，进而促进了专业化分工的深化、工业化的发展，也促进了第三产业的发展，城市成为非农产业的空间载体。城市化和工业化交织在一起所产生的相互促进作用，加速了工业化进程，同时也催化了城市化的发展（图2-7）。

在此过程中，空间集聚效应是关键因素。工业化与城市化整合发展的内在机制是在市场原则作用下厂商、居民和社会组织的空间集聚效应及形成的循环累积因果效应。所有的区域经济和空间结构理论都强调集聚经济的作用。梯度推移理论认为，大城市是高区位区，因为它可以依靠集聚经济来推动与加速发明创造、研究与开发工作的进程，节约所需投资。增长极理论强调，城市体系中城市等级结构的差异，实际上是体现了城市集聚经济能力的差异。

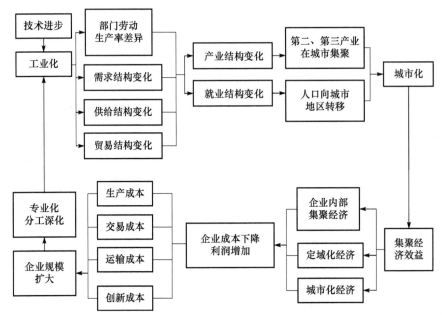

图 2-7 工业化与城市化互动发展机制流程图

资料来源：胡爱华（2004）

产业集群理论不仅强调了大量产业联系密切的企业集聚，还强调相关支撑机构在空间上的集聚，获得集聚经济带来的外部规模经济效益（肖金成和刘保奎，2013）。

空间近邻效应是指区域内各种经济活动之间或各区域之间的空间位置关系对其相互联系所产生的影响，其对工业化和城市化空间格局的影响表现如下：第一，促使经济活动就近扩张；第二，影响各种经济活动的竞争和各种经济活动之间在发展上的相互促进；第三，知识溢出效应。新经济地理论学者认为，空间邻近的知识溢出在产业区位形成中具有重要作用，空间集聚与经济增长之间具有显著的相互影响，其关键在于知识溢出的空间特征。空间近邻效应这几个方面的作用会不同程度地影响区域空间结构的形成和发展。

3. 区域外部性和区域政策

区域外部性，即经济主体的行为对该主体以外的人或事物所造成的影响。根据影响，外部性可以分为正的外部性和负的外部性。区域外部性主要是指一个区域的经济活动对其他区域产生的不由其考虑或承担的或正或负的影响，既包括正的区域外部性，也包括负的区域外部性（党兴华等，2007）。工业化与城市化空间布局不协调问题主要是由区域负外部性造成的，主要表现如下：中心和外围之间过度极化而导致的区域差异性扩大问题；城市人口自然集聚进程的扭曲，核心城市人口与产业过度集聚导致的与资源环境承载力失调，从而带来的人口、资源、环境不协调问题；核心城市污染密集型产业扩散导致的区域负外部性；规划的不相容性和随意性导致的城乡"三生"（生活、生产、生态）空间格局不协调问题；城市间经济社会发展关联程度变化导致的区域负外部性；等等（卢伟，2014）。

区域外部性的成因可概括为微观与宏观两个方面。在微观方面，微观经济主体在从事经济活动中基于其有限理性而带来的外部性；在宏观方面，政府在行使各种职能时带来的外部性。一方面，政府政策法规等职能的发挥可以在很大程度上弥补市场失灵；另一方面，由于政府的短视行为，其活动也会带来外部性。例如，政府基于地方利益在城市体系内部对公共资源的不合理配置；"行政区经济"影响人口要素自由流动，阻碍区域基础设施互联互通和生态环境一体化保护；规划的不相容性和随意性导致区域"三生"空间格局难以协调；等等。由于区域负外部性的存在，就需要政府进行政策调整以达到优化城市化和工业化空间格局的目的。

在市场经济下，政府仍然拥有一系列干预区域经济运行的手段，可以运用政策工具对经济活动和城市发展进行干预。其中，区域政策对城市化和工业化空间布局的影响尤为直接。主要包括：第一，投资政策，通过在特定地区进行交通、通信、生态环境保护等基础设施建设，引导社会投资的空间流向等，促进特定地区和城市的发展；第二，产业政策，通过制定鼓励性或限制性产业发展指导目录、产业技术标准等，引导资源和要素在空间上的配置，优化特定地区产业结构，鼓励或限制特定开发活动，促进区域产业、城市发展与生态环境保护的协调；第三，土地政策，通过建设用地指标分配、单位土地投入产出强度控制等鼓励或限制特定的开发活动；第四，人口管理政策，通过人口迁移政策、劳动者培训政策等，鼓励或限制城乡居民迁入迁出特定地区，合理调节劳动要素在空间上的配置；第五，环境保护政策，通过环保标准的制定和实施、污染排放指标的分配、环境基础设施建设等，调节特定地区的生产和消费活动，促进人与自然的和谐相处；第六，绩效评价和政绩考核政策，引导各地区进行符合自身功能定位的开发活动；第七，规划政策，包括空间开发规划的制定与实施等，规范空间开发秩序，促进各地区协调发展。

四、区域工业化与城市化空间协调布局的运行条件与实践启示

（一）运行条件

工业化与城市化空间协调布局是由经济活动区位指向与路径依赖、集聚机制与邻近效应、区域外部性和区域政策三种机制的共同作用形成的，是工业化与城市化空间协调发展形成机制的理论基础。上述机制的运行，需要相应的运行条件。冯云廷（2001）研究了城市化进程中集聚机制的运行条件，主要包括三个方面：一是微观集聚主体的经济理性；二是完善的要素市场体系和最低限度的集聚与扩散障碍；三是发达的城市基础设施和服务设施。参照这一分析思路，工业化与城市化空间协调布局的总体运行条件主要有以下几个方面。

1. 微观集聚主体的经济理性

在传统区位论研究中，基本假设均包含"经济人"假设。经济活动的区位指向机制的运行是以市场为中介来进行的，要维系区位指向机制的良性运转，其微观主体必须有充分的经济理性，即行为是否具有"经济人"空间行为特征。企业或厂商在做出区位选择时，应遵循决策效益最大化原则。这就要求企业或厂商要具有充分的独立性、自主性、创新性。在现实布局中，影响企业或厂商做出区位决策的因素可能是复杂的，决策者也可能不完全是"经济人"。但是，"经济人"假设对于大多数市场主体来说，应该是成立的，也只有具有充分的独立性、自主性、创新性的微观主体，才能做出遵循市场经济规律的区位决策。

2. 完善的要素市场体系

要素市场体系是资源与经济要素集聚的传导者。从微观角度看，资源和生产要素要实现最佳或合理的区位选择，实现合理的空间集聚，必须有完善的要素市场来支撑。从宏观角度看，由于分工的发展而带来的产出水平的提高、最终产品的多样化等，都需要一个不断扩张的市场来容纳。因此，市场

的不断发展是分工不断深化的一个重要条件。只有在一定的分工水平上，或者说市场规模上，经济活动的空间集中才能降低交易费用，空间集中也才是有效率的经济空间组织形式。区域要素市场的完善体现在市场结构的完整性、市场联系的有机性、市场的层次性，这些特性影响着城市体系的结构和功能。因此，以充分发挥市场机制对资源配置的作用为宗旨，培育和完善各类市场，特别是资本、劳动力、土地等生产要素市场，形成有序和有效竞争的市场体系，是实现工业化与城市化空间布局协调的重要条件。

3. 最低限度的集聚与扩散障碍

人口与生产要素在城乡与区域之间的自由流动是工业化与城市空间布局协调的必要条件。市场和分工的发展都必然要求降低交易成本，只有当贸易自由度超过某一临界值时，空间演进才会进入一个以空间集中为特点的循环累积过程中。制度框架是影响人口和生产要素流动的基本因素，如果存在制度障碍，就会形成集聚或扩散的"摩擦力"，使集聚机制难以在市场机制的作用下发挥人口和空间资源优化配置的功能。将城乡分割、区域分割等不合理的人口与生产要素流动障碍降到最低限度，是保障工业化与城市化空间布局协调的必要条件。

（二）实践启示

产业结构调整与空间结构调整是区域发展同等重要的两条主线，在区域发展战略中，应给予空间结构重组高度重视。工业化与城市化是区域社会经济发展中密切联系的两个侧面，工业化更多地关注社会经济发展中经济结构的变动，而城市化更多地关注社会经济发展中空间结构的变动，两者共同作用构成了区域社会经济发展的整体。空间重组，有利于降低交易成本，形成规模经济，提升区域竞争力。

工业化与城市化空间协调布局具有丰富的内涵，包括人口、产业、生态在区域之间（"核心—外围"之间）、城乡（郊）之间、城市地域三个空间尺度，在空间过程、结构、功能、效应四个方面的协调，是区域人口及居民点系统、产业系统、生态系统，以及基础设施与社会服务设施系统整体的空间系统的协调。

工业化与城市化空间协调布局的主要任务是，充分发挥市场机制的主导作用，并通过科学引导和有效干预，优化空间资源和生产要素配置，提高生产要素配置和利用效率，同时缓解生态脆弱区域的资源环境压力，构建生产、生活、生态空间协调有序的空间格局，为区域经济社会发展构建空间组织高效集约、城乡区域分工明确、城乡区域联系紧密、人地关系和谐、可持续发展的空间载体。

空间集聚效应是工业化与城市化空间协调发展的重要机制，区域经济发展阶段是选择工业化与城市化互动发展模式的基本依据。在工业化中期阶段，空间集中化仍是区域人口与经济格局重组的基本战略。在区域发展实践中，需遵循经济可达性、社会可达性及人口、经济与生态环境可持续发展原则，利用市场经济的动力机制，结合政府行政指令和政策引导，以人口分布和投资分布的调整为手段，以产业集聚为基础，以人口集中为基本环节，以城镇发展为基点，积极促进人口与生产要素向重点开发轴带、重点开发据点和重点城市集中，逐步使区域发展具有良好的规模效益、低交易成本和高投资回报率，获取区域竞争优势，同时缓解生态脆弱区域的人口压力，建立起人口、经济与生态环境协调的区域格局。

工业化与城市化互动发展关系具有阶段性规律，不同经济发展阶段具有不同的工业化特色与城市化特征。区域的工业化与城市化模式选择应以区域基础、区域经济水平为依据。

微观集聚主体的经济理性、完善的要素市场体系和最低限度的集聚与扩散障碍是实现工业化与城市化空间协调布局的运行条件。突出政府力量和市场力量的共同作用，建立健全微观经济主体的现代企业制度，培育发展区域资本、劳动力、土地等生产要素市场，创新机制体制，打破区域之间壁垒，城乡之间、城市内部"二元结构"，克服要素流动的城乡和地区障碍，建设高效共享的基础设施和均等化的基本公共服务设施等，是推进工业化与城市化空间布局协调的必然要求和支撑条件。

第三章 资源型区域的空间结构模式：
"资源诅咒"的空间结构解释

一、"资源诅咒"研究被忽略的分析视角

资源型区域，是指具有资源型经济特征的区域。资源型经济特征表现为，资源型产业在区域发展中占据重要位置，资源型产品在区际贸易中占据主体，经济发展依赖资源型产业的增长，经济增长进程中付出了高昂的资源代价等。资源区域既具有独特的经济结构和产业演变特征，也形成了特殊的空间结构特征。20世纪60年代，欧美部分老工业基地沦为"问题区域"，70年代以后，荷兰、尼日利亚等国家陆续出现了"资源诅咒"现象，资源诅咒、资源型经济转型问题开始成为学术研究的热点。1993年，Auty（1993）最早提出"资源诅咒"这一概念，即丰裕的资源对一些国家的经济增长并不是充分的有利条件，反而是一种限制。其后，许多学者对"资源诅咒"这一命题进行了实证检验，最有影响的是 Sachs 和 Warner（1995）的研究。他们以97个发展中国家为样本，研究1970—1989年经济增长率与资源型产品出口之间的关系，计量结果表明，初始时期 GDP 中资源型产品出口占据重要地位的国家，其经济增长速度在随后的20年里明显趋缓，由此得出一个重要的结论，即自然资源丰裕的国家与地区，经济增长反而慢于自然资源稀缺的国家与地区。我国学者从2005年左右也开始关注这一命题。徐康宁和王剑（2006）、韩亚芬等（2007）、胡援成和肖德勇（2007）等，以我国省际面板数据为样本开展了全国层面的实证研究，验证了我国省际层面存在"资源诅咒"的事实。邵帅和齐中英（2008）对我国西部地区的能源开发与经济增长之间的关系进行了研究，景普秋和王清宪（2008）对山西煤炭资源开发与区域经济发展关系的实证研究等，也验证了地区层面"资源诅咒"的事实。

关于"资源诅咒"现象的解释主要集中于结构—增长分析和制度—增长分析两个方面。理论解释主要如下:"荷兰病"导致反工业化(Corden and Neary,1982),资源财富引发寻租效应(Baland and Francois,2000),资源丰裕对物质资本与人力资本的挤出(Gylfason,2001),资源租金引起内战爆发进而制约经济增长,资源商品价格变化无常,等等。其中,由 Corden 和 Neary 提出、经 Sachs 和 Warner 扩展的三部门模型,为资源型经济问题形成机制的理论解释提供了基本框架(张复明和景普秋,2006)。

虽然上述理论较好地解释了"资源诅咒"现象,但是,区域经济系统包括产业结构子系统和地域子系统两个方面,区域空间结构同样具有重要的经济意义,主要体现在对经济活动的组织作用和促进区域经济增长的作用两个方面。空间结构重组是提高全要素生产率的有效途径(陈修颖,2005)。在一国经济发展中,通过资源、经济要素和经济活动的主体在空间上的优化组织,可以获得特有的空间经济效益,从而对经济增长产生重要的影响(张毓峰和胡雯,2007)。因此,有必要在经济结构、制度变迁与经济增长等相关理论基础上,加强对空间结构的关注,从空间结构角度来解析资源型经济形成及存在问题的内在机制。

煤炭资源区域基本上依赖于其自然资源,特别是矿产资源对资本的吸引力,发展采掘、能源及相关的重化工业,生产和输出初级产品来推进工业化进程,工业化通过要素空间集聚功能和经济结构转换来促进城市化。但是非常态的工业化道路和分散的工业布局,使其形成了特殊的工业化和城市化空间特征。与国内其他区域相比,煤炭资源型区域工业化与城市化空间协调的偏差问题更为突出,空间格局的问题更为明显。根据新经济地理模型,资源型区域空间结构是农业部门、资源部门、非资源部门等不同部门相互影响、相互作用所形成的空间均衡状态。弗里德曼的"核心—边缘"结构模式,是解释区域空间结构特征及形态演变的一种重要模型。本章试图将资源型经济问题的"三部门"模型与"核心—边缘"模型结合起来,从工业化与城市化空间结构角度来分析资源型经济形成及存在问题的内在机制,揭示煤炭资源型区域产业结构和工业化与城市化空间布局之间的动态演化特征、特殊的作用机制和空间效应。

二、煤炭资源型区域工业化与城市化的区域性特征

（一）工业化与城市化特殊的形成过程

从我国资源型区域工业化与城市化历史演变中可以看到，资源型区域工业化和城市化相关关系的形成有着深远的历史缘由，更与资源的禀赋状况密不可分（图 3-1）。

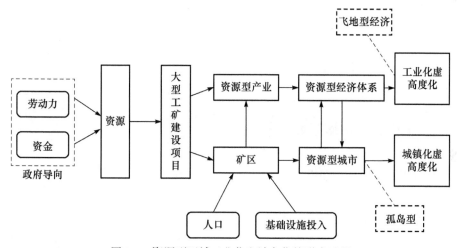

图 3-1　资源型区域工业化和城市化的形成过程

天然的资源要素富集是资源型区域工业化和城市化的基础，资金、劳动力向矿业开发区域的集中是工业化开端和发展的动力。伴随着资源开发，在短时间内，以大型工矿建设项目为标志，大量经济要素向资源分布区集中，在原有工业基础很差甚至一片空白的区域，工业化迅速展开，建立起了以资源型产业为主导的资源型经济体系。但是，第一、第三产业并没有得到相应发展，工业内部资源型产业单兵突进，非资源型产业落后，形成资源型区域工业化的虚高度化现象。资源型产业是一种层次较低的产业类型，以矿产资源的开采和粗加工为主，产品以外运为主，产业的区外效应突出，与当地经济的联系非常少，作为经济支柱却乘数效应微弱，难以带动区域经济的发展，属于“飞地型经济”。伴随着工业化的启动，大量资金、劳动力流入资源型区域，围绕矿业开发，矿区的生产、生活建设成为主要问题，于是为了服务矿

区生产，以道路交通、职工住房及生产、生活配套设施为主的矿区基础设施建设相应展开，也拉开了工矿区域城市化的序幕。资源型区域城市化的初期，工业化是推动力。围绕资源型产业的发展，经济要素向矿区的空间集聚成为资源型区域城市化的主要动力。以矿区建设为核心，人口有组织或自发地涌入，在短时间内资源型城市的非农人口比重达到较高的水平，造成"高度城市化"的假象。在城市发展初期，"因矿而建"的城市发展思路，造成资源型城市呈组团布局，城市基础设施差，各组团之间相对独立，经济活动、社会活动以各大型企业为核心各自展开，不但彼此之间没有经济联系，而且城市的经济功能也很弱，城市犹如一个大工厂，各组团则是一个个小工厂，城市功能难以形成。资源型区域这种围绕资源型产业的发展进行突发式、嵌入式的工业化与城市化，造成这类地区工业化和城市化的形成和发展过程，导致了在工业化与城市化空间布局上、相互作用关系上与一般区域的区别。

（二）资源型区域工业化的特征

资源型区域的工业化是建立在矿产开发基础上的，形成了以资源型产业为主导的经济体系。在区域分工、产业结构、演进过程、产业布局等方面与一般区域相比表现出许多特殊性，具体表现在以下几个方面。

1）区域分工的低层次性。区域分工是由资源禀赋所决定的，资源型区域与加工区域之间往往在产业层次、技术水平、开发效益上形成垂直分工体系，在区际贸易体系中处于不利局面。

2）产业结构演进的反工业化。矿产品的高价格波动性与低供给弹性，容易引起资源型区域部门间贸易条件恶化，导致生产要素在部门间的不正常流动。在矿产资源高收益的强力刺激下，易导致劳动力、资本等生产要素不断向资源部门流入，推动资源部门的持续扩张和迅速繁荣，促进资源加工产业及相关的服务产业、辅助产业的快速发展，而制约非资源部门的制造业等的发展，出现"反工业化"现象（张复明，2011）。

3）产业结构低关联性与单一性。资源开发型企业，一般固定资产投入比重大，且一次性投入占比高、物质资产专用性强，人力资本专用性强，大多专职于与矿产资源相关的技术工作和开发活动。在产业层面，资源型产业部门属于低产业关联度的产业，产业关联度低，对相关产业带动能力不强，特别是资源型产业与其他产业的联系更弱，资源型产业或者企业的发展，难以带动相关产业的发展，乘数效应难以发挥形成资源型区域产业结构的单一性问题。在资源型区域产业环境方面，资源型产业是经济增长的支柱、资本积累的主体。在低风险和高产出的诱导下，加快了资源型产业的低水平重复扩张。其结果是强化了经济活动的资源型特征，形成资源型区域产业结构的单一性与刚性特征。

4）社会效应的技术及人力资本挤出性。根据内生增长理论，区域经济长期增长主要取决于资本积累，尤其是人力资本。制造业部门存在"干中学"特征，带来规模报酬递增。制造业部门的发展本身有利于人力资本的积累，制造业比重的上升意味着社会人力资本数量的上升和技术水平的提升，会持续促进区域经济增长。资源产业部门相对于制造业部门而言，技术投入需求低、人力资源质量需求低。资源型区域产业结构的单一化、演进的刚性，甚至"反工业化"，将会引致劳动力、资本等生产要素不断向资源部门集中与沉淀，造成人力资本积累减少，进而降低所有部门的生产力。

5）企业布局的资源指向和产业布局分散性。资源型企业以地理空间上可耗竭的自然资源为主要作业对象，是以制造业和民生所需的基础原材料为主要产品的企业。矿产资源的开发和粗加工业是典型的资源指向型工业。企业布局指向是接近原料地。煤炭等矿产资源在区域分布上呈现出不均衡性特征，基于地质与成矿条件，总体来看，丘陵山区分布多，盆地、平原分布少，资源分布与人口分布区位不匹配现象较为普遍。在企业区位上，有的采取在已有一定发展基础的城市进行布局；有的脱离城市单独成区，作为城市的一个分区，在空间上具有"飞地"的特征，与城市中心的联系相对较少；有的因为某一个大型厂矿的建设或者资源型企业的规模扩张，而设立为小城镇或者城市，形成"随矿建镇"和"离城建厂"（长距离通勤模式）两种模式。在我国，由于绝大多数可耗竭资源型企业远离城市，或本身演化成一个资源型城市，发展其他产业缺乏比较优势，随着资源逐渐耗竭，将出现"矿竭城衰"（李存芳等，2009）。

6）生态环境影响的负外部性。矿产资源开发具有显著的负外部性，会带来土地资源占用、植被破坏、地面塌陷、地下水层破坏及大气污染、水质污染等生态环境破坏。同时，还可能出现对本体矿产资源及伴生矿产资源的损耗及破坏。

（三）资源型城市化与城市体系的特征

在资源型区域，矿产资源开发是经济增长、工业化演进的动力，工业化发展的特殊性，同时也导致了城市形成发展的特殊路径。中心地理论、货运中转理论、工业布局理论等区位理论分别解释了不同经济活动的城市的区位规律。伯德（Bird）概括了中心地城镇、交通贸易城镇、专门化职能城镇三类城市形成和发展的相互关系。

中心地城镇是为满足广大农村物资集散和综合服务的需要而形成的，具有职能的综合性、鲜明的等级性、发展的稳定性等特征。交通贸易城镇的发展取决于天赋的和人为的交通地理位置，是为满足区际贸易和交通转运的需要而形成的，职能较单一，发展起伏较大。专门职能城镇是强烈地依赖于某种天赋的资源和人类某种特殊的需要而形成的（图3-2）。其中，采矿业城市及其加工业城市，具有发展历史较短、发展速度较快、职能较单一、对外联系范围广但联系内容较单一、城市发展起伏性较大等特点。一般而言，资源型区域城市的形成发展有两种类型，一类是在原有中心地基础上叠加工矿开发而兴起的，尽管也具有中心地职能，但现代发展的基本动力也来自工矿开发；另一类是以大型矿业开发项目建设为动力，在短期内迅速崛起的专门化工业城市。这种相较一般地区特殊城市形成的发展进程，使资源型区域在城市化与城市体系发展方面形成明显的区域性特征，主要表现在以下几个方面。

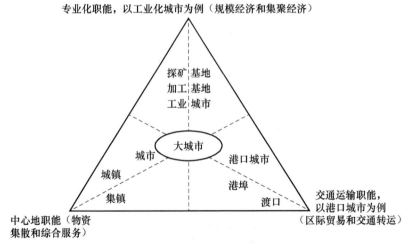

图 3-2　城市形成发展的区位三角形

资料来源：许学强等（2009）

1）城市化进程的突发性和人口增长的不稳定性。资源开发直接导致城市、工业、人口的超常规增长与城市化阶跃式上升，表现为以大幅度机械人口增长、局部地区（矿区）点状集聚为特征的外生性、极核式城市化。随着某一个矿区的建立，大量的劳动力及家属被吸引到这一区域，非农人口短时期内得到大规模扩张。但是，因为城市功能缺乏，城市的吸引力而引起的人口长期转移相对缓慢。城市的兴衰过多地依赖资源型产业的发展。矿产资源枯竭或市场需求下降等变故会影响城市的活力和人口城市化的增长。

2）城市职能的高度专门化与城镇体系功能结构的同构性。在原有中心地城市基础上形成的工矿城市和在大型生产基地基础上发展起来的工矿城市，工矿企业和专业化部门在城市经济体系中占据着十分突出的位置，约束了工矿城市的综合协调发展，使其他产业发展严重滞后，特别是为城市生产和生活服务的第三产业，发展水平低，技术创新、人才培育等城市职能薄弱，同时也带有明显的资源型色彩，形成高度专门化的职能体系。在资源型经济区域，城市之间、城市与邻近的区域之间在产业发展重点和方向上也基本相同，大多城市的主导产业，或为采掘工业，或为原材料工业，产业结构大致相似，城市体系职能结构表现出同构性特征。职能结构的这种同构性，既影响着体系内部城镇之间的联系，也导致城市与周围区域经济联系十分松散。城市对周围区域来讲，形成一块"孤岛"、一个"飞地"，城市与区域的互动发展机制难以成形。

3）城市内部空间结构与城市体系空间结构的分散化。城市最本质的经济特征是聚集，城市发展过程即源于聚集经济效益驱使下的各类型生产要素的流动与集聚。而在资源型区域，城市形成过程的"因矿（厂）设市""随矿建镇""离城建厂""独立建区"等成因，不仅导致城市内部结构的分散化，也导致城市体系空间布局的分散化。工矿城市组团式结构比例较大，工矿区、生活区与原有城市相分离，成为独立性很强的城市组团（张复明，2001）。美国学者西蒙斯（Simmons）将区域城镇空间结构分为原材料出口、工业专门化、外缘商业带推进、社会变动等四种模式。其中，原材料出口模式，其空间结构由边境地区向内陆地区推进，城市分布多取决于原材料的分布，城市网络主要为等级传递型，为资源丰富但经济落后地区常见模式。工业专门化模式，空间结构呈群状集聚型，发展动力是追求集聚优势，制造业是经济主导部门，区内协作联系明显强于区外联系（陈修颖，2005）。根据该模式，资源型经济地区空间结构与非矿产资源制造业地区相比，城镇体系空间结构表现出分散性的模式。实际上，资源型产业在工业化初期能够推动工业化进程的发展，但是由于其布局的特殊性（接近原料地），产业分散布局与人口分散居住，城市在空间上难以形成群状集聚型分布。

4）城市内部和城市与区域之间的二元性。在我国资源型工矿城市发展过程中，国有大中型企业是工矿城市的主体，工矿项目开发之初，为了保证企业的正常生产和生活条件，"企业办社会"现象普遍，工业布局与城市布局分离，城市与企业之间隔离，企业以自己的生产与生活服务功能，代替了城市的一些服务功能，与此形成较为普遍的城市内部城企二元结构特征。资源型区域的城市在工业化推动下得到迅速提升，与此形成鲜明对比的是，外围地区城市化进展缓慢，点状城市发展与区域城市化脱节，高度城市化的中心市区与低水平城市化的临近区域之间呈现明显的嵌入式二元结构。

5）城市景观的半城市化特征。资源型城市的突发性、低层次城市化和虚高工业化特征，又直接导致城市基础设施建设的滞后。此外，资源空间分布分散和大量人口一次性迁移，使城市建设难以进行集中布局和系统规划，"先生产后生活"常常出现"有市无城""似城非城"的局面，许多城市、城镇建设质量低下，载体功能不健全，与其说是城市化地域，还不如说是工矿地区、工矿点。

三、资源型区域空间结构基本模型和"资源诅咒"成因分析

（一）资源型区域的"三部门三区域"结构

对"资源诅咒"形成的经济方面的代表性解释是"三部门"模型。1982年，Corden 和 Neary（1982）将经济体系分为可贸易的能源部门、可贸易的制造业部门与不可贸易的服务业部门，探讨了资源部门的兴旺对非贸易部门、可贸易部门（制造业部门）的影响，以及进而阻碍经济增长的结构性机制。张复明和景普秋（2008）在"三部门"模型的基础上，探讨解释资源型经济

形成的自强机制，并提出在资源丰裕区域，制造业部门人力资本投资门槛的存在，容易导致对资源部门的投资偏好。一旦资源部门成为主导部门，便会形成资源部门对经济要素特殊的吸纳效应，资源部门的扩张与延伸使产业家族形成黏滞效应，工业化演进过程中的沉淀成本与路径依赖形成对资源功能的锁定效应，产生发展的路径依赖，陷入"资源优势陷阱"，从而导致资源型经济的自强机制。施祖麟和黄治华（2009）从经济视角构建了一个包含资源、制造业和服务业三部门的动态模型。模型的动态过程显示，资源型地区经济在面临外部资源价格上升时，家庭收入的提高会同时增加制造品和服务品的消费支出，制造品的贸易性特征导致在制造品上的消费支出漏出到其他地区，服务品的非贸易性促使本地服务部门扩张，并从制造部门中吸收劳动与资本，制造业因而萎缩，出现经济结构单一化。然而，正是制造业及其具有的正外部效应，才是长时期经济增长的关键动力和必要基础，制造业的萎缩使资源丰裕地区必然缺乏长期增长的动力。

1966 年，弗里德曼提出的"核心—边缘"模式，提供了一个关于区域空间结构和形态变化的解释模型，是重要的区域结构系统认知和分析模型之一（于涛方等，2007）。核心区是经济最发达的城市地区，就业人口的空间密度最大，生产性服务业就业比重最高。外围区是经济次发达的城市地区，就业人口空间密度较大，制造业、建筑业等第二产业及一般服务业比重较高。而在经济不发达的地区，农业的就业比重较大，就业人口的空间密度最低（于涛方和吴志强，2006）。借鉴"核心—边缘"模式，资源型经济区域可划分为三类地区，即核心区、工矿区、边缘区。核心区为区位优越、交通方便，具有人口、制造业、服务业集聚条件的城镇密集区和区域性中心城镇；工矿区为拥有丰富的矿产资源及开发条件，以采掘业为主导的区域，由于煤炭资源分布的特殊性，这类区域一般分布于丘陵、山区；边缘区为以农业生产、生态功能为主导，经济较为落后的区域。这三类发展条件、区域功能不同又相互联系、相互作用的地域，构成了煤炭资源型经济的区域系统。

尹继东和张文（2007）通过一个"两产业三部门"的理论模型，分析了我国经济从传统农业经济向现代非农经济过渡（工业化）与从传统农村经济向现代城市经济过渡（城市化）的双重演进关系。结合资源型区域"三部门"模型和"核心—边缘"理论，也可以构建一个资源型区域"三部门三区域"结构，将其作为分析资源型区域城市化与工业化空间过程的框架（图3-3）。

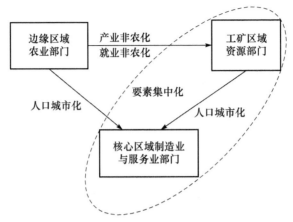

图 3-3 资源型区域"三部门三区域"结构示意

上述"三部门三区域"的资源型区域工业化与城市化发展模式,揭示出资源型区域工业化与城市化发展中面临着两个同等重要的任务。一个是从传统的农业经济向资源型经济转变进而通过资源型经济向城市非农经济转变;另一个是从传统的农村社会向工矿区或工矿城镇转变进而向现代的城市社会转变。

与一般区域不同,由于资源型产业区位的特殊性,资源型区域在城镇非农部门之外发展出一个庞大的资源部门,空间上形成了一个特殊的工矿区域。工矿区域由于其区位不同,可能形成"向上工矿区"或"向下工矿区"。区位不佳、建设条件差,功能单一的工矿区将走向逐步衰退的边缘区;依托原有中心地城镇,区位条件、建设条件相对较好,兼具工矿专业化职能和区域中心地职能的工矿区形成工矿城市,并逐步转型为区域中心城市。

保罗·克鲁格曼建立的"中心—外围"模型被认为是新经济地理学的基石。基于规模报酬递增、不完全竞争和运输成本的假定,建立了一般均衡框架下的"核心—外围"模型,解释了模型的形成机理,使"核心—边缘"理论发展到了一个新的阶段(王小玉,2007)。在该模型中,处于中心或核心的是制造业地区,外围则是农业地区。区位因素取决于规模经济和交通成本的相互影响,市场通路效应、生活费用效应、市场挤出效应三种基本效应组成了该模型的基本机制。Fujita 和 Thisse(2002)在原来的两部门模型基础上增加了一个创新部门,通过提供新的知识来推动经济增长,并且这三个部门都有集聚效应。另外,还把劳动力分成熟练劳动力和非熟练劳动力两种,创新部门只能雇佣熟练劳动力。由上述分析可见,支撑核心区发展的并非所有工业部门，只有具有规模报酬递增、技术溢出效应，市场指向性强的制造业部门才可能形成集聚，实现核心区的形成发展。

由于我国能源开发部门的技术含量和技术进步效率均较低，而资本投入率又偏高的现实情况，能源工业在我国往往属于资本密集型而非技术密集型产业（邵帅和齐中英，2009）。可耗竭资源指向性企业对本地市场规模效应不明显，资源开发虽然可以在短期内促进区域财富的积累，但从长期来看，其产业关联、带动性弱，功能单一，对技术知识创新的贡献有限，在空间区位和作业机制方面与制造业有很大的差异。因此，本章划分出核心区、工矿区两类区域。

（二）对"资源诅咒"成因的空间结构分析

按照"核心—边缘"理论揭示的一般发展规律，一个空间系统发展的动力是核心区的大量创新，进而由核心区逐渐向外围区、边缘区扩散，并且形成"核心—外围—边缘区域"的良性循环，最终实现区域功能的整体提升。区域空间结构的演化经过低水平均衡发展阶段—极核发展阶段—扩散发展阶—高水平均衡发展四个阶段，在后工业化阶段之前，极化效应居主导地位，资金、技术、人口都倾向于向核心区域集聚，劳动力一般由边缘区域流向核心区域，极少倒流。张浩然和衣保中（2012）基于2000—2009年的面板数据，考察了我国十大城市群空间结构对经济绩效的影响，结果表明单中心结构对全要素生产率具有显著的促进作用，且这种作用在城市群规模较小时尤为明显。因此，合理有序的空间组织结构是提高经济增长质量和效益的重要源泉。刘修岩和何玉梅（2011）利用1999—2008年我国全部国有和规模以上非国有工业企业数据，对集聚经济、要素禀赋与产业的空间分布进行实证研究，结果表明，地方化经济效应、本地市场规模效应是我国制造业动态集聚的主要因素，因此，地方政府在制定产业发展战略时，应充分考虑集聚经济因素。

景普秋和范昊（2010）从矿产品价格波动性强、制造业部门属于规模报酬递增的部门，而资源部门是缺乏技术进步的部门，制度是外生的三个基本假定出发，构建了基于可耗竭资源开发的区域经济发展模型。该模型以两个部门（资源部门、制造业部门）为基础，要素流动与要素结构变化、产业演进、经济增长为主要变量，提出在同样的资源赋存条件下，由于资源开发集约度、资源依赖度、资源租金收益分配极化度、资本转化度的不同，资源在区域经济发展中的作用是不一样的，可能形成三种区域经济模式，即资源推动型、资源主导型、资源诅咒型。其中，资源推动型的优态发展模式，是资源丰裕区域理想的发展模式。根据上述资源推动型、资源诅咒型模式，其经济结构与"核心—边缘"结构特征如表 3-1 所示。

表 3-1　资源型区域发展模式与经济结构、空间结构演进特征

项目	资源推动型优态发展模式	资源诅咒型病态发展模式
基本假定	资源部门具有内生技术进步，制度内生且有效	资源部门缺乏内生技术进步，制度外生且被弱化
模式成立条件	开发集度高、资源依赖度低、收益分配极化度低、资本转化度高	开发集度低、资源依赖度高、收益分配极化度高、资本转化度低
区域经济增长	经济增长稳定，长期持续稳定增长	经济增长波动，长期经济增长滞缓
经济结构演变	资源型产业、产业延伸加工、相关产业开发、替代产业培育，产业结构的多元化、高级化	资源型产业繁荣、资源依赖，产业结构单一化与反工业化
区域发展能力	人力资本积累、技术进步持续、制度创新能力强	人力资本挤出、技术进步挤出导致区域创新能力和创新活动衰退，资源产权、开发与收益分配制度缺失，可持续的资本形成能力和可递进的资本形成机制缺失
空间分工	边缘区生态、农业，工矿区资源部门，核心区制造业、服务业部门，形成垂直分层、梯度协调的分工格局	边缘区生态、农业，工矿区强资源部门和服务业，核心区弱制造业、服务业，形成水平同构的分工格局
核心—边缘关系	强"核心—边缘"结构，核心区域集聚效应、人力资本、技术创新能力强，对边缘区域的创新扩散与人口集聚力强，形成核心、边缘结构清晰，空间集中演进的结构模式	弱核心—强边缘结构，人口与生产要素重点向工矿区集聚，核心区制造业、服务业发展滞缓，人力资本挤出、技术挤出导致中心区集聚效应，创新环境恶化，对边缘区的影响与带动能力低下，导致低水平均衡状态的空间格局
劳动力与人口城市化	劳动力实现由农业部门向资源部门再向城市非农部门的合理转移，部分工矿区"向上过渡"，向区域中心城镇转化，中心城市由于制造业和服务部门发展对劳动力人口形成强大的吸引力	劳动力向资源部门转移，滞留于工矿区，导致区域工业化的"虚高度化"与城市化的"虚高度化"，核心区人口集中趋势弱化，中心城市发展滞缓
工业化与城市化关系	资源部门繁荣带来经济发展，推动核心城市发展，城市发展而来的高端资源的集聚，促进专业化分工的规模经济效应和创新，促进产业结构升级，工业化与城市化互动	资源部门繁荣，挤出制造业、人力资本、技术进步，经济分散化导致核心城市发展滞缓，核心城市规模效应弱化及偏态的城市创新功能，制约制造业集聚，制约产业结构升级，形成缺乏城市化支撑的工业化

资料来源：景普秋等（2011）

资源推动型优态发展模式，其可耗竭资源开发需具备两个条件：第一，资源开发集约度远高于世界平均水平；第二，资源开发集约度较低的情况下，资源收益分配极化度与非资源型区域相当，以及资本转化度为零，依然能够实现区域经济的持续增长。这种模式的发展特征为，资源部门的技术进步与外溢效应，使资源开发成为经济增长的动力，加速了经济增长。资源集约度高，对资源部门劳动力技能要求高，资源部门与制造业部门之间劳动力流动障碍相对较小，资源开发、技术进步及资源开发集约度高，资源利用导致与其关联的产业发展，不仅实现了资源部门内部的产业升级，还从整个产业体系上实现了资源部门向制造业部门、服务业部门的升级。资源财富收益主要用于基础设施、教育、健康等物质资本和人力资源投资，加速了投资环境和人力资本积累，加快了整个社会的技术进步（景普秋等，2011）。

新经济地理学的"中心—外围"模型，将产业集聚的个体理性动机归结为规模收益递增，而后又将规模收益递增原因归结为外部性所带来的技术外溢和交易费用的降低。资源推动型优态发展模式，其可耗竭资源开发具备的两个条件基本上达到了规模报酬递增和技术外溢的要求，具备"制造业"的基本特征。资源部门的技术进步与外溢效应，使资源开发成为经济增长的动力，资源财富收益用于核心区域和资源型区域基础设施、教育、健康等物质资本和人力资源投资，加速了投资环境和人力资本积累，提高了核心区域发展的资本需求，资源集约度高，资源利用导致与其关联的产业发展，产业体系上实现了资源部门向制造业部门、服务业部门的升级，资源区域不断发展并演化为核心区域；对资源部门劳动力技能要求高，资源部门与制造业部门之间劳动力流动障碍相对较小，实现了劳动力在区域间的合理流动；核心区的集聚效应、人力资本、技术创新能力强，为产业结构的进一步升级创造了良好的空间，同时对边缘区的创新扩散与人口集聚力强，形成了核心与边缘结构清晰、空间集中演进的结构模式。最终，形成边缘区农业部门，工矿区资源部门，核心区制造业、服务业部门，垂直分层、梯度协调的空间格局，实现了产业结构和空间结构的活动。

但是，越来越多的实证研究表明，可耗竭资源开发对技术具有挤出效应，资源开发部门对技术知识创新的贡献非常有限。在资源价格的冲击下，可能由于某一项政策实施不力，资源型区域常常会出现"资源诅咒"病态特征，形成资源诅咒型的发展模式。

这类资源区域由于资源部门建立和快速发展形成的以资源部门为主体的

经济非农化及工业化进程，以及资源部门的繁荣、自我强化与资源依赖导致的"反工业化"，必然伴随着经济空间的变动，形成与一般区域不同的空间结构与要素空间集聚和扩散特征。资源型区域由于制造业部门、资源部门的空间关联性，以及空间的集聚经济效果不同、要素分布地域与产业布局指向性差异，在资源型经济的自强机制作用下，人口与经济活动倾向于空间分布的分散化。资源部门的繁荣不仅会挤出制造业，还会通过挤出物质资本、人力资本、科学技术等城市发展动力要素来延缓区域城市化进程，核心区域发展滞缓；核心区域集聚效应弱化及偏态的城市功能，又制约制造业集聚和现代服务业的发展，制约产业结构升级，形成缺乏城市化支撑的工业化，进而影响到区域的经济平稳增长和产业结构升级，促使区域发展落入"资源诅咒"陷阱（图3-4）。

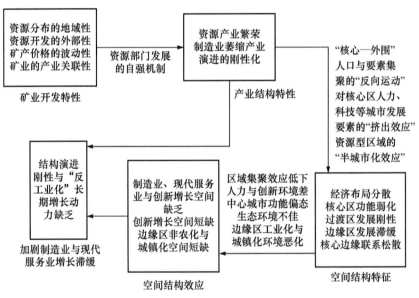

图 3-4　对"资源诅咒"成因的空间结构分析

　　在相互作用过程中，形成资源型区域特殊的"核心—外围—边缘"结构的演变特征，导致资源型区域空间结构的基本问题：核心区集聚效应的弱化及偏态的城市功能影响区域产业结构的转型升级；工矿区功能单一，城市化水平虚高，城市化质量偏低，半城市化特征显著，"向上过渡"动力不足；外围区城市化缺乏动力，长期处于低水平发展状态。核心区、外围区、边缘区之间要素联系松散，人口和生产要素流向与一般区域的核心—边缘演化模式相悖，地域空间结构演进的"推—拉"力不足，致使区域空间演化陷入"低水平均衡发展"陷阱（图 3-5）。

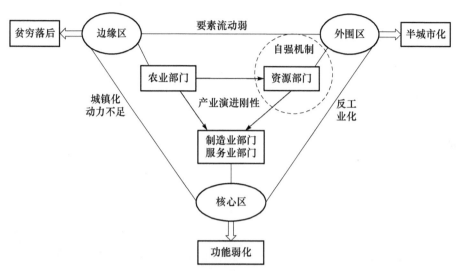

图 3-5　空间结构的"资源诅咒"效应

四、资源型区域核心、边缘动态特征实证：
山西省域层面实证

（一）核心、边缘区域的划分与动态变化

对核心外围区域进行划分，已有的研究大多采用在主成分分析基础上进行聚类分析的方法，这一方法较为客观，但基于聚类方法的不同，结果差距较大。本节借鉴城市职能分类的"城市职能三要素"理论和方法进行核心边缘区域的划分（郭文炯和张复明，2004），具体指标如下：

$$LQ_i = (E_i/E)/(N_i/N) \tag{3-1}$$

式中，LQ_i 为研究区域第 i 种经济活动的区位商；E_i 为研究区域第 i 种经济活动水平；E 为研究区域全部经济活动水平；N_i 为整个区域体系第 i 种经济活动水平；N 为区域体系总的经济活动水平。

如果区域第 i 种经济活动在某一空间尺度范围内区位商大于 1，则该部

门为相应地域空间尺度的职能部门。职能规模的公式如下：

$$S_i = \begin{cases} 0, & 若 LQ_i \leqslant 1 \\ (E_i/E - N_i/N)\,E = (1 - 1/LQ_i)\,E_i, & 若 LQ_i > 1 \end{cases} \quad (3\text{-}2)$$

式中，S_i 为研究区域第 i 个部门的职能规模。

职能强度的公式如下：

$$P_i = S_i/E_i \quad (3\text{-}3)$$

式中，P_i 为研究区域第 i 个部门的职能强度。

主要数据来源于"五普""六普"就业行业的分县、市、区人口数据，本书将地级市以市区作为一个单元，共整合为 107 个空间单元（县、县级市和地级市市区）。将 20 个就业行业门类归并为农林牧渔业、采矿业、制造业、电力燃气及水的生产和供应业、建筑业、传统服务业和现代服务业 7 个大类，分别计算出各行业的就业人口的区位商、职能规模和职能强度。

由于以人口普查就业数据为抽样数据，具体划分中剔除了职能规模因素，按照区位商大于 1，职能强度大于平均值的行业作为区域专门化部门。各区域标志性专门化部门：核心区域为现代服务业和制造业，工矿区域为采掘业和电力燃气及水的生产和供应业，边缘区域为农林牧渔业和传统服务业。山西省核心、边缘区域划分结果如表 3-2 所示。

表 3-2　山西省核心、边缘区域划分结果（2010 年）

区域类型	个数/个	县、市名称	面积/km²	人口/万人	地区生产总值/万元
核心区	21	太原市、清徐县、长治市、潞城市、太谷县、祁县、平遥县、运城市、河津市、定襄县、临汾市、侯马市、吕梁市、应县、晋中市、闻喜县、忻州市、交城县、文水县、汾阳市、晋城市	24 630	1 199.3	34 058 754
工矿区	33	古交市、娄烦县、大同市、左云县、阳泉市、襄垣县、沁县、高平市、阳城县、泽州县、右玉县、怀仁县、介休市、榆社县、左权县、寿阳县、灵石县、宁武县、河曲县、保德县、乡宁县、蒲县、孝义市、柳林县、中阳县、平定县、盂县、沁水县、朔州市、和顺县、古县、霍州市、昔阳县	54 229	1 038.8	33 388 482
边缘区	53	其他县市	79 090	1 325.9	60 233 756

资料来源：山西省统计局（2012a，2012b）

　　核心区共有 21 个地理单元，主要集中于以太原市为中心的太原盆地和其他几个中心城市。2010 年，人口占全省的 34%，地区生产总值占全省的 26.7%；第二产业产值占全省的 33%；第三产业产值占全省的 51%，城市化水平为 61%，人均地区生产总值为 2.84 万元。核心区域中太原市、长治市、运城市、临汾市、晋中市、晋城市等城市基本职能部门在 3 个以上，职能逐步走向多样化，其他区域均为以制造业为主的单一工业职能区域。

　　工矿区共有 33 个地理单元，主要集中于晋北、晋中、晋东南 3 个煤炭能源基地。2010 年，人口占全省的 29%，地区生产总值占全省的 26.1%；第二产业产值占全省的 45%；第三产业产值占全省的 31%，城市化水平为 45%，人均地区生产总值为 3.21 万元。工矿区以大同市、阳泉市的采矿、电力、传统服务业职能为基本职能部门，其他基本为单一的以采矿业为主导的职能区域。

　　边缘区共有 53 个地理单元，主要集中于晋西丘陵、太行山区、晋北盆地和晋南盆地。2010 年，人口占全省的 37%，地区生产总值占全省的 47.2%；第一产业产值占全省的 54%，第二产业产值占全省的 22%，第三产业产值占全省的 18%，城市化水平为 17%，人均地区生产总值为 4.5 万元。

　　山西省一般分为晋中、晋北、晋南和晋东南四个经济区。从核心、边缘区域分布分析（表 3-3），仅晋中以省会城市为中心的区域形成核心区的连片分布，晋南、晋东南核心区为点状分布，为"弱核心—强外围"类型，而晋北缺乏核心区域。以山西省 11 个中心城市分析，晋北大同市、朔州市和晋东阳泉市 3 个中心城市达不到核心区的标准，仍为工矿主导型区域。

表 3-3　2000—2010 年山西省核心、边缘区域的变动

变动方向	区域
核心区→工矿区	介休市
核心区→边缘区	翼城县
工矿区→边缘区	长治县、垣曲县、原平市、浮山县、汾西县、交口县
工矿区→核心区	晋城市
边缘区→核心区	应县、平遥县、运城市、闻喜县、忻州市、汾阳市、文水县
边缘区→工矿区	右玉县、左权县、寿阳县、昔阳县、保德县、古县

　　2000—2010 年，从"核心—边缘"空间演变来看，工矿区域演变为核心区域的仅有晋城市 1 个中心城市，而走向边缘区域的有 6 个县市，工矿区域的"向上过渡"远低于"向下过渡"趋势，核心区的扩张更多来自边缘区的发展。

（二）核心、边缘之间经济与人口空间集聚动态

核心、工矿、边缘三大区域人口与经济指标占全省比例的变动特征，可较为直观地反映三大区域人口与经济的空间动态。2000—2010年，山西省经济发展表现出较强的分散化趋势，核心区域地区生产总值占全省比重，特别是第二产业增加值占全省比重有较大幅度的下降，而工矿区域则有较快的上升；总人口的动态演化表现出向核心区域集聚的总体趋势，但是城镇人口的增长更多趋向于边缘区的较快增长，表现出明显的分散化趋势（表3-4）。

表3-4　2000—2010年核心、工矿、边缘区域人口、地区生产总值占山西省比重的变动（%）

年份	地区生产总值			第二产业			总人口			城镇人口		
	核心	工矿	边缘	核心	工矿	边缘	核心	工矿	边缘	核心	工矿	边缘
2000	43.6	34.7	21.7	44.0	38.5	17.5	31.2	30.0	38.8	49.0	32.0	19.0
2010	40.2	39.3	20.5	34.4	44.3	21.3	34.3	28.7	37.0	46.0	31.0	23.0
变动	−3.4	4.6	−1.2	−9.6	5.8	3.8	3.1	−1.3	−1.8	−3.0	−1.0	4.0

资料来源：山西省统计局（2002，2012a，2012b）、山西省人口普查办公室（2002）

按照区域城市化阶段的一般划分，2000年，山西省核心、工矿、边缘区域城市化水平分别处于城市化中期的中级阶段、城市化中期的初级阶段和城市化初期阶段。按照一般的城市化演进规律，城市化发展速度应依次递减，而实际上2000年以后，城市化表现出分散化发展的特征，工矿区域人口城市化速度最快，边缘区域次之，而核心区域不仅城镇人口占全省比重下降，而且区域城市化进程年均下降0.6个百分点，远低于全省1.28个百分点的平均水平。这一演进特征表明，由于矿区布局的资源指向性，以及资源部门持续强化和制造业的相对弱化，弱化了城市聚集经济效应，难以推动核心区域城市化快速发展，中心城市和城镇群发展不足。

人口流动规模与经济增长要素和投资要素具有显著相关性，流动人口空间集散也反映了集聚中心变化对生产要素集散的影响过程（杜瑜和樊杰，2008）。因此，流动人口空间集散研究，是核心边缘结构研究的一个重要内容。按照一般假设，区域重构中，核心区流动人口数量最多，过渡区流动人口数量居中，边缘区流动人口数量为负值。根据"五普""六普"的分县市区流动人口（户籍不在本县市区，居住满半年以上的人口）数据，从总体上来看，山西核心地区流动人口集聚较多，且增长快；工矿区域次之，增长较

慢；边缘地区流动人口比重最小，增长最慢，符合"核心—边缘"理论的一般假设（表 3-5）。

表 3-5　2000—2010 年山西省核心、工矿、边缘区域人口结构的变动　（%）

年份	城市化率			城镇人口中流动人口比重			流动人口占全省比重		
	核心	工矿	边缘	核心	工矿	边缘	核心	工矿	边缘
2000	55.2	38.2	17.1	9.5	7.1	2.6	62.7	30.6	6.7
2010	64.7	51.3	30.0	21.7	11.4	3.9	69.4	23.9	6.7
变动	9.5	13.1	12.9	12.2	4.3	1.3	6.7	−6.7	0

资料来源：山西省统计局（2002, 2012a, 2012b）、山西省人口普查办公室（2002）

（三）核心、边缘区域经济结构演进

区域功能与结构变化基于产出结构和就业结构两个方面来研究。产出结构选取二、三产业比重的变动来分析，就业结构具有较为全面的资料，选取了就业行业门类人口数据，进行核心、工矿、边缘不同区域类型功能与结构演进分析。采掘业与电力燃气生产和供应业从业人口比重代表资源型产业职能，制造业人口比重代表新型工业职能，交通运输和批发零售业从业人口代表传统服务业职能；金融、科教、文化等从业人口比重代表现代服务业等区域职能，能够大致反映区域功能与经济结构近年来的变化（表 3-6）。2000年—2010年，经济结构变动表现出以下特征。

表 3-6　2000—2010 年核心、工矿、边缘区域经济结构的变动　（%）

区域	年份	产出结构		就业结构（占总就业人口比重）				
		第二产业	第三产业	非农合计	采掘业与电力燃气生产和供应业	制造业	传统服务业	现代服务业
核心	2000 年	50.4	42.2	57	3.8	17.8	24.4	6.6
	2010 年	47.8	48.3	69.7	4.3	15.5	37	7.4
	比重变化	−2.6	6.1	12.7	0.5	−2.3	12.6	0.8
工矿	2000 年	55.2	35.8	51.5	13.7	9.7	20.1	4.7
	2010 年	66.8	29.6	61.6	15.8	7.0	29.3	5.0
	比重变化	11.6	−6.2	10.1	2.1	−2.7	9.2	0.3
边缘	2000 年	41.5	31.2	21.4	2.3	4.9	9.7	2.9

续表

区域	年份	产出结构		就业结构（占总就业人口比重）				
		第二产业	第三产业	非农合计	采掘业与电力燃气生产和供应业	制造业	传统服务业	现代服务业
边缘	2010 年	55.2	30.1	29.5	2.7	4.5	16.0	2.8
	比重变化	13.7	−1.1	8.1	0.4	−0.4	6.3	−0.1

资料来源：山西省统计局（2002，2012b）

1）无论是产出结构还是就业结构，核心区域均以第三产业为主导，而且其比重有不断上升的趋势，与一般区域相比，处于工业化中期阶段的山西，核心区域制造业比重不升反降，而第三产业中现代服务业的发展远远滞后于第三产业的发展；更为特殊的是，即使在核心区域，采掘、电力、燃气等资源型产业所占比重仍在提高。

2）工矿区域表现出较强的以第二产业为主导的特征，从产出结构分析，第二产业比重有较大提高，第三产业比重有较大幅度下降。就业结构反映出了采掘、电力、燃气等资源型产业对制造业的挤压，导致制造业所占比重进一步缩小。传统服务业就业比重大、发展快，实际上也与资源型产业快速发展带动交通运输等流通产业发展有关。

3）无论是核心区域还是工矿区域、边缘区域，资源型产业的就业比重均有较大提高，而制造业比重均有下降，表现出资源型地区产业结构演进的特殊性。

（四）科技创新能力及变动

按照"核心—边缘"理论，一个空间系统发展的动力是核心区的大量创新。资源型区域在资源产权、开发与收益分配制度缺失或不健全的情况下，资源部门的繁荣往往会对核心区的科技创新、人力资本产生挤出效应，从而丧失现代经济增长与结构转型的重要引擎。这种挤出效应主要表现为研发投入少、科技创新效率低、科技创新与人力资本对经济增长贡献低等方面。基于科技布局的一般特征，山西省科技创新活动主要集中于核心区域，由于缺乏分市县的科技创新完善的统计资料，本书以山西科技创新的基本特征来表征核心区的创新活动特征。

1）从研发投入来看，山西研发投入占地区生产总值比重由 2001 年的

0.53% 提高到 2010 年的 0.98%，全国同期由 0.95% 提高到 1.76%；山西财政科技拨款占全省财政支出的比重由 2001 年的 1.33% 下降到 2010 年的 1.04%，全国同期由 2.39% 提高到 3.54%。两项指标不仅绝对数量远低于全国平均水平，而且与全国的差距日益拉大。

2）从人力资本积累来看，山西资源型产业的繁荣，对制造业人才挤出效应明显。1999 年，全省制造业城镇单位专业技术人员 13.5 万人，占全部技术人员的比重为 16.2%，到 2006 年下降到 11.1 万人，占全部技术人员的比重下降为 11.4%。

3）从科技进步对经济增长的贡献来看，根据全国及各地科技进步统计监测结果，2006 年山西省高新技术产业化指数为 23.16%，在全国各省市区排名第 30 位，2010 年提高到 27.25%，仍位居第 30 位；2006 年科技促进经济社会发展指数为 50.24%，在全国各省区市排名第 13 位，2010 年提高到 65.73%，但全国各省区市排名下降到 17 位。

（五）核心、边缘空间联系特征

对区域之间某项功能的空间联系进行分析，需要考虑该行业的地区生产专业化水平和特征。根据区位商理论，某项功能区位商大于 1 的城市是该功能的输出地，而两个功能上的输出地之间在该功能上的联系应该是相互排斥的（张晓明，2006），因此本书借鉴重力模型的思路，构建如下模型：

$$R_{ij} = \frac{\sqrt{P_i G_i} \times \sqrt{P_j G_j}}{D_{ij}^2 \times S_i \times S_j} \qquad (3\text{-}4)$$

式中，R_{ij} 为 2 个城市之间的某项功能的联系强度；P_i、P_j 分别为 2 个城市该行业的从业人数；G_i、G_j 分别为 2 个城市的地区生产总值；S_i、S_j 分别为 2 个城市的该行业从业人口比重的区位商；D_{ij} 为 2 个城市之间的公路里程。

在上述主成分分析结果中，主成分得分较高的几个行业分别是采矿业，农林牧渔业，科学研究、技术服务和地质，交通运输仓储和邮政业，金融业，教育，制造业等。因此，本章选择这些行业分析山西省区域功能联系的空间特征。将各项指标进行标准化处理后，根据模型可以获得山西省 22 个主要城市各行业功能联系强度矩阵。

为了突出重点，将联系量大于 50 的数据绘制成区域功能联系示意图（图 3-6）。进一步计算各项功能的联系总量，计算结果：农林牧渔业为

5520.59，采矿业为 19 658.39，科学研究、技术服务和地质为 3061.18，交通运输仓储和邮政业为 767.77，金融业为 425.51，教育为 475.54，制造业为394.13。计算各行业功能联系量的变异系数，计算结果：农林牧渔业为 1.62，采矿业为 1.15，科学研究、技术服务和地质为 1.56，交通运输仓储和邮政业为 1.07，金融业为 1.08，教育为 1.15，制造业为 0.97。变异系数越大，则城市之间功能联系的互补程度越高，功能的极化现象越显著，反之亦反。空间网络结构特征如下。

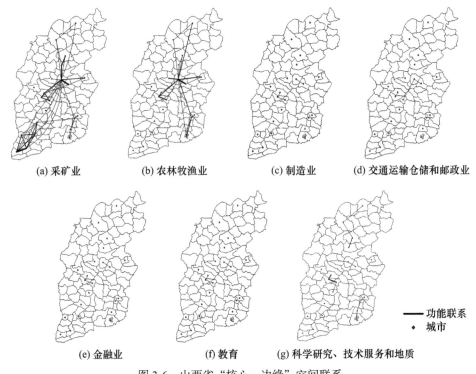

图 3-6　山西省"核心—边缘"空间联系

资料来源：山西省统计局（2012a）

1）各区域之间采矿业的功能联系最显著，其联系量远远高于其他行业。已形成的采矿业功能网络中，核心区太原是一级功能中心，形成了以太原为中心，联系次级核心区域、外围区域的多层级功能联系。以次级核心区中的临汾与运城为中心，形成了次一级的晋南地区采矿业功能联系网络。相比之下，矿产资源丰富的晋北与晋东南等区域的次级核心区、外围区的采矿业功能联系较弱。原因在于，晋南地区的临汾市矿产资源丰富，而运城为贫煤区，临汾与运城两地采矿业功能的互补性较大，采矿功能区际联系较多；晋北与晋东南地区矿产资源富集，且矿产资源多数以向省外输出为主，因而区内采矿业功能联系互补性较小。这也表明资源型地区经济发展过度依赖自然资源，在很大程度上削弱了区内经济联系强度，难以形成带动地区经济发展的乘数效应，加剧了区域经济发展的脆弱性。

2）农业的功能联系次之，但是形成了以核心区太原为一级中心的多层级功能联系网络。根据变异系数，农业的功能互补程度要高于采矿业，该功能的网络极化现象最明显。空间上形成以核心区太原为中心，连接次级核心区晋中、阳泉、孝义、古交、忻州、长治、大同等区域的辐射状点轴结构。次级核心区域与外围区域，如汾阳与孝义，长治与潞城、晋城，晋城与高平，大同与朔州等区域，农业功能联系较为紧密。究其原因，与区域农业资源空间分布的互补性较强有关。但是，农业功能的联系强度与区域交通条件紧密相关。一些区位偏离交通主干道的边缘区域，尽管具有农业发展的资源禀赋优势，但是与区外的功能联系并不强。

3）服务业各行业中，科学研究、技术服务和地质功能的联系较大，交通运输仓储和邮政业、金融业、教育等功能联系较小。这表明当前山西省的服务业各行业中，以科学研究、技术服务和地质功能的联系与互补水平较高，分布也较集中。初步形成以核心区与次级核心区紧密联系为特点的点轴结构。但从整体来看，山西省服务业的空间分布较为分散，且发展水平较低，各种服务功能的互补性差，服务业功能联系弱。这体现出资源型地区城市服务功能模式落后、城市化发展质量滞后的特点。

4）在各行业中，制造业的联系强度与变异系数最小。山西省制造业发展水平低且空间联系程度弱，制造业比重较高的核心区、外围区，其制造业功能联系均不明显。这表明，区域经济发展对资源型产业过度依赖，会制约制造业的发展，工业化发展质量低，"反工业化"倾向比较严重。

五、资源型区域核心—边缘结构的重组方向

（一）资源型经济转型的空间结构需求

前述从不同假定出发，资源型区域在同样的资源赋存条件下，可能形成

资源推动型、资源主导型、资源诅咒型三种区域经济模式。但是，根据山西省"核心—边缘"结构的实证分析，煤炭资源型区域至少在山西省实证层面，表现出资源诅咒型的空间结构特征和效应。有研究表明，在资源型经济的自强机制作用下，资源型区域人口与经济活动倾向于空间分布的分散化，形成特殊的"核心—边缘"结构和要素流动特征，导致核心区域集聚效应弱化及出现偏态的城市功能，反过来又制约制造业集聚、现代服务业发展，强化了"反工业化"倾向，又使区域发展落入"资源诅咒"陷阱。

在当前信息化及经济全球化背景下，资源型经济转型发展已经不仅仅局限于产业的转型，其内涵至少包括三个方面：一是经济发展动力由资源依赖型向创新驱动型转变；二是产业结构由单一支柱产业结构向新型多元的现代产业体系转变；三是经济增长方式从粗放型增长向节约、集约式转变。资源型经济转型发展，在根本上是从"矿产资源依赖型经济"向"人力资本开发和科技创新驱动型经济"的转型和跨越（张复明，2007）。从区域发展战略角度分析，资源型经济转型发展的战略重点如下：①加快人力资源开发与区域创新体系建设，促进发展动力的转型；②重点改造提升资源型产业，大力发展非资源型的加工业和第三产业，培育壮大继续替代产业，实现主导产业多元化；③加快发展循环经济、资源清洁高效利用、节能改造、清洁生产和生态修复，促进经济发展方式转型。

在转型发展背景下，经济发展的要素、新产业的企业区位因子与区位指向、产业的空间组织等均会发生新的变化。城市是现代区域社会经济要素及产业的核心空间载体，产业结构的演进和高度化会不断对城镇空间结构和组织模式提出新的要求；同时，产业结构演进也必须有城镇空间结构和组织模式的持续优化和协同作支撑（沈玉芳，2008）。改革开放以来，我国区域发展的实践说明，城市化发展迅速、城市体系变化明显的地区，也是产业结构不断调整与升级的经济发达地区，城市化的快速推进对区域经济总量增长、新兴产业发展及产业结构升级发挥了重要的拉动作用；同时，区域产业结构调整与优化又极大促进了城市职能结构、城市化地域形态的转变及城市化进程的加速（李诚固等，2004b）。

具体来说，资源型经济转型对城镇空间组织提出的新要求可概括为以下几个方面。

1）创造良好的转型环境需构建高效、集约、可持续的空间格局。根据区域发展非均衡模型和区域经济与人口分布变动的波动推进过程，在区域发展的相当长时期内，人口与经济的空间集中化是区域发展的内在规律，非均衡发展是区域空间结构演进的主旋律。但是，基于资源型产业的特殊区位特征，资源型区域人口与经济活动分散化是空间结构的一般特征。杨开忠等（2001）在《中国西部大开发战略》中，依据规模经济和空间交易费用理论，提出西部发展的滞缓因素很多，但其中核心的也是可改变的是人口分布基础上形成的区域格局，进而提出"实行人口与经济的地理集中，重组西部地理空间格局是西部大开发的战略枢纽"。处于工业化中期阶段的资源型经济转型发展同样需要重组人口与经济空间格局，按照市场规律，促进人口和生产要素向优势地区集中，通过构建高效、集约、可持续的空间格局，提高区域营利能力，进而提高区域竞争力。

2）促进人力资本开发和科技创新需要依靠大城市的快速成长。人力资源的空间集中是形成区域知识网络的空间基础，是专业化人力资本积累和知识外溢效应的前提条件，也是形成区域创业与创新环境的人文基础。城镇发展实践表明，多数创新来自发达国家的大城市。只有城市，特别是大城市和都市区，才能将具有不同知识结构的群体、不同消费层次的社会阶层、不同的产业结合在一个空间中，进而大大节约信息传播的成本，形成知识集约利用的外部性，形成创新的源泉。所以，城市的集聚经济更具有创新特征和抗周期的能力（陈建军等，2009）。

3）产业结构优化升级需要构建新型的空间载体。资源型转型的核心是产业结构的优化升级，产业结构优化升级的重点在两个方面：一是资源型产业链的延伸，从资源开发走向资源型深加工并沿产业链向深加工方向升级；二是促进新型产业的发展，发展服务业、研发产业、非资源依赖型制造业和高新技术产业。这两个方面都需要资源与要素重组，企业与产业的集聚，并通过这些要素聚集与扩散带来的动力加速区域产业结构的调整与升级，而只有城市特别是大城市地区才能提供这样的支持，发挥对区域产业结构调整与升级的支撑作用。

（二）基于资源型经济转型的核心—边缘结构调整方向

规避"资源诅咒"，走出资源优势陷阱，既需要关注经济结构调整、制度创新，也需要把提高空间利用效率作为重要任务，优化"核心—边缘"结构体系，构建高效、集约的空间组织结构，促进经济结构与空间结构的协同优化。基本路径如下。

1）重视工业化与城市化过程中的"双重演进关系"，同步推进资源型经济转型中经济结构调整和空间结构重组。

"三部门三区域"的资源型区域工业化与城市化发展模式已揭示了资源型区域发展中面临的两个同等重要的任务：一是从传统的农业经济向资源型经济转变进而从资源型经济向城市非农经济转变；二是从传统的农村社会向工矿区或工矿城镇转变进而向现代的城市社会转变。因此，产业结构调整与空间结构调整是区域经济发展同等重要的两条主线。资源型区域发展中，产业结构与空间结构、工业化和城市化都相互作用、相互制约。为实现工业化和城市化的整合协调发展，应当从两个方面着手：一是加强城市功能体系建设，健全城市功能体系，改善城市化质态；二是发展非资源型产业，建立多元化经济体系，提升工业化质量，两者相辅相成（图3-7）。

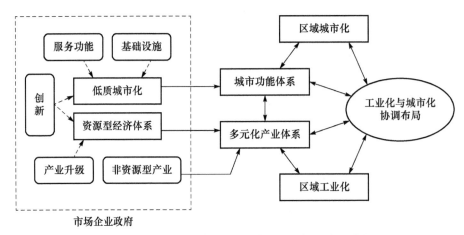

图 3-7　资源型区域工业化与城市化空间协调布局路径

2）高度重视核心区域的发展，构建新型产业集聚与创新增长的空间和产业转型升级的平台。

核心区是区位优越、交通方便且具有人口、制造业、服务业集聚条件的城镇密集区和区域性中心城市，是要素集聚、经济集约的增长高地，是新型产业的生长空间，是牵引资源型经济转型发展的新的经济增长极。根据资源型区域"三部门三区域"分析框架，发挥"核心"的集聚效应、扩展城市非农经济是实现双重演进的前提条件。资源型区域人口与经济活动的空间分散化，导致弱核心强边缘的"核心—边缘"结构特征，核心区集聚效应的弱化及偏态的城市功能成为资源型区域"核心—边缘"结构的首要问题。具体表现如下。

第一，核心区域空间集聚、城市集群效应缺乏。城市群是区域参与经济全球化、国际竞争、区域竞争，引领经济社会发展的重要支撑。在工业化过程中，资源型地区产业布局的资源指向和城市发展中"因矿设市""随矿建镇"的资源型城市布局模式，导致了城市布局的分散性，加之产业发展过程中的"反工业化"倾向，很难形成具有一定影响力的城市集群。例如，山西省核心边缘区域的分布，仅以省会城市为中心的区域形成了核心区的连片分布，晋南、晋东核心区为点状分布，为弱核心强外围类型，而晋北缺乏核心区域。

第二，核心区域成长和扩展趋势不明显。资源型区域核心区主要包括两类城市：一类是地理及区位条件优越，在原有中心地基础上成长起来的区域中心城市，这类城市的成长主要依赖非资源型产业的发展；另一类是在原中心地职能基础上形成的工矿城市。在资源型经济自强机制的作用下，资源型区域中心区的成长主要依赖工矿区域的"向上过渡"，即依托原有中心地城镇，在区位条件、建设条件相对较好的工矿区形成工矿城市，并逐步转型为区域中心城市。但从前述实证可见，工矿区域表现出"向上过渡"远低于"向下过渡"的演进趋势，核心区的扩张更多来自边缘区的发展，而不是工矿区的转型，严重制约着资源型区域核心区的扩张和演进。

第三，核心区城市功能的偏态和结构演进的滞缓。实证研究表明，处于工业化中期阶段的山西，核心区域制造业比重不升反降，而第三产业中现代服务业的发展远远滞后于第三产业的发展，更为特殊的是，即使为核心区，采掘、电力、燃气等资源型产业所占比重仍在提高。无论是核心区还是工矿区、边缘区，资源型产业的就业比重均有较大提高，而制造业比重均有下降，表现出资源型地区产业结构演进的特殊性。

第四，核心区技术创新和人力资本积累弱化。资源型区域在资源产权、开发与收益分配制度缺失或不健全的情况下，资源部门繁荣往往会对核心区科技创新、人力资本产生挤出效应，反过来也会对资源型经济形成路径锁定，从而丧失现代经济增长与结构转型的重要引擎。

为此，资源型区域"核心—边缘"结构优化或者工业化和城市化空间布局调整的问题，首先是要高度重视核心区的成长，把城市群崛起作为提升区域核心竞争力的重要途径，把中心城市和城市群建设摆在区域空间发展的核心位置。以具备城市化和新型工业化集聚区位及发展条件的重点开发空间为依托，以特大城市为中心，整合中心城市与周边城镇，提高城市群新型产业集聚、人口集中、创新资源集聚的能力，使城市群成为现代服务业、新型工业的发展平台，成为要素集聚、产业集群、经济集约的增长高地，成为牵引资源型经济转型发展的新的经济增长极和新兴经济生长空间。

3）高度重视矿业城市"再城市化"，解决工矿区域"半城市化"问题。

由于资源型产业区位的特殊性，资源型区域在城镇非农部门之外发展一个庞大的资源部门，空间上形成了一个特殊的工矿区域。这类区域在城镇形成和功能上包括两类：一类是依托原有的中心地城镇，在区位条件、建设条件相对较好的工矿区形成工矿城市，具备转型为区域中心城市的区位和建设条件；另一类是区位不佳、建设条件差、"因矿设市"和"随矿建镇"形成的职能单一工矿城镇。由于历史和体制方面的原因，这类城镇既是城又是矿业工业基地，产业结构单一，城市内部"城企二元结构"问题突出，按照企业模式建设的设施与城市设施的要求相去甚远，与腹地区域缺乏必要的生产组织联系。从人口城市化角度，资源型工业的发展导致大量职工有组织或自发地作为非农人口涌入工矿区域，使该区域城镇的非农人口比例在很短的时间内达到较高的水平，造成一种高度城市化的假象。而城市的其他产业、基础设施、市政工程并不与之配套，无法完成经济的自组织和自服务功能，更不用说真正承担起对外服务、集聚和扩散的区域功能。在城市建设初期的从业劳动人口构成中，除了属于城市人口的矿业技术工人、转业军人，大量的半城市化的"亦工亦农"人口比例较大，包括大量农民工、当地农民和部分职工家属，在城镇人口构成上表现出明显的半城市化社会特征。

如何促进这一部分城市"向上过渡"，促进城市由工业生产中心向现代人居中心转化，如何促进工矿区域半城市化人口的"完全城市化"，实现从传统的农村社会向工矿区或工矿城镇转变进而向现代的城市社会转变，是资源型区域工业化与城市化空间布局的又一个关键问题。加快工矿区域城镇的"再城市化"是重要的战略路径，促进"再城市化"，一是需要改善区位条件。一个地区的区位条件是由地理位置、自然资源、交通等决定的。对于地理条件先天不足的资源城市而言，要想实现"向上过渡"，其突破口首先应该是积极改善区域交通条件和人力资源集聚条件。其中，人才具有流动性特点，提高区位优势的关键在于培育并吸引科技人员，集聚人力资源。二是整合"矿城关系"，按照"矿城融合、一体发展"的思路，构建矿城、矿地融合发展平台，推动矿城、矿地与腹地联动、协调发展，强化工矿企业与地方企业的技术与经济联系，推动工矿企业更好地融入地方经济体系，促进各种要素的正常流动和优化配置,特别是要依托工矿企业的技术、人才和要素集聚优势,带动城市的绿色转型和区域综合发展,推动产业融合、技术融合和社会融合。三是纠正工业化偏向,将城镇发展放在优先位置,通过建立资源收益分配的新机制,将公共资源倾斜用于基础设施建设、公共服务体系构建,增强城镇对产业、人口的吸引力。

4)突出边缘区域生态、农业功能,协调边缘区经济发展与生态功能的矛盾。

按照"三部门三区域"分析框架,边缘区是以农业生产、生态功能为主导,经济较为落后的区域。根据山西省的实证,边缘区域共有53个地理单元,主要集中在晋西丘陵、太行山区、晋北盆地和晋南盆地,产业结构仍以第一产业为主,城市化仍处于城市化发展阶段的初期。该类区域发展应突出生态、农业功能,限制大规模的工业化与城市化开发,空间开发模式应采取据点式开发模式,把县城建设作为推进县域城市化的战略突破口,以工业向园区集中、人口向城镇和中心村集中、土地向规模经营集中的"三集中"为导向,促进人口、居民点集中分布;同时,加大城乡公共服务设施建设,改善城乡居民的基本公共服务,实现点状发展、面状保护。

5)加快资源型区域空间优化的机制创新,改善集聚机制的运行条件。

经济活动的区位指向与路径依赖、要素和经济活动的集聚与邻近效应是"核心—边缘"结构形成、工业化与城市化空间协调发展的形成机制。其中,集聚机制的运行条件主要包括微观集聚主体的经济理性、完善的要素市场体系、最低限度的集聚与扩散障碍三个方面。为此,需要加快推进制度创新。与一般区域制度创新的共性包括:以发挥市场机制对资源配置的基础性作用为宗旨,培育和完善各类市场,特别是资本、劳动力、土地等生产要素市场,形成有序和有效竞争的市场体系,发挥市场机制对资源配置的基础性作用;破除城乡分割、区域分割等制度障碍,制定基于提高交易效率的规划、财税、社会保障、人口、产业、土地、公共设施供给等政策,促进人口与生产要素的自由流动和合理集聚;等等。

对于资源型区域来说,还需要解决其独特的问题,其独特的机制创新如下:一是探索建立资源收益在中央、省、市、县、乡、村各级合理分成的体制机制,资源收益向工业化资本的长期转化机制,提升资本形成能力和转化能力;二是探索建立矿业城市与煤电集团对接融合的体制机制,重点包括城、矿基础设施改造及共建共享的体制机制,城矿公共服务资源整合利用的体制机制，城矿就业、社会保障、社区服务等社会管理一体化的体制机制，以转型工业园区为载体、矿地共同打造新型主导产业体制机制；三是建立资源型企业可持续发展的资金保障制度，主要用于环境恢复与生态补偿、发展接续替代产业，解决煤矿历史遗留问题和矿山企业关闭后的善后工作；四是建立以城带乡、以煤补农长效机制，逐步强化矿山企业和帮建村、乡、县的利益联结，实现双赢、多赢目标，推进村矿、村企、乡企、县企和谐发展。

第四章 煤炭资源型区域人口与经济空间集聚特征：山西省域层面的实证

城市化空间格局演化包括人口空间格局演化和产业空间格局演化两个方面。对于城市化，人们更多侧重于从城市和乡村的人口与产业空间动态来分析。实际上，人口城市化过程既表现为就近的乡城转移过程，也表现出远距离的异地转移过程。人口分布与经济发展的空间格局的一致性问题，是区域经济持续增长的重要内容，也是制约和影响区域经济可持续发展的关键因素（封志明和刘晓娜，2013）。根据"核心—边缘"理论的非均衡区域时空发展模式，一个区域人口与经济空间结构要经历由集中到分散，地区差异由扩大到收敛，由优势地区优先发展到各个地区均衡发展的动态演化过程。在区域发展的相当长时期内，人口与经济的空间集中化是区域发展的内在规律，非均衡发展是区域空间结构演进的主旋律。本章以山西省为实证地域，从省域层面来揭示资源型区域人口分布、流动方向与经济集聚过程、流动方向和格局的空间协调性特征。

一、人口与经济空间关系及变化特征

（一）山西省人口与经济集中化趋势与阶段

山西省是我国典型的资源型区域，人口与经济的空间关系有其特殊性。郭文炯等（2004）曾利用中华人民共和国成立以来的四次人口普查资料，研究 1953—2000 年山西省人口分布与区域经济发展的动态过程（图 4-1），揭示了资源型地区人口与经济空间分布的动态变化特征，主要结论如下。

1）通过人口与土地联系率指标的变动分析，1953—2000 年，人口与土地联系率变动总体趋势由大变小，说明山西省人口分布在分市县层次上总体

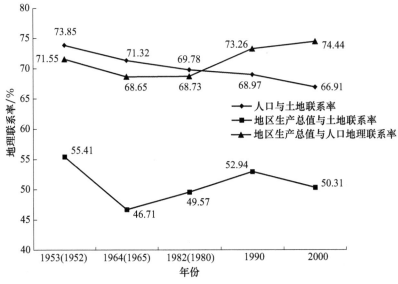

图 4-1　山西省主要年份地理联系率及其变动趋势

资料来源：郭文炯等（2004）

趋于集中化，人口分布的区域不均衡程度在不断提高。通过分时段分析，得出 1953—1964 年、1990—2000 年两个时段人口集中化进程较快，而 1964—1982 年、1982—1998 年两个时段人口集中化进程相对缓慢。

2）通过地区生产总值与土地联系率指标的变动分析，地区生产总值与土地联系率呈波动下降趋势，总体上数值有所下降，说明山西省经济布局在分市县层次上总体趋于集中化，但集中化进程缓慢。经济集中化趋势表现出明显的阶段性特点，1953—1964 年为快速集中化时期，1964—1990 年为经济地理分散化时期，1990—2000 年又进入一个新的缓慢集中化时期。

3）通过人口与土地联系率、地区生产总值与土地联系率和地区生产总值与人口地理联系率变动分析，人口与经济空间集中化关系表现如下：① 人口与土地联系率在不同时段均低于地区生产总值与土地联系率，人口地理分布的不均衡程度（集中化程度）低于经济分布的不均衡程度（集中化程度）。② 人口与地区生产总值地理联系率有所提高，两者之间空间相关程度有所提高，但从集中化速度看，人口集中化速度明显快于经济集中化速度。③ 人口分布与经济布局集中、分散化变动的波动特征不同。人口地理联系率的变动相对比较平稳，说明山西省人口分布基本态势变动较小，而且变动方向也比较平稳，基本趋向于集中、不均衡化。地区生产总值地理联系率则呈明显波动变化，说明地区生产总值这一经济要素的分布变动比较活跃、态势很不稳定，不断发生着集中变动与分散化变动的相互转换。

4）在分县市层次上，表现出向城市和资源型县份集中的趋势，人口与经济空间格局的动态演化符合区域发展的基本规律，但同时也表现出一些不适应特征：1990 年以来人口集中化趋势大为减缓，经济的分散化趋势日趋明显；西部与东部丘陵山区经济落后县份的人口与经济动态演化呈逆向演化态势，即人口增长较快而经济增长缓慢，导致人均地区生产总值与发达地区的差距不断扩大。

5）综合 1980 年以来分县市人口增长、经济发展水平和经济增长情况，将人口与经济集中、分散化的地域类型划分为协调型和滞后型两类。协调型，即人口与经济发展运行状况相对良好的人口与经济动态配置类型；滞后型，即经济集中化程度（经济增长）滞后于人口集中化程度（人口增长），人口与经济发展运行状况相对较差的人口与经济动态配置类型。经济水平较高、人口与经济发展相对协调的市县，主要为部分经济文化最发达的中心城市、经济发展水平高的县市，它们是山西省人口与经济协调发展状况最好的区域，大多为核心边缘区结构中的"核心区域"县市。经济水平较高、经济集中化滞后于人口集中化的县市，主要为工矿城市，属于"核心—边缘"结构中"向上过渡"区域县市。经济水平较低、人口与经济发展相对协调的市县，主要为边缘区域农业功能主导的县市。经济水平较低、经济增长滞后于人口增长的县市，主要为矿产资源丰裕、处于资源开发初期的县市。经济水平低下、经济增长滞后于人口增长的县市，主要集中分布在山西省西部地区，为生态功能主导区域的县市。上述分类结果表明，人口与经济空间分布的一致性表现出明显的地域性特征，核心区域人口与经济空间分布多属于协调型；工矿区域多为人口集中滞后于经济集中类型；而边缘区多为经济增长缓慢而人口增长较快的类型，即经济集中滞后于人口集中的类型，是人口与经济发展最不协调的一类地区。

（二）21 世纪以来人口与经济空间关系变化特征

21 世纪以来，中国经济开始新一轮的重工业化（简新华，2005），对这一时段的研究更能体现资源型地区的显著特征，同时"五普""六普"及相关统计年鉴数据为研究人口和经济的空间关系变化提供翔实、可靠的数据，为此，我们采用区域重心和地理集中度，以及探索性空间数据分析（exploratory spatial data analysis，ESDA）的方法，对 2000—2010 年的山西省人口与经济空间相互关系进行全面的分析。

1. 研究方法与数据来源

本书采取的主要分析指标如下。

（1）地理集中度

地理集中度是衡量某一要素在地域上集中程度的指标，既可以反映区域要素的空间分布情况，又可以反映某一区域在同级区域和整体中的地位和作用（钟业喜和陆玉麒，2011）。为衡量人口和经济的集中程度，引入人口地理集中度指数和经济地理集中度指数。

$$R_i(\text{Pop}) = \frac{\text{Pop}_i}{\text{Acr}_i} \Big/ \frac{\sum \text{Pop}_i}{\sum \text{Acr}_i}$$
$$R_i(\text{GDP}) = \frac{\text{GDP}_i}{\text{Acr}_i} \Big/ \frac{\sum \text{GDP}_i}{\sum \text{Acr}_i}$$

（4-1）

式中，R_i（Pop）和 R_i（GDP）分别为某年 i 地区人口地理集中指数和经济地理集中指数，分别是各研究区域的人口和地区生产总值与全省平均水平的比值；Pop_i、Acr_i、GDP_i 分别为 i 地区的人口、土地面积和地区生产总值；$\sum$ 为相关属性值在研究区域上的加总。

为便于更好地对比分析山西经济和人口空间分布变动，对 2001 年、2010 年、2015 年的人口及经济地理集中度，按以下标准进行统一分级：一级为低于 0.5 倍均值；二级为 0.5—1.0 倍均值；三级为 1.0—3.0 倍均值；四级为高于 3.0 倍均值。

（2）ESDA

ESDA 技术是空间统计分析的核心内容之一，旨在描述与显示对象的空间分布，揭示空间联系、簇聚及其他异质性的空间模式（马晓冬等，2004）。本节运用全局空间自相关指数（Moran's I）和局部空间自相关指数（local indicators of spatial association，LISA）来分析山西省人口与经济分布的空间依赖和空间异质。

Moran's I 的计算公式（仇方道等，2009）如下：

$$I(d) = \frac{\sum_{i}^{n}\sum_{i \neq j}^{n} W_{ij}(x_i - \bar{x})(x_j - \bar{x})}{S^2 \sum_{i}^{n}\sum_{i \neq j}^{n} W_{ij}} \qquad (4\text{-}2)$$

式中，$S^2 = \frac{1}{n}\sum_{i}^{n}(x_i - \bar{x})^2$；$x_i$ 为 i 处的属性值；W_{ij} 为空间权重值。

Local Moran's I 的计算公式如下：

$$I_i(d) = Z_i \sum_{j=1}^{n} W_{ij} Z_j \qquad (4\text{-}3)$$

式中，Z_i、Z_j 为观测值的标准化形式；W_{ij} 为空间权重矩阵的任一元素，以定义空间对象的相互邻接关系，在此采用 queen' 原则，即共同边界原则创建权重矩阵。根据 I_i 值将区域单元划分为高—高、低—低、高—低、低—高四种类型，高—高或低—低是指具有较高或较低观测值的单元，其相邻区域的观测值也较高或较低，代表高值或低值的局部空间集聚；而高—低或低—高则反映局部空间分异。

（3）区域重心

区域重心主要是从总体上研究属性的分布和变化情况。其计算方法如下：

$$\bar{X} = \frac{\sum X_i W_i}{\sum W_i}$$
$$\bar{Y} = \frac{\sum Y_i W_i}{\sum W_i} \qquad (4\text{-}4)$$

式中，$\bar{X}$、$\bar{Y}$ 分别为某种属性（如人口、地区生产总值等）重心坐标的经度和纬度；（X_i，Y_i）为第 i 个次级区域的坐标，X_i、Y_i 分别为区域的经度和纬度；W_i 为第 i 个次级区域相关属性的量值；$\sum$ 为相关属性值在研究区域上的加总。

一般而言，在统一市场、信息对称等条件下，区域均衡发展的结果应是经济重心与人口重心在空间上趋于一致。现实中经济重心与人口重心的分离程度体现了区域发展的非均衡性，二者偏离距离越大，则区域发展的不均衡性越强（樊杰等，2010）。

2000—2015 年的经济数据和人口数据均来自 2001—2016 年的《山西统计年鉴》与"五普""六普"。图件数据基于 1：250 000 山西基础地理数据，行政区划及区域面积信息来自中华人民共和国民政部区划地名司统计信息。需要指出的是，涉及 11 个地级市的数据均为市区数据。

2. 经济与人口空间分布变化

根据 2000 年、2010 年、2015 年人口地理集中度和经济地理集中度（表 4-1），人口地理集中度与经济地理集中度的均值都大于中位数，表明有较多的低值数据集簇分布，反映了区域发展进程中人口与经济空间集中化的一般发展规律。从极值比来看，经济地理集中度的比值极大值与极小值之比要远大于人口地理集中度的比值，这意味着经济分布的不均衡程度要大于人口分布的不均衡程度。从动态变化看，2000—2010 年区域经济发展的不均衡状况有所减缓，2010—2015 年区域经济发展的不平衡状况趋于加强；2000—2010 年人口分布不均衡的状况则趋于加强，2010—2015 年人口分布不均衡的状况增长幅度较小，人口分布呈集中化态势。

表 4-1　山西省人口地理与经济地理集中度的描述性统计特征

项目	人口地理集中度			经济地理集中度		
	2000 年	2010 年	2015 年	2000 年	2010 年	2015 年
均值	1.346	1.382	1.383	1.604	1.481	1.466
中值	0.755	0.760	0.761	0.474	0.565	0.592
极小值	0.188	0.184	0.184	0.074	0.056	0.059
极大值	10.263	14.635	14.682	26.313	19.450	21.926
极大值 / 极小值	54.590	79.538	79.793	355.581	347.321	371.627

资料来源：山西省统计局（2002，2012b，2017）

对比 2000 年和 2015 年分布格局变化，经济地理集中度级别上升的地区共有 14 个，包括位于晋西北的山阴、怀仁，晋中北的保德，晋中西南部的孝义、灵石、柳林，晋东南的屯留、长子、沁水，以及晋西南的运城、万荣、绛县、新绛、芮城。经济地理集中度级别下降的地区，除大同、霍州外，均为比邻中心城市的县域，包括紧邻太原市区的清徐，紧邻运城市的闻喜，紧邻晋城市的泽州、阳城，紧邻吕梁市的文水以及忻州的定襄。对比 2010 年和 2015 年分布格局的变化，经济地理集中度级别上升的地区共有 7 个，包括位于晋中北的古交、忻州，晋中东的平定，晋东南的沁水，以及晋西南的万荣、绛县、新绛。经济地理集中度级别下降的地区，除吕梁、朔州、河津外，均为比邻中心城市的县域，包括紧邻太原市区的清徐，紧邻运城市的闻喜，紧邻临汾市的古县、襄汾、洪洞，紧邻吕梁市的文水、柳林。这意味着山西省核心区仍处于极化阶段，经济发展中的回波效应明显，中心城市凭借其较高的收益回报吸引外围地区的资本、人才、技术等生产要素，从而使中心城市与外围地区区域发展不平衡程度加大（表4-2）。

表4-2　2000年、2010年和2015年山西省经济地理集中度分级

年份	层级	县、市名称
2000	一级 ＜0.802	阳曲县、娄烦县、阳高县、天镇县、广灵县、灵丘县、浑源县、左云县、大同县、盂县、屯留县、平顺县、黎城县、壶关县、长子县、武乡县、沁源县、沁县、沁水县、陵川县、山阴县、应县、右玉县、榆社县、左权县、和顺县、昔阳县、寿阳县、万荣县、绛县、垣曲县、夏县、平陆县、芮城县、五台县、代县、繁峙县、宁武县、静乐县、神池县、五寨县、岢岚县、河曲县、保德县、偏关县、原平市、古县、安泽县、浮山县、吉县、乡宁县、大宁县、隰县、永和县、蒲县、汾西县、吕梁市、交城县、兴县、临县、柳林县、石楼县、岚县、方山县、中阳县、交口县
	二级 0.802—1.604	古交市、平定县、朔州市、怀仁县、太谷县、祁县、平遥县、灵石县、运城市、临猗县、闻喜县、稷山县、新绛县、永济市、忻州市、定襄县、翼城县、襄汾县、洪洞县、文水县、汾阳市
	三级 1.604—4.812	清徐县、长治县、襄垣县、潞城市、阳城县、泽州县、高平市、晋中市、介休市、河津市、临汾市、曲沃县、霍州市、孝义市
	四级 ＞4.812	太原市、大同市、阳泉市、长治市、晋城市、侯马市
2010	一级 ＜0.741	阳曲县、娄烦县、古交市、阳高县、天镇县、广灵县、灵丘县、浑源县、左云县、大同县、平定县、盂县、平顺县、黎城县、壶关县、武乡县、沁县、沁源县、沁水县、陵川县、应县、右玉县、榆社县、左权县、和顺县、昔阳县、寿阳县、万荣县、绛县、垣曲县、夏县、平陆县、忻州市、定襄县、五台县、代县、繁峙县、宁武县、静乐县、神池县、五寨县、岢岚县、河曲县、偏关县、原平市、安泽县、浮山县、吉县、乡宁县、大宁县、隰县、永和县、蒲县、汾西县、交城县、兴县、临县、石楼县、岚县、方山县、中阳县、交口县
	二级 0.741—1.481	屯留县、长子县、阳城县、泽州县、山阴县、太谷县、祁县、平遥县、临猗县、闻喜县、稷山县、新绛县、芮城县、永济市、保德县、翼城县、古县、霍州市、吕梁市、文水县、汾阳市
	三级 1.481—4.444	清徐县、大同市、长治县、襄垣县、潞城市、高平市、朔州市、怀仁县、晋中市、灵石县、介休市、运城市、临汾市、曲沃县、襄汾县、洪洞县、柳林县

续表

年份	层级	县、市名称
2010	四级 ＞4.444	太原市、阳泉市、长治市、晋城市、河津市、侯马市、孝义市
2015	一级 ＜0.733	清徐县、阳曲县、娄烦县、阳高县、天镇县、广灵县、灵丘县、浑源县、左云镇、大同县、盂县、平顺县、黎城县、壶关县、武乡县、沁县、沁源县、陵川县、应县、右玉县、榆社县、左权县、和顺县、昔阳县、寿阳县、闻喜县、垣曲县、夏县、平陆县、定襄县、五台县、代县、繁峙县、宁武县、静乐县、神池县、五寨县、岢岚县、河曲县、偏关县、原平市、古县、安泽县、浮山县、吉县、乡宁县、大宁县、隰县、永和县、蒲县、汾西县、吕梁市、文水县、交城县、兴县、临县、石楼县、岚县、方山县、中阳县、交口县
	二级 0.733—1.466	古交市、平定县、屯留县、长子县、沁水县、阳城县、泽州县、朔州市、山阴县、太谷县、祁县、平遥县、临猗县、万荣县、稷山县、绛县、芮城县、永济市、忻州市、保德县、翼城县、襄汾县、洪洞县、霍州市、柳林县、汾阳市
	三级 1.466—4.397	大同市、长治县、襄垣县、潞城市、高平市、怀仁县、晋中市、灵石县、介休市、运城市、新绛县、河津市、临汾市、曲沃县
	四级 ＞4.397	太原市、阳泉市、长治市、晋城市、侯马市、孝义市

资料来源：山西省统计局（2002，2012b，2017）

　　通过对 2000—2015 年山西省的经济地理集中度进行全局空间自相关计算，得到全局自相关指数变化。经济地理集中度的最高值是 0.042，经济空间自相关特征很不明显，仅有较弱的空间正相关性。这反映了资源型地区经济空间联系与影响较差，各区域发展独立性相对较高，与周边地区的联系较弱，而且 2000—2015 年经济地理集中度的全局自相关指数基本保持不变。对经济地理集中度进行局部空间自相关分析发现，在 5% 显著性水平下，2000—2010 年高—高型区域个数保持不变，但位置从晋东南地区转变到晋中地区；低—低型区域个数保持不变，晋西北吕梁山脉一带的集聚范围缩小，而晋东北省际边缘区的集聚范围则集中连片分布；2010—2015 年高—高型区域的个数由 1 个减少到了 0 个，低—低型区域个数在晋中地区东部增加 1 个，在吕梁山脉一带低—低型区域有呈带状集聚的趋势。

　　受自然地理环境、社会经济发展水平和生产力分布的影响，山西省人口形成了以贯穿南北五大盆地和同蒲铁路为中轴的人口密集带，以及晋东南盆地和太焦铁路沿线密集区而东部和西部地区人口稀疏的不平衡分布格局。

2000—2015 年，人口地理集中度除太原市区东南部的太谷县人口地理集中度级别下降外，山西省人口地理集中度的分布格局没有其他变化，这意味着十年来各地区承载人口能力在全省的相对地位没有发生任何改变。

一般而言，经济增长会促进人口集聚，但 2000—2015 年山西省经济格局发生显著变化，却没有带来人口格局的重大变化。从人口地理集中度指数变化看，在 11 个地级市中有 10 个地级市的人口地理集中度上升幅度较大，表明中心城市人口集聚效应仍是显著的。

从人口地理集中度的全局空间自相关指数变化看，总体上趋于下降（图 4-2），这表明虽然 2000 年以来，人口地理集中度指数相似的县域在地理空间上有集中分布的态势，但随着时间的推移，这一趋势在下降。从人口地理集中度的局部空间自相关分析发现，在 5% 显著性水平下，高—高型区域在 2000—2010 年分布在晋东南和晋南的部分区域，范围有所缩小，但在 2010—2015 年无变化，而低—低型区域集中分布在晋西北吕梁山脉一带，集中范围无变化。

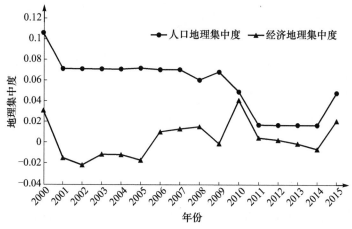

图 4-2　2000—2015 年山西省人口地理和经济地理集中度全局空间自相关指数

资料来源：2001—2016 年《山西统计年鉴》中分县、市、区统计数据

对比人口分布和经济分布的空间特征，发现在 5% 显著性水平下，经济地理集中度和人口地理集中度的低—低型区域和高—低型区域在空间分布上具有相对一致性。在晋西北吕梁山脉一带，包括偏关、河曲、保德、兴县、静乐、岢岚、五寨、神池、娄烦等国家级贫困县，既是经济的低—低型聚集区，也是人口的低—低型聚集区。这些区域普遍自然条件恶劣，产业发展明

显落后，经济基础薄弱，非农产业发展明显不足，贫困人口较多，在统筹山西区域协调发展中应给予较多关注（表4-3、表4-4）。

表4-3 2000年、2010年、2015年山西省人口地理集中度局部空间自相关

类型	2000年	2010年	2015年
高—高型	曲沃县、长子县、长治县、壶关县	曲沃县、长子县、长治县	曲沃县、长子县、长治县
低—低型	偏关县、河曲县、保德县、神池县、五寨县、岢岚县、宁武县、静乐县、兴县、岚县、石楼县、永和县、隰县、大宁县、左权县	同2000年	同2010年
低—高型	寿阳县、平顺县、泽州县	寿阳县、壶关县、泽州县	寿阳县、壶关县、泽州县

资料来源：山西省统计局（2002，2012b，2017）

表4-4 2000年、2010年、2015年山西省经济地理集中度局部空间自相关

类型	2000年	2010年	2015年
高—高型	潞城市、长治县、泽州县		
低—低型	偏关县、河曲县、保德县、神池县、五寨县、岢岚县、宁武县、静乐县、兴县、岚县、方山县、石楼县、永和县、隰县、大宁县、繁峙县	神池县、五寨县、岢岚县、宁武县、静乐县、兴县、岚县、永和县、隰县、大宁县、繁峙县、浑源县、广灵县、灵丘县、娄烦县	神池县、五寨县、岢岚县、宁武县、兴县、岚县、永和县、隰县、大宁县、繁峙县、广灵县、灵丘县、方山县、柳林县、左权县
低—高型	寿阳县、长子县、壶关县、平顺县	寿阳县、泽州县	寿阳县、泽州县、清徐县

资料来源：山西省统计局（2002，2012b，2017）

3. 经济与人口空间关联动态变化

经济重心与人口重心的动态演变，可以从整体上把握区域人口与经济的变动态势及空间关系。根据重心公式可以得到2000—2015年山西省的经济重心与人口重心坐标（表4-5）。由表4-5可见，2000—2015年山西省经济重心在112°21′E—112°28′E，37°13′N—37°23′N变动，而人口重心则在112°16′E，37°12′N附近变动，人口重心基本位于经济重心的西南方位。

表4-5 2000—2015年山西省经济与人口重心偏离距离

年度	经济重心	人口重心	距离/km
2000	27′55″E，18′50″N	16′37″E，11′3″N	25.38
2001	27′25″E，17′50″N	16′33″E，11′2″N	23.71

续表

年度	经济重心	人口重心	距离 / km
2002	26′ 28″ E，17′ 50″ N	16′ 31″ E，11′ 2″ N	22.31
2003	24′ 45″ E，15′ 18″ N	16′ 28″ E，11′ 3″ N	17.24
2004	22′ 11″ E，14′ 2″ N	16′ 25″ E，11′ 5″ N	11.97
2005	22′ 1″ E，13′ 58″ N	16′ 23″ E，11′ 6″ N	11.69
2006	21′ 5″ E，13′ 58″ N	16′ 22″ E，11′ 6″ N	10.19
2007	21′ 50″ E，17′ 34″ N	16′ 21″ E，11′ 6″ N	15.68
2008	22′ 21″ E，18′ 8″ N	16′ 19″ E，11′ 7″ N	17.13
2009	24′ 3″ E，19′ 23″ N	16′ 19″ E，11′ 9″ N	20.91
2010	23′ 33″ E，19′ 55″ N	16′ 46″ E，12′ 50″ N	18.14
2011	22′ 52″ E，19′ 5″ N	16′ 45″ E，12′ 52″ N	16.15
2012	23′ 38″ E，20′ 30″ N	16′ 44″ E，12′ 53″ N	19.03
2013	23′ 39″ E，20′ 41″ N	16′ 44″ E，12′ 52″ N	19.30
2014	24′ 23″ E，20′ 39″ N	16′ 43″ E，12′ 52″ N	20.20
2015	25′ 28″ E，22′ 2″ N	16′ 42″ E，12′ 53″ N	23.43

注：表中重心坐标为（112° X′ Y″ E，37° A′ B″ N）

资料来源：2001—2016 年《山西统计年鉴》中分县、市、区统计数据

从变动来看（图 4-3），经济重心在 2000—2015 年，从经度看是从东向西再向东的趋势，从纬度看则是先南后北的趋势，总体上向西迁移 2″ 多，向北迁移 3″ 多。在此期间，其重心方向变化的节点在 2006 年，整体上看，山西省经济重心从平遥县向西北移至祁县境内，这表明近年来山西省经济重心西进北移，太原都市圈的经济带动作用更强。在迁移距离上，经计算，相对于 2000 年的经济重心，2015 年经济重心向西北方向迁移 7.45km，分解来看，向北迁移 5.91km，向西迁移 4.54km，北部经济的发展对于经济重心迁移的影响力度要大于西部。相对于经济重心，人口重心的空间变动较小（图4-4）。2000—2009 年，人口重心仅在南北方向上微有移动，2010 年人口重心向东北偏移，2010—2015 年人口重心的空间变动较小，2015 年与 2000 年相比向东偏离约 1″，向北偏离约 2″，空间距离仅为 3.38km，移动幅度非常小，这也进一步验证山西省人口分布空间格局较为稳定的分析结论。

从经济重心与人口重心移动的空间相对位置看，2000 年以来经济重心向西北方向迁移，而人口重心向东北方向迁移，且经济重心偏移幅度大于人

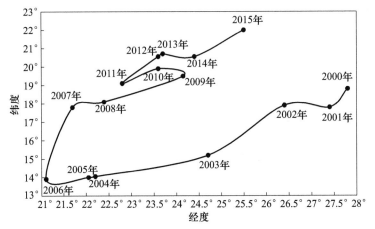

图 4-3　2000—2015 年山西经济重心变化图

图中重心坐标为（112° X′ E，37° Y′ N）

资料来源：2001—2016 年《山西统计年鉴》中分县、市、区统计数据

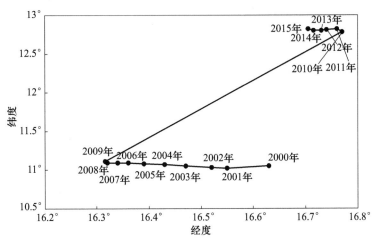

图 4-4　2000—2015 年山西人口重心变化图

图中重心坐标为（112° X′ E，37° Y′ N）

资料来源：2001—2016 年《山西统计年鉴》中分县、市、区统计数据

口重心，使二者在空间上的偏移距离总体呈减小趋势。2000—2015 年，经济重心偏离人口重心的距离由 25.38km 减少到 23.43km。空间偏离距离的减小表明山西省经济与人口的空间耦合程度不断提高，二者的空间关系更为相互协调，山西省的区域均衡发展程度不断提高。

为了分析山西省内部各研究单元的人口与经济空间分布关系的变化，参考钟业喜和陆玉麒（2011）提出的耦合指数，即人口地理集中度指数与经济地理集中度指数之比，结合山西省实际情况，对山西省 107 个研究单元的耦合指数进行计算，并按从低到高的顺序划分为四个等级：经济超前型（0，0.5]、协调发展型（0.5，1.5]、经济滞后型（1.5，3.0]和经济落后型（> 3.0），区域类型划分结果如表 4-6 所示。

表 4-6 2000 年、2010 年和 2015 年山西省人口与经济耦合指数等级划分

年份	层级	县、市名称
2000	经济超前型（0，0.5]	太原市、阳泉市、长治市、晋城市
	协调发展型（0.5，1.5]	清徐县、阳曲县、古交市、大同市、左云县、大同县、平定县、盂县、长治县、屯留县、黎城县、潞城市、沁水县、阳城县、泽州县、高平市、朔州市、山阴县、右玉县、怀仁县、晋中市、榆社县、太谷县、祁县、灵石县、介休市、临猗县、闻喜县、垣曲县、永济市、河津市、忻州市、定襄县、临汾市、曲沃县、翼城县、襄汾县、洪洞县、古县、安泽县、乡宁县、蒲县、侯马市、霍州市、吕梁市、中阳县、交口县、孝义市、汾阳县、运城市、陵川县
	经济滞后型（1.5，3.0]	娄烦县、广灵县、浑源县、屯留县、平顺县、壶关县、长子县、武乡县、沁县、沁源县、应县、左权县、和顺县、昔阳县、寿阳县、平遥县、万荣县、稷山县、新绛县、绛县、夏县、平陆县、芮城县、代县、繁峙县、宁武县、静乐县、神池县、五寨县、岢岚县、河曲县、保德县、原平市、浮山县、吉县、大宁县、隰县、永和县、汾西县、文水县、交城县、柳林县
	经济落后型（> 3.0）	阳高县、天镇县、灵丘县、五台县、偏关县、兴县、临县、石楼县、岚县、方山县
2010	经济超前型（0，0.5]	朔州市、山阴县、灵石县、古县、安泽县、柳林县、孝义市、襄垣县
	协调发展型（0.5，1.5]	河津市、沁水县、沁源县、太原市、介休市、阳泉市、阳城县、高平市、怀仁县、中阳县、泽州县、潞城市、晋城市、盂县、长治县、长治市、河曲县、寿阳县、曲沃县、保德县、侯马市、清徐县、屯留县、蒲县、交城县、右玉县、襄汾县、晋中市、武乡县、霍州市、吕梁市、汾阳市、浮山县、乡宁县、临汾市、闻喜县、阳曲县、翼城县、永济市、运城市、和顺县、代县、洪洞县、左云县
	经济滞后型（1.5，3.0]	太谷县、定襄县、祁县、长子县、左权县、平定县、忻州市、偏关县、榆社县、新绛县、古交市、大同市、原平市、方山县、宁武县、交口县、绛县、昔阳县、平遥县、黎城县、稷山县、五寨县、兴县、临猗县、繁峙县、芮城县、岢岚县、吉县、灵丘县、文水县、应县、娄烦县、陵川县、垣曲县、平顺县、神池县、汾西县、壶关县、静乐县、五台县
	经济落后型（> 3.0）	阳高县、天镇县、广灵县、浑源县、大同县、沁县、万荣县、夏县、平陆县、大宁县、隰县、永和县、临县、石楼县、岚县

续表

年份	层级	县、市名称
2015	经济超前型 （0，0.5]	阳曲县、沁水县、孝义市
	协调发展型 （0.5，1.5]	灵石县、太原市、古交市、怀仁县、山阴县、沁源县、朔州市、襄垣县、安泽县、晋城市、蒲县、右玉县、河曲县、阳泉市、古县、长治市、泽州县、阳城县、河津市、寿阳县、高平市、盂县、保德县、柳林县、侯马市、长治县、曲沃县、大同市、潞城市、乡宁县、浮山县、介休市、晋中市、屯留县、运城市、中阳县、永济市、和顺县、娄烦县、武乡县、长子县、左权县、霍州市、临汾市、襄汾县、太谷县、交口县、平定县、宁武县、祁县、昔阳县、岢岚县、代县、新绛县、临猗县、翼城县、原平市
	经济滞后型 （1.5，3.0]	偏关县、左云县、洪洞县、汾阳市、交城县、绛县、吕梁市、兴县、忻州市、稷山县、垣曲县、芮城县、平遥县、榆社县、繁峙县、黎城县、应县、岚县、神池县、吉县、壶关县、五寨县、定襄县、方山县、闻喜县、陵川县、静乐县、平陆县、万荣县、平顺县、大同县、文水县、五台县、汾西县、夏县、隰县、沁县、灵丘县、广灵县
	经济落后型 （>3.0）	永和县、浑源县、阳高县、天镇县、临县、石楼县、大宁县、清徐县

资料来源：山西省统计局（2002，2012b，2017）

　　2010—2015年，耦合指数变动结果显示经济超前型由8个减少到3个，协调发展型由44个增加到57个，经济滞后型和经济落后型分别由40个、15个减少到39个和8个，共有14个县域的等级下降，25个县域的等级上升，表明2010—2015年县域层面人口与经济关系变动幅度较小，人口与经济不协调程度加剧的县域，即经济超前型和经济落后型的县域，个数都在减少。

　　从其变化情况来看，经济超前型的区域由零散分布变得较为集中，2010年此类型区域分布于朔州市、山阴县、灵石县、古县、安泽县、柳林县、孝义市、襄垣县等煤炭资源储量丰富的地区，2015年集中分布于阳曲县、沁水县、孝义市等中部地区，这些区域耦合指数大幅下降到0.5以下，从协调发展型转变为经济超前型，而2010年的8个经济超前型城市在完善城市功能上的人口集聚效应成效显著，耦合指数出现下降，除孝义市外，其他发展为协调发展型；2010—2015年，经济滞后型和经济落后型地区仍主要分布在自然和经济条件较差的西部吕梁山脉、南部中条山及北部地区，但位于省际边缘区的县域人口与经济耦合程度出现分化。晋南地区的万荣县、夏县、平陆县、隰县，晋东南地区的沁县，中部地区的岚县和北部地区的大同县，经济发展较快，人口与经济耦合指数下降，由经济落后型转变为经济滞后型；中部地区的清徐县耦合指数则上升，人口与经济不协调程度加深；人口与经济相对协调发展型地区都相对集中分布于晋中东部太原—阳泉一带和晋南地区，北部和西部也均有分布，中南部集聚的个数最多。总体来看，2010—2015年资源型地区与非资源型地区差异依然明显，煤炭资源丰富的新兴工矿城市由于经济取得较快发展，经济集聚速度远超人口集聚速度，成为经济超前型地区；非资源型县域（如农业县市大宁、永和等）发展速度缓慢，经济发展依旧落后。

运用ESDA方法，对经济与人口的耦合程度进行局部空间自相关分析，结果显示在5%显著性水平下，显著的空间趋同（包括高—高型和低—低型）县域个数由2000年的13个增加到2010年的16个，高—高型区域，即人口地理集中度高于经济地理集中度的区域其比邻区域也较高，2000年这些区域集中分布在晋西北吕梁山脉一线，2015年这一区域范围有很大缩小，但在晋北地区集中分布，此类县域皆为非资源型经济落后县。低—低型区域，即人口地理集中度低于经济地理集中度的区域其比邻区域也较低，2000年这些区域有6个，并集中分布在晋中地区，2015年增加至8个，并集中成片分布于晋东南一带。可见，2000—2015年，人口与经济耦合程度的集聚空间逐渐分割为南北两个板块，北部板块以人口地理集中度高于经济地理集中度为特征，在晋东北省际边缘区集聚分布；南部板块以经济地理集中度高于人口地理集中度为特征，在晋东南煤炭基地集聚分布（表4-7）。

表4-7　2000年、2010年、2015年山西省经济—人口耦合程度的空间自相关

类型	2000年	2010年	2015年
高—高型	广灵县、岢岚县、兴县、岚县、临县、方山县、娄烦县	天镇县、阳高县、广灵县、浑源县、灵丘县、兴县、方山县、永和县、隰县	天镇县、阳高县、广灵县、浑源县、方山县、永和县、隰县
低—低型	左云县、太原市、清徐县、晋中市、寿阳县、太谷县	寿阳县、孝义市、介休市、古县、浮山县、安泽县、长子县	左云县、寿阳县、介休市、古县、浮山县、安泽县、长子县、沁水县
低—高型	离石区、柳林县	柳林县	柳林县、蒲县
高—低型	浮山县	沁县	清徐县

资料来源：山西省统计局（2002，2012b，2017）

（三）21世纪以来人口与经济空间关系变化特征小结

1）"两山夹一川"的地貌形态使山西人口与经济在空间格局上均呈现出东西低、中部高、北低南高的空间分异格局，但经济分布的空间不均衡性远大于人口分布的不均衡性。2000年以来，山西省区域经济发展的不均衡状况有所减缓，而人口分布不均衡的状况则趋于加强。

2）近年来，山西省区域经济空间结构的变动不仅受资源禀赋的影响，也受区域空间运动普遍规律中的回波效应影响，从而大大改变经济分布格局。但由于资源型地区经济结构的特殊性及人口流动的滞后性，经济增长所带来的人口集聚效应并不显著，山西省人口分布格局几乎没有变化。

3）晋西北吕梁山区一带既是经济的低—低型聚集区，也是人口的低—低型聚集区，虽然自2000年以来，聚集区范围均有所缩小，但仍将是山西统筹区域协调发展中应给予较多关注的区域。此外，晋东北比邻河北省的县域经济欠发达程度在近年来出现了加深并集聚的态势，应予以注意。太原、长治、晋城、阳泉、朔州、大同等中心城市均为人口与经济耦合的高—低型地区，且近年来与周边区域的空间分异并未随时间推移而改变，表明这些中心城市对周边区域发展的带动作用明显不足。

4）整体来看，2000—2015年山西省人口与经济空间关系趋于协调，区域均衡发展程度在不断提高。2000—2015年经济重心呈现出先向西南后向西北的迁移态势，人口重心则呈现出向北偏东移动的态势，二者在空间上的偏移距离呈缩小趋势，此过程表明山西省经济和人口向太原都市圈集聚效应明显。

5）21世纪以来，山西省资源型地区与非资源型地区的人口与经济耦合程度出现两极分化现象，一些煤炭资源丰富县域经济发展迅速而人口集聚少，一些非资源型县域经济发展缓慢而人口滞留多，最终导致2000—2015年山西省人口与经济不协调程度加剧的县域增加，并呈现出显著的空间集聚特征。

二、流动人口空间分布与变化特征

人口流动作为一种社会经济现象，是城市化进程不断推进的重要表现，它既是市场经济的必然产物，也对中国经济社会发展产生着深远影响（姚华松等，2010）。改革开放以来，在经历了20世纪80年代"离土不离乡"式的转移阶段之后，进入90年代，流动人口主要以从农村向城市、从落后地区向发达地区流动为主（李玲，2001）。本节以山西省流动人口为研究对象，以山西省地级市市区、县级市和县为基本研究单元，利用"五普""六普"中"各地区分性别的户口登记地在外乡镇街道的人口状况"的相关数据，从户籍所在地在本县（市、区）、本省其他县（市、区）和省外三个层次对山西省流动人口的空间集聚特征及因素进行分析，从流动人口这一侧面进一步揭示山西省人口空间集聚与分散化特征。

本节利用的主要分析指标为流动人口区位商。区位商是用于表征特定空间上某一要素分布集聚程度的指标，其计算公式如下：

$$Q_i = \frac{F_i}{P_i} \bigg/ \frac{F_t}{P_t} \tag{4-5}$$

式中，Q_i 为 i 地区的流动人口区位商；F_i 为 i 地区的流动人口数；P_i 为 i 地区的总人口数；F_t 为整个区域的流动人口数；P_t 为整个区域的总人口数。$Q_i=1$ 为流动人口在 i 地区分布与整个区域分布一致；$Q_i>1$ 为流动人口在 i 地区分布相对集中；$Q_i<1$ 为流动人口在 i 地区分布相对分散。

利用的分析模型为多中心模型。多中心模型是区域人口空间分布的重要模型之一，其一般形式如下：

$$D_{(r)} = \sum_{i=1}^{n} a_i e^{b_i r_i} \tag{4-6}$$

式中，$D_{(r)}$ 为流动人口密度；n 为流动人口中心的数量；r_i 为某一个地区到 i 人口中心的距离；a_i 和 b_i 为针对 i 中心的参数。

（一）流动人口分布的空间格局及演变特征

2010年，山西省流动人口总量为517.59万人，比2000年增长280.3万人，增长了118%，年均增速达到8.11%；流动人口占总人口的比重也由2000年的7.31%提高到2010年的14.49%，提高了7.18个百分点，与全国平均水平的差距由2000年的3.84个百分点降低到2010年的1.63个百分点，说明2000—2010年，山西省流动人口规模发展迅速。

山西省11个地级市和11个县级市在2010年共吸引流动人口358.23万

人，占全省流动人口总量的 69.21%，其中地级市吸引流动人口 305.29 万人，占全省流动人口总量的 58.98%，说明山西省人口流动符合我国快速城市化时期人口向城市集聚的特征，其中地级以上城市在这一过程中发挥着尤为重要的作用。其中，流动人口最多的是太原市，达到 140.2 万人，占全省的 27.09%，平均流动人口密度为 201 人 /km²。流动人口总量最少的是阳泉市，为 18.43 万人，占全省的 3.56%；流动人口密度最低的是忻州市，不足 16 人 /km²。流动人口占总人口比重最大的是太原市，为 33.37%；最小的是运城市，为 7.93%。

为了消除城市行政区面积差异带来的影响，更科学地揭示流动人口的空间分布规律，本节采用人口密度作为衡量指标，即在绘制流动人口密度等值线图的基础上，根据流动人口区位商和流动人口密度等值线图来确定山西省流动人口集聚中心，并利用多中心模型分析人口空间分布变化特征（图 4-5）。

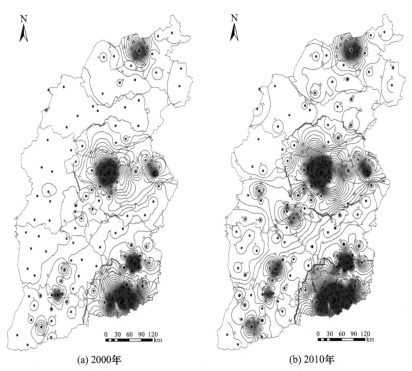

(a) 2000年 (b) 2010年

图 4-5 2000 年、2010 年山西省流动人口密度图

资料来源：山西省人口普查办公室（2002）、山西省统计局（2012a）

为了有效克服单一判断标准的弊端，采用流动人口区位商和流动人口密度等值线图相结合的方法确定山西省流动人口集聚中心，选取 2 个年份流动人口密度大于 50 人/km² 且流动人口区位商大于 1 的行政区，作为山西省流动人口集聚中心。

从 2000 年和 2010 年山西省流动人口密度图［图 4-5（a）］和表 4-8 可以发现，2000 年，山西省流动人口中心共有 7 个，包括太原市区、晋城市区、长治市区、大同市区、阳泉市区、侯马市和晋中市区；对比 2000 年，2010 年流动人口中心增加到 11 个［图 4-5（b）和表 4-8］，原有的流动人口中心除侯马市以外，均得以保留且集聚规模呈现不断扩大的趋势。另外，增加了临汾市区、运城市区、介休市、孝义市、吕梁市区 5 个集聚中心，主要分布于山西省中南部地区。侯马市作为重要的区域性物流中心曾在吸引流动人口方面发挥着重要的作用，但是由于周边临汾市区、运城市区的发展，两者作为地级市行政中心的优势逐步凸显出来，从而削弱了侯马市作为流动人口中心的作用，其在 2010 年流动人口区位商下降到 0.875，失去了作为流动人口中心的地位。

表 4-8　山西省流动人口集聚中心特征值

2000 年				2010 年			
序号	城市	流动人口密度/(人/km²)	流动人口区位商	序号	城市	流动人口密度/(人/km²)	流动人口区位商
1	晋城市	773.81	4.91	1	晋城市	1355.99	2.77
2	太原市	485.34	3.79	2	太原市	896.41	2.64
3	长治市	300.36	2.18	3	长治市	397.40	1.24
4	大同市	159.06	2.97	4	大同市	219.53	1.81
5	阳泉市	141.40	1.95	5	阳泉市	206.88	1.31
6	侯马市	88.21	1.47	6	临汾市	134.58	1.28
7	晋中市	66.11	2.25	7	晋中市	121.24	1.75
				8	运城市	115.97	1.46
				9	介休市	115.03	1.45
				10	孝义市	82.51	1.15
				11	吕梁市	67.64	1.93

资料来源：山西省人口普查办公室（2002）、山西省统计局（2012a）

采用多中心模型对 2000 年、2010 年山西省流动人口空间分布特征进行分析，并利用 SPSS 16.0 对结果进行拟合，结果如表 4-9 所示。多中心模型中，参数 a 代表不同中心截距，a 越大表明该中心在集聚人口方面的作用越强；而斜率 b 的绝对值越大代表随着与该中心距离的增加，人口密度的衰减越陡。对表 4-9 中的参数 a 和 b 进行分析，可以发现 2000 年和 2010 年，山西省流动人口空间格局均呈现"双核"型空间结构，即太原市区核心和晋城市区核心，其 a 值均显著高于其他地区，在 2010 年表现尤为突出。对参数 b 进行分析，2000 年，太原市区参数 b 的绝对值为 2.082，明显高于其他中心，表明这一时期太原市区核心对山西省流动人口空间格局的影响作用较强；2010 年，孝义市、阳泉市区、晋城市区和运城市区，参数 b 的绝对值分别达到 15.838、10.158、9.867 和 6.262，超过太原市区的 3.636，表明这一时期太原市区对山西省流动人口格局的影响力逐步减弱，中小城市的发展逐渐成为影响流动人口格局演变的新驱动力。

表 4-9　山西省流动人口多中心分布拟合结果

2000 年			2010 年		
流动人口中心	a	b	流动人口中心	a	b
晋城市	773.275	−1.226	晋城市	1336.063	−9.867
太原市	458.643	−2.082	太原市	872.608	−3.636
长治市	304.159	−0.321	长治市	377.446	−1.406
大同市	186.244	−0.058	大同市	202.361	−0.150
阳泉市	110.005	−0.376	阳泉市	193.089	−10.158
侯马市	88.416	−0.160	临汾市	121.071	−0.206
晋中市	58.075	−0.030	运城市	108.355	−6.262
			晋中市	100.643	−0.085
			介休市	93.711	−0.075
			孝义市	40.433	−15.838
			吕梁市	17.524	−3.759

资料来源：山西省人口普查办公室（2002）、山西省统计局（2012a）

（二）流动人口来源结构的空间特征

对流动人口来源结构进行分析，主要从户籍在本县（市、区）、本省其他县（市、区）和省外 3 个层次进行分析。2000 年，山西省流动人口总量为237.29 万人，户籍在本县（市、区）、本省其他县（市、区）和省外的流动人口构成为 63.6∶22.7∶13.7，到 2010 年，这一构成变化为 55.7∶32.7∶11.6，表明来源于本县（市、区）的流动人口仍然是山西省流动人口的主要构成，占到流动人口总量的一半以上。值得注意的是，来源于本省其他县（市、区）的流动人口规模发展较快，总量由 2000 年的 53.88 万人增加到 2010 年的 169.44 万人，增长了 214%，其占流动人口总量的比重也提升了 10 个百分点。来源于省外的流动人口总量增速略低于前两者，但整体也呈现逐步扩大的态势。

　　利用 2000 年、2010 年两期数据的比值与山西全省平均水平的比率，即以（2010 年某地区流动人口数/2000 年某地区流动人口数）/（2010 年全省流动人口数/2000 年全省流动人口数）为依据制作山西省流动人口增幅比率表（表 4-10），对不同来源流动人口的空间集聚特征进行分析。

表 4-10　山西省流动人口增幅比率表

类别	层级	县、市名称
本县（市、区）	<1	大同市、大同县、宁武县、忻州市、古交市、太原市、晋中市、寿阳县、阳泉市、洪洞县、长治市、沁水县、晋城市、泽州县、侯马市、运城市
	1—2	左云县、怀仁县、右玉县、应县、繁峙县、山阴县、朔州市、偏关县、神池县、五寨县、保德县、岢岚县、原平市、定襄县、阳曲县、平定县、清徐县、吕梁市、和顺县、榆社县、祁县、沁县、襄垣县、黎城县、潞城市、平顺县、长子县、高平市、临川县、阳城县、浮山县、灵石县、霍州市、大宁县、蒲县、临汾市、襄汾县、稷山县、曲沃县、新绛县、闻喜县、夏县、平陆县、永济市、芮城县
	2—3	天镇县、阳高县、浑源县、河曲县、代县、五台县、盂县、兴县、娄烦县、方山县、柳林县、交口县、汾阳市、平遥县、太谷县、昔阳县、左权县、武乡县、沁源县、古县、介休市、长治县、乡宁县、万荣县、临猗县、翼城县、绛县、垣曲县
	3—4	广灵县、静乐县、交城县、孝义市、屯留县、隰县、河津市、汾西县
	>4	灵丘县、岚县、临县、文水县、中阳县、石楼县、永和县、吉县、安泽县、壶关县
本省其他县（市、区）	<1	大同市、左云县、怀仁县、朔州市、偏关县、神池县、岢岚县、保德县、宁武县、代县、五台县、原平市、定襄县、忻州市、阳曲县、古交市、交城县、阳泉市、平定县、昔阳县、和顺县、榆社县、汾阳市、孝义市、介休市、交口县、灵石县、汾西县、霍州市、洪洞县、蒲县、永和县、长治市、陵川县、沁水县、阳城县、晋城市、襄汾县、曲沃县、侯马市、绛县、垣曲县、闻喜县、夏县、稷山县、河津市、万荣县、永济市、芮城县

续表

类别	层级	县、市名称
本省其他县（市、区）	1—2	广灵县、大同县、浑源县、应县、繁峙县、右玉县、山阴县、河曲县、五寨县、静乐县、盂县、方山县、寿阳县、太原市、晋中市、清徐县、太谷县、祁县、文水县、平遥县、沁源县、沁县、左权县、武乡县、黎城县、潞城市、高平市、泽州县、古县、浮山县、翼城县、临汾市、柳林县、石楼县、隰县、大宁县、乡宁县、临猗县、运城市、平陆县
	2—3	阳高县、兴县、临县、岚县、娄烦县、吕梁市、襄垣县、平顺县、安泽县
	3—4	天镇县、吉县、新绛县、壶关县
	>4	灵丘县、中阳县、屯留县、长子县、长治县
省外	<1	大同市、大同县、左云县、怀仁县、应县、偏关县、神池县、阳泉市、古交市、清徐县、吕梁市、永和县、灵石县、榆社县、武乡县、襄垣县、沁县、长治市、沁水县、阳城县、泽州县、晋城市、陵川县、曲沃县、侯马市、洪洞县、临汾市、襄汾县、蒲县、乡宁县、河津市、万荣县、临猗县、永济市、芮城县、平陆县、夏县
	1—2	天镇县、阳高县、右玉县、山阴县、朔州市、兴县、岢岚县、五寨县、宁武县、繁峙县、五台县、定襄县、原平市、忻州市、阳曲县、太原市、晋中市、太谷县、祁县、平遥县、介休市、沁源县、霍州市、古县、安泽县、浮山县、平定县、昔阳县、和顺县、黎城县、平顺县、潞城市、壶关县、高平市、娄烦县、交城县、汾阳市、交口县、石楼县、汾西县、稷山县、新绛县、绛县、闻喜县、垣曲县、运城市
	2—3	广灵县、灵丘县、浑源县、代县、盂县、寿阳县、左权县、长子县、长治县、保德县、柳林县、文水县、孝义市、隰县、大宁县
	3—4	河曲县、方山县、吉县、翼城县
	>4	静乐县、岚县、临县、中阳县、屯留县

资料来源：山西省人口普查办公室（2002）

　　通过对户籍在本县（市、区）的流动人口进行分析，发现增幅比率较高的地区，即增幅比率大于 3 的地区共有 18 个，主要集中于吕梁市域及周边地区、大同市域东部、长治市域；增幅比率 2—3 的地区共有 28 个，分布较为分散，主要集中于山西省的中南部；其余 61 个地区的增幅比率与全省平均水平相近，集中于 0—2，其中增幅低于全省平均水平的地区共有 16 个，主要分布于各地级市市区周边，与 2010 年山西省流动人口中心区位相符。可见，山西省来源于本县（市、区）的流动人口的空间集聚逐步向空间均衡方向发展，原本流动人口集聚程度较低的县（市、区）吸引本县（市、区）流动人口的能力逐步增强，原有流动人口中心吸引本县（市、区）流动人口的能力逐步下降。以太原市区和长治市区为例，2000 年太原市区吸引本县（市、区）流动人口总量为 40.86 万人，到 2010 年该数据下降到 35.28 万人，下降了 13.7%；2000 年长治市区吸引本县（市、区）流动人口总量达 6 万人，2010 年该数据下降为 5.35 万人，下降了 10.8%。

通过对户籍在本省其他县（市、区）的流动人口进行分析，发现与来源于本县（市、区）的流动人口增幅比率相比，其增幅比率相对集中，在 0—2 的地区共有 89 个，占全省总数的 83.18%，说明全省各地区来自本省其他县（市、区）流动人口扩张规模与全省平均水平基本相近，2000—2010 年，原有流动人口规模越大的地区吸引的流动人口数量越多，尤其是增幅比率大于 1 且原有流动人口规模较大的太原市区、晋中市区、临汾市区、运城市区和吕梁市区在这一时期吸引省内其他县（市、区）流动人口的能力尤为突出，共增加 68.62 万人，占全省净增加总量的 59.38%，说明这一时期山西省内其他县（市、区）流动人口主要呈现向人口规模大、城市等级高的地区集聚。

通过对户籍在省外的流动人口进行分析，发现全省吸引省外流动人口增幅比率低于 1 的有 37 个县（市、区），占全省的 34.6%，分布于省域南北两侧；大于 2 的有 24 个，占全省的 22.4%，集中于省域东西两侧；增幅比率在 1—2 的县（市、区）有 46 个，占全省比重的 43%，主要集中于山西省中部地区。增幅比率大于 1 的县（市、区）空间分布与山西省流动人口中心分布特征基本一致，说明来源于省外的流动人口与来源于本省其他县（市、区）流动人口一样均呈现向省内流动人口中心集聚的特征。

（三）与城市规模、性质的关联性分析

一般来说，城市规模越大，它与周围其他城市的相互作用就越大，当一个城市的人口和经济规模达到一定程度时，其对周围地区劳动力、资金、资源的吸引力不断提高，促进区域内生产要素向城市集聚，城市通过对资源进行优化配置，产生更高的经济效益，区域经济水平得以提高。城市规模可以通过人口规模和经济规模进行衡量，采用 2010 年各县（市、区）非农业人口与流动人口总量进行相关分析，相关系数高达 0.974；采用 2010 年各县（市、区）地区生产总值与流动人口总量进行相关分析，相关系数高达 0.937，说明流动人口的空间集聚与城市人口规模和经济规模密切相关，其中与城市的人口规模相关性更强。

按山西省内流动人口集聚中心的城市性质划分，主要分为综合型城市、

工矿资源型城市、"商贸—交通枢纽"型城市三种类型。太原市作为山西省省会，是太原经济圈和中部地区重要的中心城市，也是山西省范围内最典型的综合型城市，经济的迅速发展、医疗水平和公共设施的提高和完善吸引了大量外来人口进入城市，2010年太原市区共吸引流动人口130.87万人，占常住人口总量的38.17%；工矿资源型城市经济的快速发展导致大量外来劳动力聚集，如大同市、孝义市等煤炭及有色金属开采业的发展，大量吸引外来人口在此聚集，逐步形成流动人口的集聚中心；"商贸—交通枢纽"型城市以晋城市和侯马市为代表，晋城市是山西省重要的门户城市，吸引流动人口规模在地级市中位居前列，并呈现进一步扩大的趋势，侯马市是山西南部地区重要的交通枢纽，以吸引省内其他县（市、区）的流动人口为主。

（四）流动人口空间特征小结

1）研究时段内，山西省流动人口规模发展迅速，流动人口占总人口的比重提高了7.18个百分点，与全国平均水平的差距也在逐步缩小。其中地级以上城市在吸引流动人口集聚方面发挥着重要作用，符合我国快速城市化时期人口向城市集聚的特征。

2）利用流动人口区位商和人口多中心模型对山西省流动人口空间分布特征进行分析，流动人口中心由2000年的7个增加到2010年的11个，空间格局整体呈现"双核"型空间结构，2000年太原市区核心对山西省流动人口空间格局影响作用较强，到了2010年其影响力逐步减弱，中小城市逐步成为影响流动人口空间格局演变的新驱动力。

3）通过对流动人口来源结构进行分析，发现来源于本县（市、区）的流动人口仍然是山西省流动人口的主要构成，占流动人口总量的一半以上，来源于本省其他县（市、区）的流动人口规模扩张较快。来源于本县（市、区）的流动人口由空间集聚逐步向空间均衡方向发展，原本流动人口集聚程度较低的县（市、区）吸引本县（市、区）流动人口的能力逐步增强，原有流动人口中心吸引本县（市、区）流动人口的能力逐步下降；来源于省内其他县（市、区）和省外的流动人口主要呈现向人口规模大、城市等级高的地区集聚的特征。

4）从流动人口集聚的影响因素看，流动人口集聚与城市规模和城市性质密切相关。山西省流动人口规模与城市人口规模和城市经济规模均呈现较高的相关性，尤其是与城市人口规模的相关性更为显著；对流动人口集聚城市的性质进行分析，流动人口倾向于向综合型城市、工矿资源型城市和"商贸—交通枢纽"型城市集聚。

三、煤炭产业就业人口的空间分布与变化特征

（一）山西煤炭资源及煤炭企业的地理分布特征

山西省土地面积为 $15.67 \times 10^4 km^2$，其中，含煤面积 $5.7 \times 10^4 km^2$，占土地面积的36.4%。全省119个县（市、区）中，煤炭资源赋存丰富并已开采的有91个。山西省煤炭主要形成在石炭纪、二叠纪和侏罗纪，各煤田地质构造简单、煤层稳定、煤质优良，煤炭资源易于预测与控制。从空间分布来看，山西省煤炭资源主要集中分布于六大煤田。其中，沁水煤田的储量与产量最大，主要分布于晋中、晋东南等地区；其次为河东煤田，分布于晋西黄河沿岸地区；宁武煤田、大同煤田分布于晋北地区；西山煤田分布于晋中地区；霍西煤田主要分布于晋南地区。

按照生产能力对山西省煤炭工矿企业进行划分，2014年，山西煤炭企业小于100万t/年的企业共672个，100万—200万t/年的企业共225个，200万—500万t/年的企业有49个，大于500万t/年的企业有4个。从各企业所处的地理位置来看，山西省煤炭工矿企业的宏观格局与大型煤田的区域分布相吻合，这是由煤炭产业区位的原料地指向性的基本特性决定的。同时，煤炭工矿企业空间分布表现出明显的区域不均衡特征，企业数量与生产能力的区域差异十分明显。其根本原因在于区域的资源禀赋差异，如沁水煤田涉及的晋中、阳泉、长治、晋城等城市，是山西省煤炭工矿企业分布的密集区域，也是大型工矿企业，以及特大型工矿企业的主要布局区域。大同煤田的面积虽然较小，但是煤炭资源的储量相对较大，而且地质条件较好。因此，大同与朔州的煤矿企业数量相对较少，但大型与特大型工矿企业的数量较多，企业分布非常密集。霍西煤田主要涉及临汾、吕梁东部等城市。临汾市的煤炭工矿企业数量与生产能力均处于山西省11个地市的前列，是晋南煤炭工矿企业的密集布局区域。此外，宁武煤田主要涉及的是

忻州市, 河东煤田主要涉及的是吕梁西部城市, 也是煤炭工矿企业分布较多的区域。相对而言, 运城市属于少煤区, 煤炭工矿企业数量少, 规模普遍偏小。

(二)煤炭产业就业人口的空间格局与集聚特征

采用 1990 年、2000 年、2010 年人口普查数据资料, 以区域煤炭产业从业人员占全省煤炭产业从业人员的比重作为指标, 衡量山西省煤炭产业空间分布格局演变(表 4-11)。结果显示, 山西省煤炭产业总体空间分布不均衡, 空间集聚格局变化明显。

表 4-11　1990 年、2000 年、2010 年山西省煤炭产业就业人口格局表

年份	层级	县市
1990	< 0.1	万荣县、永济市、临猗县、芮城县、运城市、平陆县、稷山县、夏县、闻喜县、新绛县、侯马市、垣曲县、绛县、吉县、大宁县、永和县、石楼县、隰县、安泽县、沁县、平顺县、祁县、太谷县、榆社县、文水县、方山县、阳曲县、忻州市、定襄县、神池县、五寨县、岢岚县、天镇县、阳高县、大同县、广灵县、灵丘县、繁峙县、应县
	0.1—1	河津市、乡宁县、襄汾县、曲沃县、翼城县、沁水县、陵川县、壶关县、长子县、屯留县、浮山县、临汾市、蒲县、洪洞县、古县、汾西县、沁源县、黎城县、武乡县、平遥县、汾阳市、吕梁市、柳林县、中阳县、交口县、临县、兴县、保德县、河曲县、偏关县、宁武县、静乐县、岚县、娄烦县、交城县、交城县、清徐县、晋中市、寿阳县、昔阳县、和顺县、右玉县、山阴县、代县、五台县、浑源县
	1—3	阳城县、高平市、长治县、长治市、潞城市、襄垣县、介休市、灵石县、平定县、盂县、原平市、朔州市、左云县、怀仁县
	3—10	泽州县、晋城市、孝义市、霍州市、古交市、太原市
	> 10	大同市、阳泉市
2000	< 0.1	芮城县、临猗县、永济市、万荣县、稷山县、新绛县、侯马市、平陆县、夏县、闻喜县、绛县、吉县、大宁县、永和县、石楼县、隰县、沁县、平顺县、祁县、榆社县、太谷县、方山县、岚县、静乐县、阳曲县、岢岚县、五寨县、神池县、天镇县、阳高县、大同县、广灵县、应县
	0.1—1	运城市、垣曲县、河津市、乡宁县、襄汾县、曲沃县、翼城县、浮山县、古县、安泽县、屯留县、长子县、潞城市、壶关县、陵川县、黎城县、武乡县、沁源县、平遥县、蒲县、汾西县、交口县、中阳县、柳林县、吕梁市、汾阳市、文水县、交城县、清徐县、晋中市、和顺县、昔阳县、寿阳县、娄烦县、临县、兴县、保德县、河曲县、偏关县、右玉县、山阴县、代县、五台县、定襄县、忻州市、宁武县、灵丘县、浑源县、繁峙县、左权县

续表

年份	层级	县市
2000	1—3	阳城县、沁水县、晋城市、长治县、长治市、襄垣县、临汾市、洪洞县、霍州市、介休市、平定县、盂县、朔州市、原平市、左云县、怀仁县
	3—10	古交市、太原市、孝义市、灵石县、泽州县、高平市、阳泉市
	>10	大同市
2010	<0.1	芮城县、永济市、临猗县、万荣县、运城市、平陆县、夏县、闻喜县、新绛县、绛县、侯马市、曲沃县、吉县、大宁县、永和县、石楼县、隰县、汾西县、沁县、榆社县、太谷县、祁县、文水县、岚县、五寨县、岢岚县、神池县、偏关县、天镇县、阳高县、大同县、应县、阳曲县、忻州市、定襄县
	0.1—1	右玉县、左云县、山阴县、代县、五台县、繁峙县、浑源县、灵丘县、广灵县、临县、兴县、保德县、河曲县、宁武县、静乐县、娄烦县、交城县、方山县、吕梁市、中阳县、隰县、清徐县、平遥县、汾阳市、蒲县、武乡县、黎城县、左权县、和顺县、晋中市、潞城市、平顺县、壶关县、陵川县、临汾市、浮山县、古县、安泽县、襄汾县、翼城县、河津市、稷山县、垣曲县
	1—3	乡宁县、阳城县、沁水县、高平市、泽州县、长治县、长治市、屯留县、长子县、襄垣县、沁源县、介休市、灵石县、霍州市、洪洞县、柳林县、朔州市、原平市、盂县、平定县、昔阳县、寿阳县、怀仁县
	3—10	古交市、太原市、孝义市、阳泉市、晋城市
	>10	大同市

资料来源：山西省人口普查办公室等（1993）、山西省人口普查办公室（2002）、山西省统计局（2012a）

1990 年，山西省煤炭产业从业人员为 755 426 人，大同、阳泉、太原、晋城等市煤炭产业从业人员数量较多。其中，大同占比最高，达到 22.1%；太原作为山西省省会，占比也高达 7.4%。这一时期，煤炭产业主要集中布局于资源开发年代久远的历史性煤炭城市、山西能源基地建设工程重点布局的老工业城市。整体而言，这一时期，山西省煤炭产业空间格局处于"点"状发展阶段，空间极化现象明显。

到 2000 年，山西省煤炭产业从业人员为 788 290 人，较 1990 年增加32 864 人。煤炭产业空间分布格局较 1990 年也有所变化，大同、阳泉、太原、晋城等市仍然是主要集聚中心，但是各城市煤炭产业从业人员占全省比重显著减小。其中，大同占比下降到 14.2%；太原占比下降到 4.9%。煤炭产业从业人员占比在 1%—3%，以及 0.1%—1% 的城市数量增加明显。<0.1%的城市数量变动较小。这一时期，不但国有大中型工业企业煤炭开采范围扩

大，而且涌现出数量较大的、生产能力低于 30 万 t/ 年的小型煤矿。与此同时，资源开采枯竭导致一批工矿企业关停、倒闭。整体而言，这一时期，山西省煤炭产业分布呈现整体分散与局部集聚并存的特征，极化现象逐渐减弱，多中心空间格局开始形成。

2010 年，山西省煤炭产业从业人员为 948 680 人，较 2000 年增加 160 390 人。大同、阳泉、太原、晋城等老工业城市煤炭产业从业人员比重继续下降，但是下降幅度不大。其中，大同占比 12.7%、太原占比 4.7%。煤炭产业人员比重在 1%—3% 的城市数量明显增加，集中布局于以阳泉为核心的晋北地区，以晋城为核心的晋东南地区，以及介休、灵石等煤炭城市连片布局的晋中、晋西地区。这一时期，在国家转变经济发展方式战略的引导下，山西省煤炭资源进行大规模兼并整合，老工业城市的煤炭生产功能进一步弱化，新的产业中心逐步形成，多中心空间格局进一步强化，煤炭产业空间集聚趋向均衡化。

为了精确反映山西省煤炭产业就业人口空间集聚的时空动态过程，采用 1990 年、2000 年、2010 年人口普查数据，计算产业从业规模的基尼系数与集中度指数（表 4-12）。结果显示，1990 年、2000 年、2010 年山西省煤炭产业从业规模的基尼系数分别为 0.6804、0.6266、0.5984。可见，1990—2010 年，山西省煤炭产业就业人口的空间集聚程度在逐渐下降，而且下降幅度明显。集中度指数计算结果显示，煤炭产业从业人员份额最大的前 3 个城市、前 5 个城市、前 10 个城市的集中度指数均呈现下降趋势。其中，1990—2000 年，CR_3、CR_5、CR_{10} 分别降低 11.08 个百分点、12.42 个百分点、10.40 个百分点，2000—2010 年，CR_3、CR_5、CR_{10} 分别下降 2.64 个百分点、3.97 个百分点、5.61 个百分点。这表明，1990—2010 年，山西省煤炭产业就业人口的集聚程度逐渐减弱，就业人口布局呈现出扩散化趋势，且 20 世纪 90 年代煤炭产业扩散的程度较强，21 世纪初煤炭产业扩散程度减缓。进一步结合各城市煤炭产业就业人员集聚程度的排序进行分析，认为大同、阳泉、太原、晋城等大城市煤炭产业就业人口的区域地位逐渐减弱，孝义、古交、介休、灵石、柳林等中小城市逐渐成为煤炭产业就业人口集聚的重要中心。

表 4-12 山西省煤炭产业就业人口的基尼系数与集中度指数

年份	G	CR_3/%	CR_5/%	CR_{10}/%	CR_{10} 由高到低排序
1990	0.6804	39.62	49.37	63.35	大同、阳泉、太原、晋城、孝义、霍州、古交、灵石、长治、原平

续表

年份	G	CR_3/%	CR_5/%	CR_{10}/%	CR_{10} 由高到低排序
2000	0.6266	28.54	36.95	52.95	大同、阳泉、太原、晋城、孝义、古交、高平、灵石、左云、霍州
2010	0.5984	25.90	32.98	47.34	大同、阳泉、太原、孝义、古交、晋城、介休、高平、灵石、柳林

注：G 为基尼系数；CR_3 为煤炭产业从业人员份额最大的前三位城市的集中度指数；CR_5 为煤炭产业从业人员份额最大的前五位城市的集中度指数；CR_{10} 为煤炭产业从业人员份额最大的前十位城市的集中度指数

资料来源：山西省人口普查办公室等（1993）、山西省人口普查办公室（2002）、山西省统计局（2012a）

（三）煤炭产业人口空间演变模式及特征

通过分别对山西省 1990 年、2000 年和 2010 年煤炭产业就业人口规模进行空间插值分析发现，不同研究时段内，区域内均呈现煤炭产业高度集聚的热点区，并且热点区的空间格局变化显著。

1990 年，仅存在大同一个高度集聚的热点区，分别以阳泉、太原、孝义、晋城为核心的四个煤炭产业就业人口集聚中心开始形成，但是这些中心的集聚程度还很弱。2000 年，大同煤炭产业热点区的集聚程度逐步减弱，并且向周边地区辐射；阳泉煤炭产业就业人口热点区呈现集聚与扩散并存的特点，核心区煤炭产业就业人口集聚程度显著增强，并且向周边的忻州西部、晋中等区域扩散，形成晋东与晋中煤炭产业就业人口连片发展的格局；晋城煤炭产业就业人口热点区也呈现集聚与扩散并存的特点，形成晋东南煤炭产业连片发展格局；孝义、灵石、霍州等地区煤炭产业就业人口集聚程度也明显增强。

2010 年，大同煤炭产业就业人口热点区的集聚程度继续减弱，辐射范围进一步扩大；阳泉煤炭产业就业人口热点区的集聚程度继续增强，向周边的忻州西部、晋中等区域的扩散程度进一步增大；晋城煤炭产业就业人口热点区也呈现继续增强的态势，并逐步向北扩散；孝义、灵石、霍州等地区的煤炭产业就业人口集聚区逐渐向周边扩散，与晋西、晋东南、晋中等地区形成连片发展态势。

整体而言，1990—2010 年，山西省煤炭产业就业人口空间布局呈现出由单核心结构向多核心结构的演变过程，空间上表现为由点状集聚拓展为面状集聚的演变轨迹。煤炭产业的空间布局与煤田的区域分布逐步趋向吻合。由于煤田的分布呈现片状，故煤炭产业就业人口的空间扩张一般是蔓延式的扩散模式。

进一步采用概率累积分布方法分析 1990 年、2000 年、2010 年山西省各城市煤炭产业就业人口的集聚特征及发展趋势。首先，分别计算各研究时段内山西省各城市的煤炭产业从业人员比重，并将计算结果进行升序排列，据此得出煤炭产业从业人员比重的累积分布结果。然后，将煤炭产业从业人员比重高于平均值的城市，按照≥95%、85%—95%、70%—95%、50%—70%划分为 4 个层级（表 4-13）。结果表明，1990—2010 年，山西省煤炭产业就业人口主要集中在从业人员比重高于平均值的城市，各层级产业人员规模呈现倒金字塔结构。

表 4-13　1990 年、2000 年、2010 年山西省煤炭产业各层级城市从业人员比重变化（%）

年份	≥95	85—95	70—85	50—70
1990	43.59	24.68	21.96	5.27
2000	37.21	21.01	17.27	18.88
2010	33.72	20.65	19.67	18.15

资料来源：山西省人口普查办公室等（1993）、山西省人口普查办公室（2002）、山西省统计局（2012a）

纵向对比 1990 年、2000 年、2010 年各层级城市比重的变化，可以看出≥95% 的高层级城市的比重下降明显，85%—95% 的层级城市的比重也呈现下降趋势，70%—85% 的层级城市的比重呈现波动性，50%—70% 的层级城市的比重呈现波动上升趋势。这表明，1990—2010 年，山西省煤炭产业就业的空间扩散趋势明显，煤炭产业就业人口主要向低层级城市集中。横向对比各层级城市比重变化可以看出，1990 年各层级城市比重的差距明显，2000 年与 2010 年的差距逐渐减小，表明煤炭产业人口空间分布趋向分散化。

四、不同主体功能区人口与经济集中动态

主体功能区是基于不同区域的资源环境承载力、现有开发密度和发展潜力等，将特定区域确定为具有特定主体功能定位类型的一种空间单元。其核心是根据区域主体功能，将国土空间划分为优化开发、重点开发、限制开发、禁止开发四类主体功能区，实施不同的开发策略。推进形成主体功能区，就

是要统筹谋划人口分布、经济布局、国土利用和城市化格局，根据不同区域的主体功能，明确开发方向，完善开发政策，控制开发强度，规范开发秩序，逐步形成人口、经济、资源环境相协调的国土空间开发格局（马凯，2011）。在宏观区域层面，人口与产业集聚方向、过程等要与主体功能区划相协调，符合主体功能区定位和要求，与区域主体功能定位和承载能力相协调。

山西省自然、资源、人口、经济与生态环境存在明显的区域差异，这种差异首先表现为条带状纵列的中、东、西三大地带的差异。根据山西三大地带的分布特征，山西省城市化与新型工业化地域主要分布在中部地带的太原、忻定、临汾、运城、长治、大同六大盆地区，是山西省城镇、人口与经济分布最为集中的地区。农业发展地域由汾河平原农产品主产区、桑干河流域河谷盆地区等组成，是山西省农业发展条件良好的地域。生态功能区主要分布于东西部地带，是山西省环境脆弱、生态失衡的地区。资源开发区有晋北、晋中和晋东煤炭基地，多与生态功能区重叠。

根据《山西省主体功能区规划》，共有39个县（市、区）被列为重点开发区域，从属太原都市圈的国家级重点开发区17个县市，省级重点开发区4个。其余三大城镇群共有省级重点开发区18个（表4-14），其中晋南城镇群的临汾、运城两市拥有7个省级重点开发区。从分析结果看，省级重点开发区的划定为晋南城镇群的快速发展提供了有利条件。

表4-14 山西省主体功能区划

立体功能区		县（市、区）
重点开发区	国家级	太原市：杏花岭区、小店区、迎泽区、尖草坪区、万柏林区、晋源区、古交市、清徐县、阳曲县 晋中市：榆次区、介休市、平遥县 忻州市：忻府区 吕梁市：孝义市、汾阳市、文水县、交城县
	省级	四个省级重点开发区域 吕梁市：离石区 阳泉市：城区、矿区、郊区 三大城镇群重点开发区域 大同市城区、矿区、南郊区、新荣区、大同县 朔州市：朔城区 运城市：盐湖区、闻喜县、河津市、永济市 临汾市：尧都区、侯马市、襄汾县 长治市：城区、郊区、潞城市、长治县 晋城市城区

续表

立体功能区		县（市、区）
限制开发重点生态功能区	国家级	忻州市：神池县、五寨县、岢岚县、河曲县、保德县、偏关县 临汾市：吉县、乡宁县、蒲县、大宁县、永和县、隰县、汾西县 吕梁市：兴县、临县、柳林县、石楼县、中阳县
	省级	太原市：娄烦县 大同市：灵丘县、左云县 阳泉市：盂县 长治市：平顺县、黎城县、壶关县、沁源县 晋城市：沁水县、阳城县、陵川县 朔州市：平鲁区、右玉县 晋中市：左权县、和顺县、灵石县、榆社县 运城市：平陆县、垣曲县 忻州市：五台县、繁峙县、宁武县、静乐县 临汾市：古县、安泽县 吕梁市：岚县、方山县、交口县
限制开发农产品主产区	国家级	长治市：屯留县、长子县、襄垣县、沁县 晋城市：高平市、泽州县 晋中市：太谷县、昔阳县、寿阳县、祁县 运城市：芮城县、临猗县、万荣县、新绛县、稷山县、夏县、绛县 临汾市：霍州市、曲沃县、翼城县、洪洞县、浮山县
	省级	大同市：阳高县、天镇县、广灵县、浑源县 阳泉市：平定县 长治市：武乡县 朔州市：山阴县、应县、怀仁县 忻州市：原平市、定襄县、代县

资料来源：根据山西省人民政府印发的《山西省主体功能区规划》（晋政发〔2014〕9号）区划资料整理

　　限制开发区分为农产品主产区的限制开发区和重点生态功能区的限制开发区，二者共同构成山西省主体功能区划的限制开发区，占省域面积的79.85%。其中，限制开发的农产品主产区占省域面积的28.65%，限制开发的重点生态功能区占省域面积的51.2%。限制开发的农产品主产区中，国家级的有22个、省级的有12个，基本集中分布在山西省的粮食主产区（晋南、晋中、晋东南等地）。这些地区的县级单元在上述分析中表现出了城市化水平多位于中级城市化水平，但是相互间差距较大。从一个侧面反映出主体功能区规划对各地城市化发展带来的影响。限制开发的重点生态功能区中，国家级的有18个、省级有28个。其中，国家级限制开发的重点生态功能区集中于忻州、临汾、吕梁，基本涵盖了汾河、黄河沿线，突出了对流域生态的重视。而省级限制开发的重点生态功能区则较为均匀地分布在全省范围。

山西省主体功能区人口与经济发展基本情况如表 4-15 所示。

表 4-15　山西省主体功能区人口与经济发展基本情况

项目				单位	重点开发区		限制开发区			
							重点生态功能区		农产品主产区	
					国家级	省级	国家级	省级	国家级	省级
人口	总人口	2000 年	数值	万人	652.66	816.44	278.01	523.14	715.85	312.75
			比重	%	20.09	25.13	8.56	16.10	22.03	9.63
		2005 年	数值	万人	671.38	862.50	290.18	538.92	739.71	323.46
			比重	%	20.01	25.71	8.65	16.06	22.05	9.64
		2010 年	数值	万人	772.81	952.74	297.44	540.65	745.15	334.16
			比重	%	21.65	26.69	8.33	15.14	20.87	9.36
		2015 年	数值	万人	793.91	977.90	305.33	552.26	762.50	342.16
			比重	%	21.63	26.64	8.32	15.05	20.78	9.32
	城镇人口	2000 年	数值	万人	392.74	397.81	46.78	108.49	133.18	74.20
			比重	%	34.35	34.79	4.09	9.49	11.65	6.49
		2005 年	数值	万人	429.13	504.04	72.47	138.55	192.52	97.94
			比重	%	30.43	35.75	5.14	9.83	13.65	6.95
		2010 年	数值	万人	519.34	597.47	93.54	174.75	245.45	114.33
			比重	%	30.21	34.76	5.44	10.16	14.28	6.65
		2015 年	数值	万人	570.23	671.49	122.37	224.47	315.88	145.11
			比重	%	28.23	33.24	6.06	11.11	15.64	7.18
地区生产总值		2005 年	数值	亿元	1257	1349	243	449	644	204
			比重	%	30.07	32.28	5.82	10.75	15.43	4.9
		2010 年	数值	亿元	2673	2640	558	1261	1483	556
			比重	%	29.09	28.72	6.08	13.72	16.13	6.05
		2015 年	数值	亿元	3556	3320	685	1680	2002	842
			比重	%	29.93	27.95	5.77	14.15	16.85	7.09
第二产业产值		2005 年	数值	亿元	651	728	159	272	365	95
			比重	%	28.68	32.07	7.00	11.98	16.08	4.19
		2010 年	数值	亿元	1309	1221	389	837	894	270
			比重	%	26.61	24.82	7.91	17.01	18.17	5.49

续表

项目			单位	重点开发区		限制开发区			
						重点生态功能区		农产品主产区	
				国家级	省级	国家级	省级	国家级	省级
第二产业产值	2015年	数值	亿元	1453	1477	392	960	1003	374
		比重	%	25.68	26.10	6.93	16.96	17.72	6.61
第三产业产值	2005年	数值	亿元	559	466	68	128	188	75
		比重	%	37.67	31.40	4.58	8.63	12.67	5.05
	2010年	数值	亿元	1165	1010	125	351	400	220
		比重	%	35.62	30.88	3.82	10.73	12.23	6.73
	2015年	数值	亿元	1985	1702	239	611	712	377
		比重	%	35.28	30.25	4.25	10.86	12.66	6.70

资料来源：山西省统计局（2002，2007，2012b，2017）

重点开发区：山西省国家级重点开发区与省级重点开发区的发展趋势相似，总人口在数量上和比重上均呈上升趋势，城镇人口在数量上增加，但在比重方面呈下降趋势，该现象表明山西省人口总体向重点开发区集聚，但是在城镇人口转化方面速度较慢。从经济水平变化看，国家级重点开发区和省级重点开发区的地区生产总值不断提升，但是从比重来看，国家级重点开发区稳定在30%左右，省级重点开发区的比重则从2005年的32.28%下降至2015年的27.95%。从产业结构变化方面分析，国家重点开发区与省级重点开发区的第二产业和第三产业产值均不断提升，但是二者比重不断下降，第三产业产值比重下降幅度小于第二产业，国家级重点开发区第三产业产值的比重在"十二五"期间降幅微小。

限制开发区：在人口变化方面，国家级重点生态功能区与省级重点生态功能区的总人口与城镇人口数量均不断提升，其中省级重点生态功能区人口增量大于国家级重点生态功能区，二者的总人口增量均小于其城镇人口增量，且二者总人口的比重均呈下降趋势，城镇人口比重则有一定的提高，表明该区域人口总量增速减缓，人口存在向本区域城镇集中的趋势，符合本区域重点生态功能区的发展要求。在经济水平变化方面，国家级重点生态功能区经济水平增量较少、比重下降；省级重点生态功能区经济水平增量较大，从2005年的449亿元增至2015年的1680亿元，比重也从2005年的10.75%增至2015年的14.15%。在产业结构变化方面，国家级重点生态功能区与省级重点生态功能区第二产业产值均不断提高，主要集中在"十一五"期间，"十二五"时期二者增速放缓，比重呈现略微下降。从第三产业产值来看，二者均有较大提升，其中国家级重点生态功能区在"十一五"期间比重下降至3.82%，在"十二五"期间回升至4.25%，省级重点生态功能区则在"十二五"时期增速放缓，比重仅上涨0.13个百分点，达到10.86%。

限制开发区中农产品主产区的变化情况：人口变化方面，国家级农产品主产区与省级农产品主产区总人口数量增幅均较小，其中国家级农产品主产区总人口比重下降了1.25个百分点，降至20.78%；省级农产品主产区总人口比重仅下降0.31个百分点，降至9.32%。在城镇人口方面，二者在数量与比重上均呈增长趋势，其中国家级农产品主产区在城镇人口增量与比重增幅上均高于省级农产品主产区。在经济水平方面，二者在地区生产总值总量和比重方面均不断提高，且增速较为稳定。产业结构方面，二者在第二、三产业产值方面均有提高，其中国家级农产品主产区第二产业产值比重在"十二五"期间下降0.45个百分点，第三产业产值比重在"十一五"期间出现下降，"十二五"期间有所回升，达到12.66%。省级农产品主产区的第二产业保持较为稳定的增长，第三产业产值比重在"十二五"期间有微小下降。

总体分析，2000—2015年，山西省不同主体功能区人口与经济集中动态的主要特征如下：①根据主体功能区建设要求，应促进人口、产业向重点开发区集聚，适度降低限制开发区的人口与经济承载压力。通过对不同类型主体功能区人口城市化与经济增长进行分析，山西省国家级重点开发区人口规模增速最快，省级限制开发区的重点生态功能区增速最慢，总人口增长基本符合主体功能区建设导向，但城镇人口变动表现出相反的趋势，区域城市化空间发展态势并不符合主体功能区建设的政策导向。限制开发区的省级农产品主产区经济水平增速最快，省级重点开发区则最慢，经济发展空间趋势与主体功能区政策导向也存在空间上的偏差。②城市化与新型工业化地域城镇人口所占比重持续下降，农业发展区、生态功能区和资源开发区的城镇人口的集聚效应开始显现，城市化水平年均增长率以城市化与新型工业化地域增幅最小，而资源开发区城市化增幅最大，生态功能区和农业发展地域城市化增幅次之。③经济总体集聚程度较高，布局分散化特征明显。城市化与新型工业化地域经济总体集聚程度较高，但所占比重有下降趋势，而农业发展区、生态功能区有较大增长，经济布局分散化特征明显。

第五章 煤炭资源型区域城镇村体系特征及演进：基于省域与县市两个层面的考察

一、城镇体系结构特征及演进：以山西省为例

山西省作为典型的煤炭资源型省份，中华人民共和国成立以后，伴随着资源开发和资源型经济的发展，在工业化的推动下走出了一条以资源型产业推动为主的速生型城市化发展道路。以大中型工业投资项目为重点，进行了大规模的经济建设，有力促进了城市、工矿区的发展和城镇人口的快速增长，城镇数量逐步增多，各级城镇得到较快发展，设市城市数量由 2 个发展到 22 个，建制镇数量由 63 个发展到 564 个，逐步建立起具有明显资源型特征的城镇体系。

（一）城镇规模分布及演进特征

城镇人口规模分布反映了不同规模等级城镇的结构状况，其基本形式、分布特征与区域经济发展阶段和区域基础密切相关。根据城镇体系规模结构演进的一般规律，区域城镇体系规模结构演进遵循"均衡—集中—分散"的规律，即均衡型结构—首位型结构—位序规模分布结构演进。

由于城市人口统计口径多变，根据现有资料，本章采取不同的可比城镇人口口径来分析人口规模结构的变动。2000 年以前，采用城市市区非农业人口作为主要指标分析设市城市的人口规模演变；2000 年以后，则采用城镇驻地人口口径分析所有城镇（包括设市城市、县城、一般建制镇）规模结构的变动。

以城市市区非农业人口为统计口径，统计 1949—1998 年各主要年份设市城市人口规模结构（表 5-1）。

表 5-1　山西省不同规模等级城市人口变化情况

年份	1949			1958			1982			1990			1998		
项目	城市数/个	占城市总数/%	占城市人口/%	城市数/个	占城市总数/%	占城市人口/%	城市数/个	占城市总数/%	占城市人口/%	城市数/个	占城市总数/%	占城市人口/%	城市数/个	占城市总数/%	占城市人口/%
>100 万							1	14.3	46.6	1	7.7	38.4	1	4.5	31.2
50 万—100 万				1	20	57.2	1	14.3	22.1	1	7.7	19.2	1	4.5	16.3
20 万—50 万				1	20	21.1	2	28.6	18.9	2	15.4	16.3	5	22.7	27.1
<20 万	2	100	100	3	60	21.7	3	42.9	12.4	9	69.2	26.1	15	68.2	25.4
合计	2	100	100	5	100	100	7	100	100	13	100	100	22	100	100

资料来源：《山西省城镇体系规划研究》编委会（2005）

　　由表 5-1 可见，1949—1982 年是山西省城镇体系格局基本形成阶段。截至 1982 年，山西省仅有设市城市 7 个，但特大、大、中、小完整的城市体系已基本形成。1949—1982 年，大中城市无论是数量还是在城市人口中的比重均呈上升趋势，在城市体系中的地位得到加强。这一时期，在国家优先发展重工业的政策指导下，山西省作为国家 156 项重点工程布局的地区之一，大型工矿项目与重化工业项目建设有力促进了城镇、工矿区的发展，城镇人口快速增长，由于当时的工矿项目建设紧紧依托具有一定基础的城市展开，故促进了区域中心城市的成长，初步形成以晋中太原、雁北大同、晋东阳泉、晋东南长治、晋南侯马为中心的城市分布格局。

　　1982—1998 年是山西能源基地建设快速推进阶段。按照能源重化工基地的总体部署，以重点工矿项目建设为契机，矿产资源得到强力开发，朔州、晋城、古交、潞城、河津、高平等一批工矿城市迅速崛起。同时，农村经济不断发展，大量农村剩余劳动力转向非农产业，资源型乡镇企业的快速发展，推动了小城市和小城镇的迅速发展。国家城镇发展政策调整降低了市镇设置标准，实施了撤县设市的新模式。这一期间，全省新设城市 15 个，城市数量增加了 2.1 倍，建制镇数量增加了 10.1 倍，是形成城市数量扩张最为迅速的时期。在这一背景下，城市规模等级变动，显示出了与 1982 年以前不同的演进特征，规模结构逐步走向分散。大城市与特大城市数量没有增加，在城市非农业总人口中所占比重分别由 1982 年的 22.1%、46.6% 下降到 1998 年的 16.3%、31.2%，远大于全国同期同级城市的下降幅度；中等城市增长缓慢，仅增长 3 个，在城市人口中所占比重有所上升；小城市无论在数量还是在城市人口中所占的比重均大幅增长，地位不断提高。

随着改革开放的深入发展，基于资源开发而形成城镇发展快速推进机制，20世纪90年代末城镇发展已日益显示出局限性：一是90年代中期以来，山西省能源、原材料工业的发展步入相对稳定时期，城市工业部门吸纳劳动力的能力逐步下降，原有城市化的拉力有弱化的趋势；二是改革开放以来，以资源开发和初级加工工业为主迅速发展起来的农村乡镇企业逐渐陷入困境，原有城市化的推力也有弱化趋势，但是城市规模结构分散化的趋势并未改变。根据城镇驻地人口口径，2000—2015年，各主要年份不同规模等级城镇人口占城镇总人口比重如表5-2所示。

表5-2　各年份山西省不同规模等级城镇人口占城镇总人口比重　（%）

年份	2000	2005	2010	2015
≥300万人	0	0	15.97	16.93
100万—300万人	23.9	21.17	6.90	7.60
50万—100万人	4.5	11.06	7.13	14.04
20万—50万人	15.8	18.91	15.42	21.59
≤20万人	55.8	48.86	54.58	39.64

资料来源：相关年份《山西统计年鉴》、山西城市建设统计年报数据

山西省城镇人口规模分级中人口规模大于100万人的大城市的数量逐渐增加，但其所吸纳的城镇人口比重在下降；中等城市、小城市、小城镇所吸纳的城镇人口比重在上升（表5-2），中小城市（镇）取得了长足的发展，特别是小城市和县城对农村人口转移的吸引力逐步提升，已成为吸纳新增城镇人口的主体。2010年至2015年，山西省96个市、县新增城镇人口232万人，占全省新增城镇人口的77.6%，城镇人口占全省的比重由2010年的49.7%提高到2015年的53.9%。

城市体系等级规模分布的理论模型（许学强等，2009）：

$$\ln P_r = \ln P_1 - q \ln r \tag{5-1}$$

式中，r 为某城市在城市系统中的位序；P_r 为位序为 r 的城市人口规模；P_1 为在理论上的首位城市人口；q 为齐夫指数，其大小用以衡量城市规模分布的均衡程度，表示城市体系的不同结构。$q=1$，说明体系内各级城市的规模为首位城市规模自然序列倒数的倍数，符合位序规模分布特征；$q>1$，直线斜率较大，说明规模分布比较集中，大城市很突出，而中小城市不够发育，首位度较高，为首位型分布；$q<1$，说明城市人口比较分散，高位次城市规

模不很突出，中小城市比较发育，为次位型分布。

依据 2000 年、2005 年、2010 年和 2015 年山西省各市、县的城镇人口数据，按人口规模排序，绘制位序—规模的双对数坐标图，并用普通最小二乘（ordinary least square，OLS）线性方程对坐标图中的点列进行线性回归。结果显示（图 5-1），各年回归的相关系数都很高，规模分布符合位序—规模分布类型；高位序城镇人口在不断增加，但增长速度在下降；斜率在不断减小，城镇人口规模分布呈现日益分散趋势。2015 年，$q=0.8969<1$，表明高位次城市规模不很突出，中小城市比较发育，城市人口比较分散，更接近于次位型分布类型。

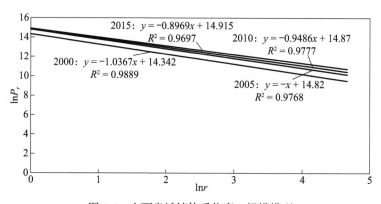

图 5-1　山西省城镇体系位序—规模模型

资料来源：相关年份《山西统计年鉴》、山西城市建设统计年报数据

按照 2014 年国务院颁布的新的城市规模划分标准，2015 年，山西省尚缺乏超大、特大城市规模等级的城市。由表 5-3 可知，太原市城镇人口 329 万人，属于 I 型大城市；大同市城镇人口 148 万人，属于 II 型大城市，有晋城、长治、临汾、阳泉 4 个中等城市，其余 14 个城市为小城市，缺乏在全国具有较强竞争力和影响力的特大城市。区域性中心城市规模偏小，集聚能力和经济辐射能力较弱，"小马拉大车"问题仍十分突出。

表 5-3　山西省城镇规模等级分布

层级	县（市）
<10 万人	平陆县、曲沃县、永和县、大宁县、吉县、乡宁县、隰县、汾西县、古县、安泽县、浮山县、蒲县、沁水县、陵川县、壶关县、平顺县、屯留县、沁县、沁源县、武乡县、黎城县、左权县、榆社县、祁县、寿阳县、昔阳县、和顺县、清徐县、阳曲县、娄烦县、石楼县、交口县、中阳县、方山县、岚县、偏关县、河曲县、保德县、神池县、五寨县、岢岚县、宁武县、静乐县、代县、五台县、定襄县、繁峙县、右玉县、左云县、天镇县、阳高县、大同县、广灵县、灵丘县

续表

层级	县（市）
10万—20万人	霍州市、翼城县、侯马市、芮城县、万荣县、稷山县、新绛县、绛县、垣曲县、夏县、闻喜县、襄汾县、阳城县、长治县、长子县、襄垣县、潞城市、灵石县、太谷县、古交市、兴县、临县、柳林县、汾阳市、文水县、盂县、平定县、山阴县、怀仁县、应县、浑源县
20万—50万人	洪洞县、永济市、临猗县、河津市、运城市、高平市、平遥县、介休市、晋中市、孝义市、吕梁市、原平市、忻州市、朔州市
50万—100万人	临汾市、晋城市、长治市、阳泉市
100万—300万人	大同市
>300万人	太原市

资料来源：山西省统计局（2017）、2015年山西城市建设统计年报数据

（二）城镇职能类型及组合特征

城镇职能类型的结构，是形成外部整体统一、内部分工协作的高水平城镇体系的重要因素。山西省作为资源型区域，工矿开发在城市形成发展中扮演着十分重要的角色，城市经济活动的资源型色彩十分浓厚，城镇体系职能组合具有鲜明的资源型经济特色。

城镇经济职能类型以工矿城市为主。周一星和孙则昕（1997）利用1990年城市市区就业资料，对全国465个城市工业职能的分类进行研究，结果显示，1990年，在山西省13个城市中，高度专业化的采掘工业城市和采掘业占重要地位的城市有晋城、朔州、古交、霍州、大同、阳泉、长治7个，其中前6个为十分典型的煤炭工业城市。在1991年后的新设城市中，孝义、高平、原平、介休、河津、潞城等均为典型的工矿城市。

国家计委宏观经济研究院课题组（2002）根据1996年所有城市和2000年地级城市的分行业从业资料，对我国资源型城市进行了界定与分类，结果显示，我国共有资源型城市118个，约占全国城市数量的18%，其中的60个为典型资源型城市。山西省资源型城市包括大同、阳泉、长治、晋城、朔州、古交、霍州、孝义、介休、高平、原平11个，在各省区市中仅次于黑龙江省。在一般分类基础上，根据采掘业产值占工业总产值的比重、采掘业产值、采掘业从业人员占全部从业人员的比重、采掘业从业人数4个指标，界定了典型资源型城市，共计60个。在这60个典型资源型城市中，山西省最多，有8个，即大同、阳泉、晋城、朔州、古交、霍州、孝义、介休。

根据国务院《全国资源型城市可持续发展规划（2013—2020年）》，山西省共有资源型城市13个，包括大同、朔州、阳泉、长治、晋城、忻州、晋中、临汾、运城、吕梁10个地级市，古交、霍州、孝义3个县级市。全省11个地级市中仅省会城市太原不属于资源型城市。

由上述几个分类结果可见，从1990年到2000年再到2010年，尽管利用了不同时期的资料，但是分类结果显示，山西城市体系以工矿城市为主导的职能结构一直未有大的变化。

揭示城市职能体系的基本特征，需从职能层次、职能规模、职能强度三个方面出发（张复明和郭文炯，1999）。本节借鉴城市职能分类的"城市职能三要素"的理论（周一星和孙则昕，1997），考虑实际应用中的可操作性和方便性，参照相关研究方法，用区位商、职能规模、职能强度三个指标进一步分析山西省11个设区城市是区域性中心城市的职能特征。区位商可判定城市的基本职能部门或专门化部门：

$$LQ_i = (E_i/E)/(N_i/N) \tag{5-2}$$

式中，LQ_i 为研究区域第 i 种经济活动的区位商；E_i 为研究区域第 i 种经济活动水平；E 为研究区域全部经济活动水平；N_i 为整个区域体系第 i 种经济活动水平；N 为区域体系总的经济活动水平。

如果城市第 i 种经济活动在某一空间尺度范围内（如省域或全国）区位商大于1，则该部门为相应地域空间尺度的基本职能部门。

职能规模是城市职能的主要量态特征，反映了职能部门中活动的绝对规模。计算公式如下：

$$S_i = \begin{cases} 0 & , 若 LQ_i \leqslant 1 \\ (E_i/E - N_i/N)\,E = (1-1/LQ_i)\,E_i & , 若 LQ_i > 1 \end{cases} \tag{5-3}$$

式中，S_i 为研究区域第 i 部门的职能规模。

职能强度主要用于城市之间职能的比较和职能类型的划分，反映城市职能部门的专业化程度，可用职能规模与职能部门规模之比例来界定，计算公式如下：

$$P_i = S_i/E_i \tag{5-4}$$

式中，P_i 为研究区域第 i 部门的职能强度。

采用山西省"六普"人口就业数据，以全国为参照区，计算山西省11个设区城市3项指标，如表5-4、表5-5、表5-6所示。

表 5-4　山西省设区城市就业区位商（2015 年）

城市	农林牧渔服务业	建筑业	交通运输仓储和邮政业	公共管理和社会组织	采矿业	制造业	商业	科技	文卫	服务业	金融房地产业
太原	0.434	1.453	1.537	0.585	0.514	1.167	1.024	1.258	0.982	1.181	0.675
大同	1.091	0.354	0.543	0.987	2.318	0.681	0.734	0.521	0.784	0.822	0.770
阳泉	0.147	0.880	0.421	0.882	2.331	0.674	0.734	0.405	0.527	0.630	0.575
长治	1.395	0.736	0.799	1.371	0.179	1.505	0.824	0.914	1.695	1.116	1.766
晋城	0.347	0.638	0.533	0.471	1.888	1.408	0.761	0.393	0.483	0.581	0.914
朔州	7.353	0.987	0.402	1.845	1.406	0.293	1.296	0.676	0.840	0.907	1.330
晋中	1.262	0.985	0.807	1.285	0.191	0.765	0.916	1.437	1.049	1.152	3.358
运城	0	0.374	0.617	2.031	0	1.504	1.679	1.374	1.869	0.685	1.454
忻州	3.855	0.854	1.191	1.645	0.028	0.714	2.049	1.411	1.478	1.741	1.489
临汾	1.618	0.676	0.754	2.264	0.223	0.750	1.096	1.604	2.004	1.172	1.391
吕梁	0.369	0.637	0.438	3.677	0.643	0.072	1.444	1.504	1.287	0.559	1.292

资料来源：山西省统计局（2017）

表 5-5　山西省设区城市分行业职能规模（2015 年）

城市	农林牧渔服务业	建筑业	交通运输仓储和邮政业	公共管理和社会组织	采矿业	制造业	商业	科技	文卫	服务业	金融房地产业
太原	0	5.221	4.662	0	0	2.669	0.107	1.245	0	0.774	0
大同	0.005	0	0	0	7.603	0	0	0	0	0	0
阳泉	0	0	0	0	5.037	0	0	0	0	0	0
长治	0.010	0	0	0.447	0	1.065	0	0	0.507	0.066	0.632
晋城	0	0	0	0	3.009	1.236	0	0	0	0	0
朔州	0.117	0	0	0.776	0.730	0	0.133	0	0	0	0.207
晋中	0.005	0	0	0.275	0	0	0	0.224	0.029	0.069	1.563
运城	0	0	0	0.857	0	0.733	0.276	0.165	0.437	0	0.258
忻州	0.036	0	0.115	0.409	0	0	0.326	0.138	0.184	0.221	0.212
临汾	0.009	0	0	0.894	0	0	0.033	0.227	0.430	0.057	0.190
吕梁	0	0	0	1.306	0	0	0.106	0.130	0.085	0.000	0.098
均值	0.017	0.475	0.434	0.451	1.489	0.518	0.088	0.194	0.152	0.108	0.287

资料来源：山西省统计局（2017）

表 5-6 山西省设区城市分行业职能强度（2015 年）

城市	农林牧渔服务业	建筑业	交通运输仓储和邮政业	公共管理和社会组织	采矿业	制造业	商业	科技	文卫	服务业	金融房地产业
太原	0	0.312	0.350	0	0	0.143	0.024	0.205	0	0.153	0
大同	0.083	0	0	0	0.569	0	0	0	0	0	0
阳泉	0	0	0	0	0.571	0	0	0	0	0	0
长治	0.283	0	0	0.271	0	0.336	0	0	0.410	0.104	0.434
晋城	0	0	0	0	0.470	0.290	0	0	0	0	0
朔州	0.864	0	0.458	0.289	0	0	0.228	0	0	0	0.248
晋中	0.207	0	0	0.222	0	0	0	0.304	0.047	0.132	0.702
运城		0	0	0.508	0	0.335	0.404	0.272	0.465	0	0.312
忻州	0.741	0	0.160	0.392	0	0	0.512	0.291	0.323	0.426	0.328
临汾	0.382	0	0	0.558	0	0	0.087	0.377	0.501	0.147	0.281
吕梁	0	0	0	0.728	0	0	0.307	0.335	0.223	0	0.226
均值	0.256	0.028	0.046	0.285	0.190	0.100	0.142	0.162	0.179	0.087	0.230

资料来源：山西省统计局（2017）

通过三要素指数对山西区域性中心城市职能的测算，可以发现以下几点。

1）城市采掘业职能突出，而制造业职能薄弱。11 个城市中有 6 个城市的采掘业为专门化部门，且大同、晋城、阳泉、太原采矿业职能强度均很高，而包括省会太原市在内，没有一个城市在全国层面上制造业区位商大于 1，均为非基本职能部门，凸显了作为能源重化工基地其采掘业在城市经济中的地位。

2）城市职能形成一定分工，但除采掘业职能，其他职能的职能规模和强度均偏弱。在全国层面，省会太原市有采矿业、建筑业、科技、文卫、服务业、公共管理和社会组织 6 个职能部门为基本职能部门，呈现出综合性城市职能特征。其中，采矿业、建筑业、科技、文卫职能强度较高；长治、晋中、运城、临汾、忻州、吕梁等城市呈现出以第三产业为主导的综合性城市职能，大同、阳泉、晋城、朔州城市职能单一的特征依然突出。这些专业化强度高的城市，城市职能过多地集中于采掘业职能产业，城市的一般职能不突出。

3）城市职能体系不完善，突出表现在以下方面：城市制造业职能薄弱，科技、文卫、服务业、金融房地产业职能普遍较弱，即在综合性较强的城市中，这些部门为基本职能部门，但职能规模和强度均较小。

上述方法主要揭示的是山西省城市在全国城市体系中的职能分工情况。为揭示全省各城市及县城在山西城镇体系中的职能构成情况，本书采用山西省"六普"人口就业数据，根据各行业的就业比重和就业密度，通过主成分分析方法揭示各市辖区、县（县级市）的就业结构特征。在此基础上，将地理单元临近的区域进行聚类分析，对山西省城镇体系的经济职能结构进行类型划分。结果表明，按照山西省各城镇在全省的分工，可分为6种经济职能类型，即生产性服务业和制造业主导型、采矿业和一般性服务业主导型、资源型制造业和一般性服务业主导型、采矿业主导型、制造业主导型、农业主导型（表5-7）。

表5-7 山西省城镇职能类型划分（2010年）

城市职能类型	城镇名称
生产性服务业和制造业主导型	太原市
资源型制造业和一般性服务业主导型	运城市、临汾市、侯马市、晋中市、忻州市、长治市
采矿业和一般性服务业主导型	大同市、怀仁县、朔州市、阳泉市、吕梁市、介休市、霍州市、晋城市
制造业主导型	应县、定襄县、清徐县、太谷县、榆社县、祁县、平遥县、汾阳市、孝义市、交口县、潞城市、河津市、闻喜县
采矿业主导型	左云县、右玉县、宁武县、兴县、岚县、娄烦县、古交市、盂县、寿阳县、平定县、昔阳县、和顺县、左权县、中阳县、灵石县、沁源县、古县、浮山县、蒲县、乡宁县、襄垣县、屯留县、长子县、长治县、高平市、沁水县、阳城县、泽州县
农业主导型	天镇县、阳高县、大同县、广灵县、浑源县、灵丘县、繁峙县、代县、五台县、山阴县、原平市、偏关县、神池县、河曲县、五寨县、保德县、岢岚县、静乐县、阳曲县、临县、方山县、交城县、文水县、柳林县、石楼县、永和县、隰县、大宁县、吉县、汾西县、洪洞县、武乡县、黎城县、平顺县、壶关县、陵川县、沁县、安泽县、襄汾县、芮城县、永济市、临猗县、万荣县、稷山县、新绛县、平陆县、夏县、垣曲县、曲沃县、绛县、翼城县

资料来源：山西省统计局（2017）

1）生产性服务业和制造业主导型的城市仅有太原市。作为省域中心城市，太原在省内区域分工中生产性服务业具有绝对优势，制造业比重仍较高。

2）资源型制造业和一般性服务业主导型城市包括长治、晋中、运城、忻州、临汾、侯马；采矿业和一般性服务业主导型城市包括大同、阳泉、晋城、朔州、怀仁、介休、霍州、吕梁等。多数城市经济转型步伐较慢，资源的开采和加工处于低水平、粗放式的发展状态，第三产业发展水平较低，城市服务功能较弱。

3）制造业主导型城市共有 13 个，在以省会太原为中心的晋中盆地呈现集中连片分布；采矿业主导型城市共有 28 个，在晋中东部、晋东南地区呈现集中连片分布。

4）农业主导型的城市共有 51 个，占研究单元总数的 48%，其中以晋北、晋西及晋南地区分布较集中。其县域中心—县城，多以综合服务功能为主，属于中心地型城镇。

基于山西省以工矿城市为主导的城镇职能组合特征，加快推进工矿城镇由单纯工矿型职能向城镇主导型职能的转型发展，促进城镇职能体系多样化和综合化，尽快形成各具特色、合理分工、有机联系、协调发展的城镇体系职能结构是山西城镇体系建设的重要任务。

（三）城镇区位指向及空间格局

城镇体系结构是规模结构和职能结构在地域内空间组合的结果和表现形式，也是区域自然、社会、经济因素在城镇体系空间布局上的综合反映。城镇空间格局首先与地貌条件有密切关系。山西省山地、丘陵面积占全省总面积的 80.1%，平川、河谷面积占总面积的 19.9%，具有"八分山、二分川"的地形地貌特征，形成了山西城镇布局"大分散、小集中"的特征。"大分散"表现为山地、丘陵地区城镇数量多，全省 22 个设市城市中有 3 个城市分布于丘陵山区，84 个县城中有 54 个为丘陵山区县城，466 个一般建制中，分布于丘陵山区的占 46.4%，分布于丘陵山区的城镇占全省城镇数量的近一半。"小集中"表现为城镇及人口分布相对集中，城镇密度和城市化水平地域差异显著，大同、忻定、太原、临汾和运城五大盆地和东南部上党、泽州等山间盆地，占全省面积不到 20%，集中了全省 50% 的城镇，承载了约 82% 的城镇人口，特别是太原、临汾、运城和上党盆地成为全省城镇与人口分布密集区。

城镇空间分布的交通指向和矿产资源指向特征十分突出。全省有 14 个城镇分布于同蒲铁路沿线及附近地带，形成最为重要的城镇与经济发展轴带；6 个城镇分布于太焦铁路沿线地带，形成重要的城镇与经济发展的次级轴带。全省有 15 个城市分布于六大煤田的覆盖区域。

　　城镇经济联系方向与强度是分析区域城镇空间结构特征的重要视角。借鉴有关城镇经济联系方向与强度的研究成果，利用空间相互作用模型来分析山西省各城镇之间的联系特征。基本模型如下：

$$R_{ij} = (\sqrt{P_i G_i} \times \sqrt{P_j G_j}) / D_{ij}^2 \qquad (5\text{-}5)$$

式中，R_{ij} 为两个城市之间的经济联系强度；P_i、P_j 分别为两个城市的就业总人口；G_i、G_j 分别为两个城市的地区生产总值；D_{ij} 为两个城市之间的公路里程。对指标标准化进行处理后，计算山西省各城市的经济联系强度。选取结果大于 1 的数值，绘制成山西省城镇经济联系空间格局示意图（图 5-2）。

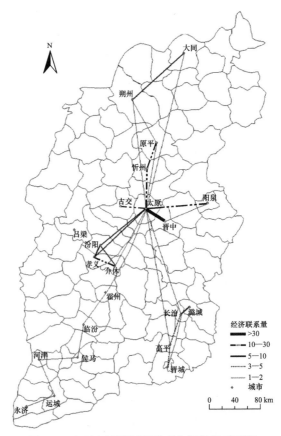

图 5-2　山西省城镇经济联系空间格局示意图

山西省城镇经济联系具有如下特征:第一,太原是山西省城镇经济联系的核心,以太原为中心,形成"大"字形的空间联系总体格局。第二,省域内部形成晋中、晋北、晋东南、晋南的区域性经济联系网络。晋中区域以太原为中心,呈现辐射状同心圆式圈层结构,第一圈层包括太原与晋中,联系强度最大;第二圈层包括忻州、阳泉、古交、原平、孝义、汾阳等城市,联系强度也较大,同时,忻州与原平,阳泉与晋中,介休与孝义、汾阳等彼此临近的城市也具有较强的经济联系。晋北大同与朔州之间、晋东南长治与晋城之间具有较强的经济联系,其内部联系强于与太原及其他城市之间的外部联系。晋南主要城市之间经济联系还较弱,处于点轴空间结构初步形成阶段。这种空间经济联系特征奠定了以省域"大"字形发展轴为依托,由太原都市圈和晋北、晋中、晋南三大城镇群构成的城镇空间布局体系的基础。

城市群是新型城市化的主体形态,是新型城市化发展的支撑和平台,也是区域参与经济全球化和国际竞争、引领经济社会发展的重要支撑。根据山西城镇联系特征,从"十一五"时期开始,山西省把促进以太原为中心的山西城镇群战略性崛起作为推进全省城市化的战略支点。"十二五"期间,提出构建"一圈三群"的城镇空间战略,即加快发展太原都市圈和晋北、晋南、晋东南三大城镇群。2015 年,"一圈三群"总人口占全省总人口的 73.99%,城镇人口占全省的 81.45%,城市化水平达到 60%,地区生产总值占全省的81.6%,在山西省工业化和城市化发展中占有重要的地位。

但是,由表 5-8 可见,2000—2015 年"一圈三群"总人口与城镇人口数量均不断增加,但是城镇人口数量占全省比重在不断降低,年均减少 0.27 个百分点,其中晋南、晋东南城镇群总人口占全省比重呈下降趋势。从经济发展水平来看,2000—2015 年"一圈三群"经济水平占全省比重呈下降趋势,年均减少 0.19 个百分点,其中晋南城镇群经济水平占全省比重在 2000—2010年以年均 0.28 个百分点的速度上升,2010—2015 年呈下降趋势,而太原都市圈、晋北城镇群、晋东南城镇群经济水平均呈不同程度下降。

从上述分析可知,近年来,尽管从山西省空间战略和政策层面高度重视城镇群发展,但是山西省城镇群人口与经济集聚能力仍然较弱,并未表现出人口与经济向城镇群集聚的态势,且与中西部其他城市群相比,无论经济集聚规模还是人口集聚规模均有较大差距。

表 5-8 "一圈三群"人口与经济发展基本情况

项目			单位	太原都市圈	晋北城镇群	晋东南城镇群	晋南城镇群	合计
土地面积	数值		万 km²	2.88	1.22	0.94	1.6	6.64
	占全省比重		%	18.4	7.8	6	10.2	42.4
总人口	2000 年	数值	万人	988.28	303.65	451.96	646.23	2390.12
		占全省比重	%	29.96	9.20	13.70	19.59	72.45
	2005 年	数值	万人	1016.56	333.45	463.82	671.18	2485.01
		占全省比重	%	29.67	9.73	13.54	19.60	72.54
	2010 年	数值	万人	1136.53	373.31	483.39	700.91	2694.14
		占全省比重	%	31.19	10.25	13.27	19.24	73.95
	2015 年	数值	万人	1166.03	382.94	494.17	719.45	2762.59
		占全省比重	%	31.23	10.26	13.23	19.27	73.99
城镇人口	2000 年	数值	万人	507.29	157.76	149.39	172.09	986.53
		占全省比重	%	43.99	13.68	12.95	14.92	85.54
	2005 年	数值	万人	581.88	186.32	194.08	243.45	1205.73
		占全省比重	%	40.56	12.99	13.53	16.97	84.05
	2010 年	数值	万人	696.93	225.84	236.24	294.68	1453.69
		占全省比重	%	39.94	12.94	13.54	16.89	83.31
	2015 年	数值	万人	777.83	253.67	276.94	360.83	1669.27
		占全省比重	%	37.95	12.38	13.51	17.61	81.45
地区生产总值	2000 年	数值	亿元	661.5	222.6	273.3	231.1	1388.5
		占全省比重	%	40.24	13.54	16.62	14.1	84.5
	2005 年	数值	亿元	1668.3	483.6	618.3	585.6	3355.8
		占全省比重	%	39.92	11.57	14.79	14.0	80.28
	2010 年	数值	亿元	3538.8	1234.8	1332.3	1553.4	7659.3
		占全省比重	%	38.5	13.4	14.5	16.9	83.3
	2015 年	数值	亿元	4716.4	1430.8	1751.0	1810.4	9708.6
		占全省比重	%	39.7	12.0	14.7	15.2	81.6

资料来源:山西省统计局(2002,2007,2012b,2017)

二、资源型城市经济转型与城镇体系演进: 以孝义市为例

山西省孝义市是典型的资源型城市,也是山西省工业化与城市化快速发展地区,自 2007 年起,连续 9 年入选全国百强县,2009 年被国务院确定为第二批资源枯竭型城市加快城市转型和可持续发展试点。该市地处晋中盆地南部,全市总面积 945.8km^2,其中山地占 15.61%,丘陵占 46.76%,台塬占 19.32%,平原占 18.31%。境内储煤面积为 783.5km^2,占境域总面积的 82.8%,主要分布于市域中部丘陵区。按照市域不同主体功能类型,全市可划分为东部核心增长区、中部资源型边际区、西北部生态屏障区、南部边缘区四个区域(张玉民和郭文炯,2011)。东部核心增长区为平川区,是市域城镇、工业(除采矿业)、第三产业和人口集聚的重点发展地域;中部资源型边际区为丘陵区,是市域资源集中分布和重点开发的区域;西北部生态屏障区是重点控制区和林牧发展区;南部边缘区为丘陵区,为特色农业和部分城镇发展区。

(一)工业化与城市化过程

中华人民共和国成立以来,孝义市先后被列入国家首批 50 个重点产煤地区和山西省十大产煤县市。进入 20 世纪 60 年代,随着矿产资源的开发,兑镇、柳湾、高阳等工矿区和孝义新城建设,启动了孝义市的工业化和城镇化的进程。按照资源型经济转型进程,区域工业化与城市化发展大致可划分为以下三个阶段。

1)以采掘业为主导的矿业基地阶段(1961—1998 年)。这一时期,依托丰富的煤炭、铝土矿等资源优势,以煤炭采掘业为主体的采掘业迅速壮大,煤炭、铝土矿采掘业成为经济发展的支柱。到 1995 年,煤炭采掘业产值仍占工业总产值的 48%,全市煤矿矿井年生产能力为 500 多万 t,大多数企业均为小型煤矿,同时洗煤、炼焦等相关产业得到扩张。在这一工业化过程中,1961—1977 年,兑镇、柳湾、高阳等工矿区非农业人口由几十人迅速增加到 5000 人以上,人口城市化水平由 1960 年的 2.8% 猛增至 1977 年的 11.2%。1978 年以后,经济增长进入一个新的发展阶段,兑镇、柳湾、高阳等工矿

区通过技术改造，扩大生产规模，工矿区非农业人口迅速增加，全市迁入人口大幅度增长。1978—1987年，共迁入人口31 356人，特别是1986年和1987年两年迁入人口17 954人；同时，乡镇企业异军突起，与1978年相比，1986年乡镇企业数量由1296个增加到5372个，从业人员由11 630人增加到29 733人，总产值由3636万元增加到13 475万元。城市化自上而下与自下而上的动力共同作用，有力地推进了城市化的快速发展。9年间，城市化水平由15.58%提高到25.58%，年均增长1.1个百分点。1988年后，国有大中型企业对劳动力的吸纳相对平稳，乡镇企业总产值与就业人员在经历1991—1995年快速发展之后也进入平稳发展阶段，形成城市化的平稳推进。

2）资源型经济多元化扩张的原材料基地建设阶段（2000—2010年）。1998年，由于经济增长严重依赖煤炭采掘业，而国内外煤炭市场连续疲软，能源产品价格低下，孝义市煤炭资源经过多年开采，竞争力下降，经济发展出现一个明显的低谷，单纯依赖资源发展经济的优势已不复存在。孝义市加快资源型经济转型和主导产业多元化发展步伐，确立了"延伸煤焦化、煤电铝、煤铁钢三大产业链条，建设焦化、耐材、钢铁、农副产品加工四大基地"的调产战略，推动产业多元化进程，初步实现了由采掘基地向原材料加工基地的转换。2004年，在规模以上工业企业总产值中，焦化工业实现产值436 143万元，占65.8%，煤炭采选业实现产值112 476万元，占17.0%；冶金、耐材工业实现产值76 880万元，占11.6%。四大产业合计工业总产值占全县工业总产值的94.4%。根据山西省人口抽样调查数据，2000—2010年，城市化水平由34%提高到57.22%，城市化率年均增长2.32个百分点，处于城市化快速发展阶段。从城镇人口流向分析，工矿城镇人口增长均有较大下降，城区人口增长率明显提高，区域中心城市人口集中程度明显提高。

3）资源型城市全面转型阶段。2011年孝义市被确定为山西省国家资源型经济转型综合配套改革试验区试点城市，孝义市制定了《孝义市综合配套改革试验总体方案》，围绕产业转型、生态修复、城乡统筹、民生改善四大领域全面推动资源型城市转型。在经济转型方面，加快发展煤炭深加工产业和非煤产业，煤化工、氧化铝、光伏发电、电动客车、液化天然气（liquefied natural gas，LNG）汽车改装等新兴产业得到发展，第三产业成为推动转型、拉动增长的活跃因素，2015年非煤工业增加值占比达51.5%。调整产业布局，加快千万吨级煤化工循环经济园区、装备制造业园区、高新科技产业园区、现代农业园区和中心城区现代服务业集中示范区建设。在城市化方面，围绕建设区域性中心城市战略,启动"1420 城市化建设工程",即建设规划面积 57km² 的主城区、4 个特色中心镇和 20 个社区化中心村,把全市 85% 的人口集中在城镇,实现特色城市化建设和城乡统筹发展的新突破。2010—2015 年城市化水平年均提高 1.6 个百分点,城市化水平达到 65.2%。

(二)城镇空间分布与规模结构演变

孝义市城镇空间分布格局主要受地貌特征、资源开发与交通网络及区域联系格局的影响。孝义市城镇体系空间分布现状是两种分布体系的迭加:一是受地形的影响,东部平川地区人口与居民点分布密度大,在长期农业的基础上形成低级城镇围绕城区均匀分布的中心地结构;西部丘陵山区形成沿河谷分布的条带状城镇分布格局。二是受资源分布的影响,区域工矿企业发展的推动,城镇布局具有典型的矿产资源分布指向和交通指向;同时,分散布局及"一厂一区"的布局思想,导致城镇内部空间布局的分散与混乱。在两种作用力的迭加下,形成孝义市目前以大宗原料输出为主导的城镇体系发展模式,其空间布局特征表现为城镇分布在空间上明显的东西差异。市域东部平川地区城镇人口集中,主要集聚于城区,西部丘陵山区受资源与交通线的影响,城镇沿交通线呈散点状分布,形成兑镇、高阳、阳泉曲 3 个工矿镇。受大型项目和巨额投资的带动,中心城区和主要矿镇的城镇规模得到迅速提升。与此形成鲜明对比的是,外围地区工业化和城市化进展缓慢,区内经济发展落差扩大。工矿城镇分散式空间结构突出,城镇与企业的二元化问题严重,主要表现为"离城建厂"和"独立建区";同时,受条块分割体制的影响,城镇用地功能混乱,城镇内部明显出现空间"二元结构"。

从城镇规模结构演进分析,1990 年前后,城镇规模结构的演化呈现出不同的发展态势。1990 年前,兑镇、阳泉曲镇和高阳镇人口增长速度均较快,特别是兑镇人口增长率超过城区,城镇人口具有向工矿区集中的明显趋势;1990—2012 年,工矿城镇人口增长幅度均有较大下降,城区人口增长率提高,城镇人口向区域中心城镇集中趋势日趋明显(表 5-9)。这一城镇人口空间集中趋势是与 1990—2012 年区域经济结构由资源指向的采掘业为主导的结构,向资源指向和集聚指向共同作用的资源加工业为主导的结构转化过程相适应的。孝义市人口的这种区域变动与城乡变动趋势,符合区域人口空间结构演变的一般规律,是与全市经济结构转型和经济布局重心转移相适应的,与区域结构和城乡结构合理化调整的基本方向一致。

表 5-9　孝义市主要城镇人口（驻地人口口径）增长情况

城镇	1982 年 /人	1982—1990 年 人口增长 /%	1990 年 /人	1990—2005 年 人口增长 /%	2005 年 /人	2005—2012 年 人口增长 /%	2012 年 /人
城区	30 777.0	1.4	42 890.0	3.2	139 077.0	1.2	167 000.0
兑镇	16 277.0	1.5	24 419.0	1.3	31 550.0	0.9	28 000.0
阳泉曲	19 111.0	1.3	24 108.0	1.1	25 593.0	0.8	21 000.0
高阳	13 409.0	1.2	16 037.0	1.4	22 908.0	0.7	17 000.0

资料来源：不同时期孝义市城市总体规划、城镇体系规划资料数据

（三）城镇体系职能结构特征

孝义市城镇体系职能具有双重属性，即城市的一般属性和资源开发基地的特殊属性，在经过资源开发迅速扩张的初期阶段后，目前处于松散的大宗原料输出的城镇职能体系阶段。与其他类型区域不同，城镇体系表现出明显的资源输出基地特征（表 5-10）。

表 5-10　孝义市城镇职能结构现状

城镇名称	城镇职能类型特征				
	行政	商贸	交通	工业	职能类型
城区	市域中心	吕梁市物资集散中心、市域商贸、服务中心	市域交通中心	焦化、建材、印刷、食品	综合型
兑镇	镇域中心	西部中心	临省道、铁路	煤炭、焦化，工业职能强	单一工矿型
阳泉曲	镇域中心	矿区中心	临省道、铁路	煤炭、铝矿，工业职能强	单一工矿型
高阳	镇域中心	矿区中心	临省道、铁路	煤炭，工业职能强	单一工矿型
梧桐	镇域中心	镇域中心	临省道、铁路	焦化、电力	地方中心型
下堡	镇域中心	西北部中心	临省道	煤炭	地方中心型
西辛庄	镇域中心	镇域中心	临省道	煤炭、焦化	地方中心型
柱濮	镇域中心	镇域中心	临县道	煤炭、焦化	地方中心型

1）矿业开发及关联资源加工业支配着城市化进程和区域经济水平。在工业中，煤炭采掘业和炼焦业两大产业仍是区域经济与城镇发展的支柱。在城镇体系中，除城区外具有一定规模的兑镇、高阳和阳泉曲均为专业化的工矿

城镇。

2)城市职能发育不全。市域一级中心的职能发展更多地囿于为工矿业开发的服务功能,缺乏从大区域范围的分工定位,导致非资源型的工业职能,特别是都市型工业职能相当薄弱。在20世纪70—80年代发展起来的区域性商贸职能(吕梁市商业、供销、批发转运中心,当时省营商业二级采购供应站有近30个单位)进一步弱化,与介休市、汾阳市的合理分工与联系尚未建立,作为市域生活服务中心以及生产、科教、商服生长点和辐射源的中心功能尚未有效发挥;兑镇、阳泉曲、高阳更多地属于大型生产基地,而并非区域性中心城镇。工矿企业和专业化部门在城市经济体系中占据着十分突出的位置,其他产业发展严重滞后,特别是为区域生产和生活服务的第三产业发展水平低、规模小,难以满足城市发展的需要。其他城镇基本为农村聚落形态,中心地功能未能有效发挥。

3)企业与城市"职能错位",企业行为代替城镇行为的倾向突出。由于历史和体制方面的原因,城镇政府和城中矿业企业之间的关系没有完全理顺。矿业城镇既是城镇又是矿业工业基地,既承担一般城镇经济社会的综合服务功能,又承担发展工业的产业支柱功能。就矿山企业来说,既要生产经营又要履行城镇社会服务职能,从而派生出两个履行城镇功能的主体。市政重复建设、效益低下、运行不畅,对城镇和企业发展带来不良影响。大企业小市政,政企不分,既加重了企业负担,又分散了企业抓生产的精力。另外,由于"职能错位",加上条块分割的管理体制,矿业企业又有中央、省属和地方之分,不同利益机制影响使城镇服务功能畸形化,政府很难发挥城镇的带动与辐射功能,不利于矿城政府进行宏观调控,市场不能正确配置资源,产业和技术不能有效互补,大企业对地方经济的带动力得不到充分发挥。由于政府的财政收入主要来源于矿山企业,地方财政力量薄弱,市政建设欠账过多,城镇功能发育不全,给矿业城镇发展造成了不利的影响。

4)工矿城镇产业同构现象严重,城镇之间及其与区域之间的职能联系薄弱。由于主要城镇产业结构大致相似,城镇之间的经济技术联系甚少。工矿城镇职能较为单一,城镇与邻近的区域之间在产业发展重点和方向上也基本相同,城镇对区域的辐射作用屡弱,城镇与区域的互动发展机制尚未成形。

目前孝义市处于资源枯竭型阶段,靠资源型经济扩张推进城镇发展的阶段已基本结束,地区经济发展根本道路在于提高竞争能力,关键是提高营利能力。因此，必须调整城镇体系的组织结构，促进人口与经济活动的地理集中，完善城镇职能结构，为区域经济发展创造良好的空间环境，为居民生活水平提高创造良好的人居环境。

三、资源型区域乡村聚落规模结构及空间动态：以孝义市为例

21 世纪以来，随着我国城市化的快速发展，城乡人口和生产要素的变动加快了分化和重组进程，深刻影响着乡村聚落结构的演变。在快速城市化进程中，如何适应乡村聚落演进趋势，调整优化乡村聚落体系，因地制宜地推动城市化与工业化布局协调，优化城乡关系，均有一定的意义。

本节的数据来自三个方面：①30m 分辨率的数字高程模型（Digital Elevation Model，DEM）数据、2000 年 LandSat 7 影像和 2015 年 LandSat 8 影像（分辨率 30m）来源于中国科学院地理空间数据云镜像网站，影像经过几何校正、坐标配准，并经 ENVI 5.1 采用面向对象分类技术和目视解译相结合的方法，提取 2000 年和 2015 年乡村聚落斑块、道路（省道）等信息；②村落的行政边界来源于 2009 年孝义市第二次土地利用调查数据；③分村人口数据来源于"五普""六普"汇总的"山西省村、居委会人口资料"。村级人口分析对象为除居委会及城中村以外的所有行政村，2000 年为 356 个，2010 年为 355 个。由于较为可信和可比的村级人口数据仅有人口普查年度数据，最新数据仅到 2010 年，故本节所用人口数据为 2000 年和 2010 年，土地数据则为 2000 年和 2015 年。

（一）乡村聚落规模结构及变动特征

2010 年，孝义市共有城中村以外的行政村 355 个，村平均人口规模 665 人，共有乡村聚落斑块 1132 个，斑块平均面积 8.0 hm²，乡村聚落规模结构及变动表现出以下特征。

1. 乡村聚落人口规模结构及变动特征

2000—2010 年，全市乡村聚落人口减少 27 871 人，村平均人口规模由

742 人下降到 665 人，平均人口密度下降 35 人 /km²。乡村聚落平均人口规模偏小，规模分异程度较大，且在不断提高（表 5-11）。

表 5-11　2000 年和 2010 年孝义市乡村聚落人口规模

年份	乡村聚落 /个	最小人口规模 /人	最大人口规模 /人	人口规模 /人	平均人口规模 /人	人口密度 /（人 /km²）
2000 年	356	10	3827	264 021	742	327
2010 年	355	2	3668	236 150	665	292
差值	-1	-8	-159	-27 871	-77	-35

资料来源："五普""六普"

人口金字塔可直观地反映乡村聚落人口规模等级及变动情况。依据 2000 年和 2010 年孝义市乡村聚落人口金字塔（图 5-3），孝义市乡村聚落规模数量结构呈现分散型分布特征，以中小等级聚落偏多。2010 年，人口规模小于 600 人的聚落数量占总数的 60.85%。从动态变化看，乡村聚落金字塔越来越收缩，处于金字塔底部的低等级乡村聚落数量显著增加。

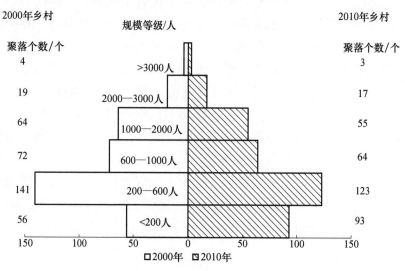

图 5-3　2000 年和 2010 年孝义市乡村聚落人口金字塔
资料来源："五普""六普"

一般习惯把城市规模分布分为位序—规模分布和首位分布两种基本类型，介于这两者之间的，属于过渡类型（许学强等，2009）。位序—规模法则从城市的规模和城市规模位序的关系来考察一个城市体系的规模分布，这里用齐夫指数表示乡村聚落人口规模的位序—规模变化。对孝义市两个时期的聚落人口数据进行处理，并分别拟合 2000 年和 2010 年数据，如图 5-4 所示。

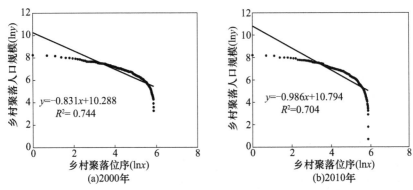

图 5-4　2000 年和 2010 年孝义市乡村聚落位序—规模模型

资料来源："五普""六普"

从 2000 年和 2010 年的双对数线性函数拟合结果看，大量的中小规模聚落处于曲线的右端，左端的大规模聚落稀疏且形成不连续分布，导致拟合优度（R^2）不高（分别为 0.744、0.704），说明孝义市乡村聚落规模分布不符合典型位序—规模分布特征，而是介于位序—规模分布与首位分布之间的过渡类型分布。2000 年和 2010 年乡村聚落人口的齐夫指数分别为 0.831、0.986，均小于 1，表明聚落人口规模分布比较均匀，较低位次的中小聚落较多；齐夫指数变大，表明聚落人口规模分布趋向于集中的力量大于分散的力量，乡村人口具有向高等级聚落集中的趋势。

聚落等级具有明显的分形特征，理论上聚落规模分布的分形维数和齐夫指数的乘积等于 1，但如 OLS 估计所得，两者的乘积应等于判定系数（R^2）（谈明洪和范存会，2004）。即聚落—位序规模的分形维数表达式为

$$D = \frac{R^2}{q} \tag{5-6}$$

式中，q 为齐夫指数；R^2 为 OLS 回归估计的判定系数。

通过计算，2000 年和 2010 年孝义市乡村聚落人口的分形维数分别为 0.895、0.714，均小于 1，表明该区域乡村聚落体系等级规模分布较分散，人口规模差异程度较大；分形维数降低 0.181，表明规模越大的聚落其人口或增

加或下降较慢，中小聚落人口下降较快，聚落规模等级分异程度提高，聚落人口分布趋于集中。

2. 乡村聚落用地规模结构及变动特征

借助 ArcGIS 10.2 软件，提取 2000 年和 2015 年乡村聚落用地，生成乡村聚落分布矢量图，选取斑块数、斑块面积、斑块密度等景观指数进行对比分析，结果如表 5-12 所示。

表 5-12　2000 年和 2015 年孝义市乡村聚落景观指数

年份	斑块数 /个	最小斑块面积 /hm²	最大斑块面积 /hm²	斑块总面积 /hm²	斑块平均面积 /hm²	斑块密度 /(个/km²)	新增面积 /hm²	消亡面积 /hm²
2000 年	843	0.18	69.77	6533.39	7.75	0.89		
2015 年	1132	0.09	94.54	9052.48	8.00	1.40	5528.56	3155.65
差值	289	-0.09	24.77	2519.09	0.25	0.51		

资料来源：根据中国科学院地理空间数据云镜像网站 2000 年 LandSat 7 影像和 2015 年 LandSat 8 影像（分辨率 30m）提取的 2000 年和 2015 年乡村聚落斑块、道路（省道）等数据信息整理

由表 5-12 可知，2015 年孝义市共有聚落斑块数 1132 个，总面积 9052.48hm²，斑块平均面积 8.00hm²，斑块面积之间大小悬殊，聚落景观的规模分异程度大于人口规模分异程度。2000—2015 年，乡村聚落斑块数量增加了 34.28%，斑块密度增大 57.30%，斑块面积增加 2519.09hm²，占全市总用地面积比重从 2000 年的 6.91% 上升到 2015 年的 9.57%。对两个时期进行比较，最大斑块面积较前期增加 35.50%，最小斑块面积较前期减少 50%，斑块规模之间差异程度增大。从空间上看（图 5-5），聚落用地增加主要有两种形式：第一种为块状扩展，最明显的在东部核心增长区，在原有聚落斑块基础上向四周扩展；第二种为分散扩展，主要在西北部和南部部分地区。而聚落用地主要的是沿交通线呈带状减少，最明显的为中部资源型边际区省道 S321 和 S340 交通沿线。

基于 SPSS 17.0 分析 2000 年乡村聚落人口与聚落斑块面积之间的关系可知，两者的相关系数达到 0.994。从静态上看，乡村聚落人口规模与乡村聚落用地规模之间具有显著的相关性。人口因素是乡村聚落空间分布的主要驱动力（郭晓东等，2010），但是，从动态角度分析，乡村聚落人口规模具有较为明显的减少趋势，而聚落斑块、用地面积却并未显现出相同的变动趋势，反而均在增加，说明乡村聚落空间的集聚与用地的集约化程度进程滞后。

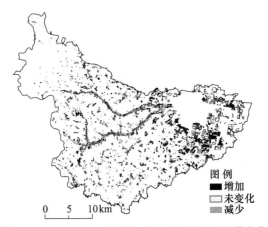

图 5-5　2000—2015 年孝义市乡村聚落用地规模变化

资料来源：根据中国科学院地理空间数据云镜像网站 2000 年 LandSat 7 影像和 2015 年 LandSat 8 影像
（分辨率 30m）提取的 2000 年和 2015 年乡村聚落斑块、道路（省道）等数据信息整理

3. 乡村聚落人口规模与人口构成的相关特征

根据"五普""六普"分村人口数据，选取了人口规模与老年人口系数、文盲人口占总人口比重、外来人口占总人口比重三个结构指标进行静态与动态的相关性分析，以期判明乡村聚落人口规模和人口结构之间的关系，结果如表 5-13 所示。

表 5-13　乡村聚落人口规模与人口特征相关性分析

时间	指标	人口规模	老年人口系数	外来人口占总人口比重	文盲人口占总人口比重
2010 年	Pearson 相关系数	1	-0.417**	0.230**	-0.295**
	显著性（双侧）	—	0.000	0.000	0.000
	N（样本数）	355	355	355	310
2010—2000 年变动	Pearson 相关系数	1	-0.340**	0.446**	-0.151*
	显著性（双侧）	—	0.000	0.000	0.011
	N（样本数）	354	354	354	280

** 表示在 0.01 水平（双侧）上显著相关，* 表示在 0.05 水平上显著相关

资料来源："五普""六普"

由表 5-13 可知，人口规模与老年人口系数、外来人口占总人口比重、文盲人口占总人口比重都通过了显著性检验，但相关程度不高，呈现出弱相关性。从 2010 年静态数据分析来看，人口规模与老年人口系数、文盲人口占总

人口比重呈低度负相关关系,表明人口规模大的聚落其老年人口所占比重、文盲人口所占比重也相对较小。反之,聚落人口规模越小,人口年龄结构、文化结构越不理想;人口规模与外来人口比重呈低度正相关关系,聚落人口规模越大,外来人口比重越大,聚落对人口迁入的吸引力越强。从 10 年间动态分析来看,呈现出与静态分析同样的趋势,特别是外来人口比重变动与聚落规模之间的相关性有较大提高,聚落的人口规模增长对外来人口流入的依赖性较大,乡村外来人口是人口规模增大的主要原因,而外来人口(主要为年轻人)填补了人口年龄结构中 15—64 岁的人口,进而"冲稀"了人口规模大的聚落的老化程度,即削峰填谷,人口流动可以减弱乡村聚落年龄结构的负面影响(翟振武,2001)。

(二)乡村聚落规模分布及变动的空间特征

1. 乡村聚落规模分布及变动总体趋势

运用 ArcGIS 10.2 中的 Feature To Point 模块,提取乡村聚落斑块的中心点,采用 Kernel 方法生成 2000 年和 2015 年乡村聚落分布的密度图(图 5-6)。总体来看,孝义市乡村聚落分布与变动呈现出明显的空间差异化特征,"东密西疏"的空间分布格局不断强化。2000 年,孝义市东部平川区及中部资源型边际区是乡村聚落分布最密集的区域,聚落密度达到 1.61—2.00 个 /km²,其次是南部区域;2015 年,东部平川区乡村聚落密度进一步提高,达到 2.41—3.00 个 /km²,西北部下堡河谷地区形成新的乡村聚落密集区,密度达到 1.81—2.40 个 /km²,但中部地区原有乡村聚落密集区的聚落密度显著下降。近 15 年来乡村聚落新增斑块主要集中在东部及部分西北部区域,乡村聚落分布的空间集中程度有所提高,"东密西疏"的空间分布格局在不断强化。

在研究人口分布时,人口密度的区域尺度越小,就越接近实际的人口分布(牛叔文等,2006)。利用 2000 年和 2010 年分村人口数据生成聚落人口密度分布图(图 5-7)。

由图 5-7 可知,与乡村聚落景观空间格局一样,乡村聚落人口分布总体趋势表现为东部平川区及工矿区周围人口稠密,西部丘陵山区人口稀疏的分布格局。2000 年,人口高密度区(>1500 人 /km²)也分布在东部及中部区域;从 2000—2010 年聚落人口密度变动趋势来看,人口密度同聚落斑块密度一样,趋向于东部平川区,特别是有向市域中心城区周边集中的态势,而中

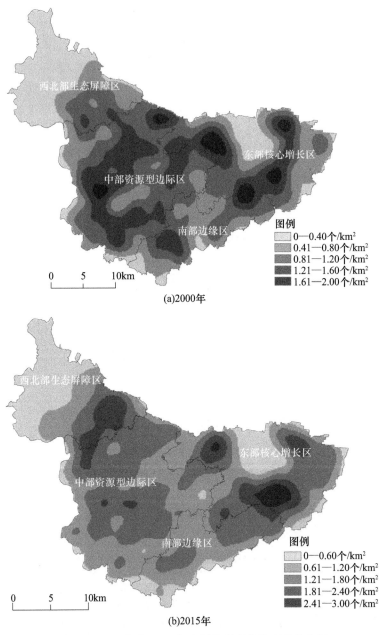

图 5-6　2000 年和 2015 年乡村聚落斑块核密度分布图

资料来源：根据中国科学院地理空间数据云镜像网站 2000 年 LandSat 7 影像和 2015 年 LandSat 8 影像
（分辨率 30m）提取的 2000 年和 2015 年乡村聚落斑块、道路（省道）等数据信息整理

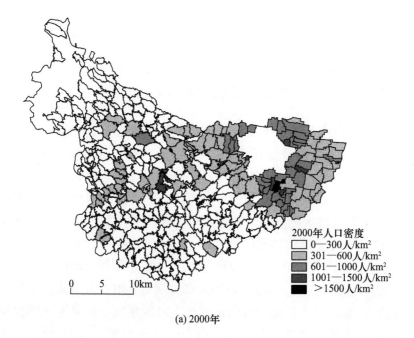

(a) 2000年

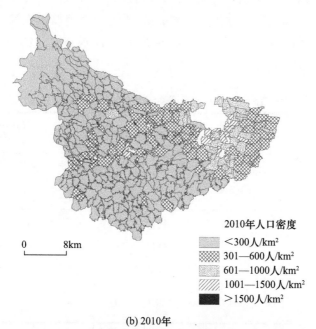

(b) 2010年

图 5-7 2000 年和 2010 年乡村聚落人口密度分布图

资料来源:"五普""六普"

部资源开发区聚落人口密度下降尤为明显。但是，人口密度变动与聚落斑块密度变动之间也存在一些不相适应的现象，如市域南部边缘区乡村聚落斑块密度较高，但人口密度小。

2. 聚落人口规模分布变动与地形地貌的相关性特征

有关乡村聚落空间分布的研究表明，地形地貌是影响聚落分布的主要因素。依据孝义市地貌类型及高程，按 < 800m、800—1000m、1000—1200m 和 > 1200m 划分为平原、台塬、丘陵、中低山区 4 类地貌区。由不同地貌区乡村聚落人口主要指标（表 5-14）分析可见，不同地貌区之间乡村聚落平均规模与人口密度有较大差异，均表现出明显的随着海拔高度上升而下降的趋势，平原和台塬两个地貌类型区近 50% 的土地面积分布 70% 以上的乡村人口。从动态变化分析，2010 年平原区平均人口规模超过 1000 人，比 2000 年平均人口规模增加 49 人，台塬区平均人口规模为 600—1000 人，平均人口规模减少幅度在 20% 以下，而中低山区平均人口规模减少幅度近 38%，规模变动最大。从人口密度来看，平原区人口密度虽只增加 23 人 /km²，但总的来说，人口密度仍远高于其他地貌类型区，其他地貌类型区人口密度均不同程度地减少，中低山区人口密度减少幅度最大。总体分析，乡村人口具有向平原区域集聚的总体态势。

表 5-14　2000—2010 年不同高程下乡村聚落人口分布统计表

地貌类型	面积 /km²	乡村聚落 /个	2000 年			2010 年			2010 年较 2000 年变化情况		
			比重 /%	平均人口规模 /人	人口密度 /(人 /km²)	比重 /%	平均人口规模 /人	人口密度 /(人 /km²)	比重增减 /个百分点	平均人口规模增减 /人	人口密度增减 /(人 /km²)
平原区	155.89	71	36.28	1349	614	42.03	1398	637	5.75	49	23
台塬区	255.84	102	35.27	904	364	32.02	734	296	-3.25	-170	-68
丘陵区	339.37	161	26.12	428	203	24.33	357	169	-1.79	-71	-34
中低山区	56.53	20	2.33	308	109	1.62	192	68	-0.71	-116	-41

资料来源：面积数据根据中国科学院地理空间数据云镜像网站 2000 年 LandSat 7 影像和 2010 年 LandSat 8 影像（分辨率 30m）提取的 2000 年和 2010 年乡村聚落斑块数据信息整理；人口数据来自"五普""六普"

3. 聚落人口规模分布变动与道路网络的相关性特征

道路通过改变聚落的交通区位对其空间分布产生影响,是聚落形成的重要条件之一。应用 ArcGIS 10.2 的缓冲区分析,选择对乡村居民点影响较大的 4 条公路,即 S321、S340、S243、S223,以 1000m 为间隔做缓冲区,并与两个时期的乡村聚落人口分布图进行叠加,得到不同道路缓冲区内的聚落人口规模演变情况,如表 5-15 所示。

表 5-15 2000—2010 年道路缓冲区内聚落人口分布统计表

缓冲区 /m	面积 /km²	乡村聚落 /个	2000 年			2010 年			2010 年较 2000 年变化情况		
			比重 /%	平均人口规模 /人	人口密度 /(人 /km²)	比重 /%	平均人口规模 /人	人口密度 /(人 /km²)	比重增减 /个百分点	平均人口规模增减 /人	人口密度增减 /(人 /km²)
0—1000	190.02	75	36.23	1275	503	36.88	1161	458	0.65	−114	−45
1000—2000	129.22	61	20.02	866	409	20.46	792	374	0.44	−74	−35
2000—3000	132.71	59	16.06	719	320	15.78	632	281	−0.28	−87	−39
3000—4000	94.48	41	10.12	652	283	9.81	565	245	−0.31	−87	−38
4000—5000	77.54	36	7.27	533	248	7.33	481	223	0.06	−52	−25
> 5000	183.67	82	10.30	332	148	9.75	281	125	−0.55	−51	−23

资料来源:面积数据根据中国科学院地理空间数据云镜像网 2000 年 LandSat 7 影像和 2010 年 LandSat 8 影像(分辨率 30m)提取的 2000 年和 2010 年乡村聚落斑块数据信息整理;人口数据来自"五普""六普"

从表 5-15 可知,2010 年与 2000 年相比,不同缓冲区内聚落平均人口规模、人口密度逐渐减小,但不同缓冲区内差异明显。道路缓冲区小于 2000m,是人口分布最集中的区域,聚落平均人口规模大部分在 800 人以上,集中了聚落 50% 以上的人口,人口密度也为最大,且 10 年间人口所占比重增加了 1.09 个百分点,而其余等级缓冲区内的人口比重均呈减少趋势(4000—5000m 缓冲区内人口比重基本不变)。这说明聚落人口空间分布明显受交通区位指向性的影响,距离道路越近,人口规模越大,且新增长人口趋向于分布在距离道路较近的区域。

4. 聚落人口规模分布变动受中心城区影响的空间特征

随着城市化进程的推进,城市中心城区对周围乡村的吸引力逐渐增强,对聚落人口的分布产生很大影响。本节应用 ArcGIS 10.2 的缓冲区分析,沿孝义市中心城区做间隔 5km 的环状缓冲区，并与两个时期的乡村聚落人口分布图进行叠加，分析中心城区对聚落人口规模空间分布的影响，如表 5-16 所示。

表 5-16　2000—2010 年中心城区缓冲区内聚落人口分布统计表

缓冲区 /km	面积 /km²	乡村聚落 / 个	2000 年			2010 年			2010 年较 2000 年变化情况		
			比重 /%	平均人口规模 / 人	人口密度 /（人 /km²）	比重 /%	平均人口规模 / 人	人口密度 /（人 /km²）	比重增减 / 个百分点	平均人口规模增减 / 人	人口密度增减 /（人 /km²）
0—5	180.91	79	38.31	1280	559	43.37	1297	566	5.06	17	7
5—10	134.54	52	16.81	854	330	16.32	741	286	−0.49	−113	−44
10—15	134.97	62	15.85	675	310	13.57	517	237	−2.28	−158	−73
15—20	166.33	73	16.13	584	256	14.24	461	202	−1.89	−123	−54
20—25	149.06	72	11.15	409	197	10.56	346	167	−0.59	−63	−30
>25	41.81	16	1.74	288	110	1.94	286	110	0.20	−2	0

资料来源：面积数据根据中国科学院地理空间数据云镜像网 2000 年 LandSat 7 影像和 2010 年 LandSat 8 影像（分辨率 30m）提取的 2000 年和 2010 年乡村聚落斑块数据信息整理；人口数据来自"五普""六普"

由表 5-16 可见，无论乡村聚落平均人口规模还是人口密度均表现出与中心城区的距离递减特征；距离中心城区越近的聚落，其人口规模也相对较大，0—5km 缓冲区聚落平均人口规模均在 1000 人以上，5—10km 聚落平均人口规模在 600 人以上，其余等级平均人口规模依次减少。离中心城区越近，人口密度越高，随着缓冲区距离的不断增加，人口密度不断下降。2000—2010年，0—5km 缓冲区圈层人口数所占比重提高了 5.06 个百分点，其他圈层有不同程度的减少，25km 以外的人口比重虽增加，也仅有 0.20%。2000—2010 年，0—5km 缓冲区圈层的聚落平均人口规模增长 17 人，其他圈层平均人口规模均减少。2000—2010 年，0—5km 的人口密度增加 7 人 /km²，>25km 的人口密度未变，其他缓冲区内的人口密度均呈减少态势，5—10km 和 20—25km 缓冲区减少幅度在 15% 左右，10—15km 和 16—20km 缓冲区减少幅度为 20%—25%。由此表明，中心城区的吸引力对乡村聚落人口规模的变动有着极强的影响，呈同心圆模式向外递减，且随着城市化进程的不断推进，这种影响会越来越强。

（三）不同功能区乡村聚落规模分布及变动特征

根据前述孝义市城乡空间统筹规划研究，将市域划分为东部核心增长区、中部资源型边际区、西北部生态屏障区、南部边缘区 4 类主体功能区域，目的是引导、控制各个功能区的协调发展。以该区划为基础，选取以下几个指标分析不同功能区乡村聚落人口的变化，判明乡村聚落人口演进趋势是否符合市域主体功能区调控方向，统计结果如表 5-17 所示。

表 5-17　2000—2010 年不同功能区乡村聚落人口分布统计表

功能分区	乡村聚落/个	2000 年			2010 年			2010 年较 2000 年变化情况		
		比重/%	人口密度/（人/km²）	平均人口规模/人	比重/%	人口密度/（人/km²）	平均人口规模/人	比重增减/个百分点	人口密度增减/（人/km²）	平均人口规模增减/人
东部核心增长区	91	43.67	548	1267	48.45	544	1257	4.78	−4	−10
中部资源型边际区	153	41.14	320	710	35.61	248	550	−5.53	−72	−160
西北部生态屏障区	46	6.73	149	386	6.27	124	322	−0.46	−25	−64
南部边缘区	64	8.46	161	349	9.67	164	357	1.21	3	8

资料来源：面积数据根据中国科学院地理空间数据云镜像网站 2000 年 LandSat 7 影像和 2010 年 LandSat 8 影像（分辨率 30 米）提取的 2000 年和 2010 年乡村聚落斑块数据信息整理；人口数据来自"五普""六普"

1）东部核心增长区和中部资源型边际区是市域乡村聚落人口主要集中分布的区域，西北部生态屏障区和南部边缘区人口分布较少，且随着城市化进程的加快，东部核心增长区的乡村聚落人口规模占人口总数比重增加 4.78 个百分点，南部边缘区增加 1.21 个百分点，说明人口流动的方向主要是趋于工业化和城市化重点发展区域，南部边缘区为特色农业主体功能区域，聚落人口也有一定程度的增加。

2）东部核心增长区以平原为主，农业生产条件、建设条件、基础设施支撑条件好，并受中心城区辐射，乡村聚落密集，约占总数的 25.71%，10 年间，聚落平均人口规模和人口密度均减少不到 1%，乡村聚落人口比重增加近 5 个百分点。

3）中部资源型边际区多为丘陵山区，省道 S340 和 S321 过境，兑镇河和下堡河流经该区域，且兑镇煤矿、水峪煤矿、铝矿等分布在此，是乡村聚落分布最多的区域，占总数的 43.22%。该功能区也是乡村人口变动最大的区域，10 年间，由于其资源的开采，出现采空区、环境恶化等，乡村聚落人口不断外迁，区域乡村聚落人口比重下降了 5.53 个百分点，平均人口规模和人口密度减少近 23%。

4）西北部生态屏障区和南部边缘区是市域重点控制区和林牧发展区，交通不发达，距离中心城区较远，聚落平均人口规模小，人口分布较少。南部边缘区在行政地域上包括驿马乡和下栅乡，2000—2010 年，人口呈增长模式，分析发现，随着孝义市城市化进程的加快，梧桐、下栅与中心城区的一体化发展不断推进，促进了乡村人口的集聚；同时，在土地流转过程中，积极引进农产品深加工企业，采取"合作社＋基地＋农户"的运行模式，也吸引了人口的流入。

（四）主要结论及启示

1. 主要结论

1）资源型区域地貌一般以丘陵山地为主，乡村聚落规模结构表现出丘陵山区聚落的分散型分布特征，即乡村聚落平均规模偏小，规模结构以中小等级聚落偏多，聚落之间斑块面积、人口大小悬殊，规模分异程度较大。乡村聚落人口规模与老年人口系数、文盲人口比重呈低度负相关关系，聚落人口规模越小，人口年龄结构、文化结构越不理想；乡村聚落人口规模与外来人口比重呈低度正相关关系，聚落人口规模越大，外来人口比重越大，聚落对人口迁入的吸引力越强。乡村聚落呈现出明显的空间差异化特征，与一般区域不同的是，资源富集的丘陵山区随着资源开发形成了乡村聚落的集聚区，聚落密度和聚落平均人口规模均较大。

2）2000 年以来，随着资源型经济转型和城市化的快速推进，乡村聚落处于变动较快的阶段，其变动特征表现如下：第一，乡村聚落人口规模具有较为明显的减少趋势，而聚落斑块、用地面积却并未显现出相同的变动趋势，反而在增加，乡村聚落空间的集聚与用地的集约化程度进程滞后。第二，无论是人口还是用地，均表现出规模分异日益扩大的趋势。聚落人口齐夫指数增大，分形维数降低，表明规模越大的聚落其人口或增加或减少较慢，而规模越小的聚落人口下降较快,聚落规模等级分异程度提高。对两个时期进行比较,最大斑块面积较前期增加 35.50%,最小斑块面积较前期减少 50%,斑块规模之间差异程度增大。第三,2000—2015 年,乡村聚落新增斑块主要集中在东部平川及部分西北部河谷区域,乡村聚落分布的空间集中程度有所提高。乡村聚落人口表现出趋向于东部平川区,特别是市域中心城区周边集中的态势,而中部资源开发区聚落人口密度下降尤为明显。

3)乡村聚落人口变动表现出较强的地形、交通和中心城区指向。不同地貌区之间乡村聚落平均人口规模与人口密度有较大差异,均表现出明显的随海拔高度上升而下降的趋势,乡村人口变动具有向平原区域集聚的总体态势。乡村聚落人口空间分布明显受交通区位指向性影响,距离道路越近,人口规模越大,且新增长人口趋向于距离道路较近的乡村。无论乡村聚落平均人口规模还是人口密度,均表现出与中心城区的距离衰减特征,距离中心城区越近的聚落,其人口规模也相对越大;中心城区的吸引力对乡村聚落人口规模的变动有着极强的影响,呈同心圆模式向外递减。

4)市域东部核心增长区、中部资源型边际区、西北部生态屏障区、南部边缘区四类主体功能区域,其乡村聚落人口及其变动表现出不同的特征。东部核心增长区和中部资源型边际区是市域乡村聚落人口主要集中分布的区域,2000 年以来,东部核心增长区聚落平均人口规模和人口密度均减少不到 1%,乡村聚落人口比重增加近 5 个百分点。中部资源型边际区乡村聚落人口比重下降了 5.53 个百分点,平均人口规模和人口密度减少近 23%,是全市乡村人口变动最大的区域。

2. 对资源型区域乡村体系布局调整的启示

作为基本居住生活单元的乡村聚落,规模小、布局分散,不利于土地的集约利用,无法有效配置完善的基础设施和社会服务设施,严重制约着农村居民生活水平的提高。特别是随着城市化的快速推进,乡村聚落人口规模结构发生着比较大的变动,乡村聚落的人口规模分异、空间分异趋势日益明显;同时,区域生态建设、扶贫开发和矿产资源的开发也对迁村并点提出了要求,加快了村庄迁并的实践进程。近年来,也有学者对盲目进行村庄迁并进行反思与讨论。从本书结论来看,乡村聚落结构特别是乡村聚落人口规模结构在发生着较快的变动,以适应这一变动趋势,在科学规划的基础上优化村庄布局,应是新时期调整区域空间结构、优化市(县)域空间格局的重要环节。

对资源型区域来说，乡村聚落分布及变动表现出明显的空间差异性，遵循这种空间差异性，采取因地制宜、分区分类的调控模式，是美丽乡村建设和城乡一体化发展应有的基本策略。中低山区需重点从生态建设要求和扶贫开发出发，以生态移民，撤并自然村，促进人口向山下、向大村迁移，引导人口集聚为主要方式；资源开采区域是乡村聚落人口的主要流出地，应重点做好采煤沉陷区、地质灾害易发区村庄的异地搬迁；临近区域中心城区和其他重要城镇的平川区，是新时期乡村聚落人口集聚的重点区域，需以城郊村和中心村建设为重点，推进新型农村社区建设和城镇基础设施、公共服务向农村的延伸覆盖，促进城乡一体化发展。

近年来，在区域村庄布点规划、美丽乡村建设等实践工作中，均涉及重点村或中心村的选点问题，那么应依据什么来作为选择指标才能更符合实际发展趋势？依据上述研究结论，乡村聚落人口规模和区位是两个重要的因素。乡村聚落人口规模与老年人口系数、文盲人口比重、外来人口比重均呈低度相关关系，说明人口规模这一指标实际上也可在一定程度上表征聚落人口结构及人口发展的潜力。乡村聚落人口变动表现出较强的地形、交通和中心城区指向，说明这些区位要素在很大程度上影响和控制着乡村聚落的空间分布格局，影响着乡村聚落的发展潜力。

第六章 煤炭资源型城市与企业关系特征：以阳泉市为例

一、资源型城市城企空间协同的研究进展

现存大量专业的工矿城市，是在中华人民共和国成立后按照苏联经验建立的"一厂一市"模式，传统的计划经济体制在这些城市有着深刻的烙印。改革开放以来，资源型企业在城市化发展中起到举足轻重的作用，不仅支撑城市的整体经济，甚至可以影响城市社会等多个方面，"单一大企业主导的城市"在资源型区域较为常见（鲍寿柏等，2000）。资源型城市往往对企业依赖性更强，城市兴衰与企业关联性更强。

在计划经济时期，资源型企业大多为国有，是按照国家层面的计划进行生产组织的，对周边地区的带动、辐射作用极为有限。景普秋和张复明（2005）通过对山西省资源型地区的研究，指出国内各地区普遍存在工业化与城市化偏差现象，在资源型地区的偏差尤为严重，主要是工业布局与城镇分布的偏离，单一的嵌入式的资源开发模式与城市化的偏离及生产、社会组织方式与城市化的偏离导致的水平与结构偏差及质量、速度、效率偏差。

综合关于资源型城市城企关系的现状研究，在资源型城市转型实践中，在产业协同方面，并非所有的企业均可通过产业链延伸或多样化转型而持续发展，特别是一些边远的资源型城镇，其转型发展难度更大。在空间协同方面，外部空间协同所需的城市基础社会支持、不同地域之间的行政阻隔，并非仅靠市场机制就可以解决，更需要建立完善的政府管理体系，协调城企之间的责任关系。在社会服务方面，受传统依赖心理的局限，企业家缺乏魄力与社会服务意识，政府难以支付大量公共资金，使一些企业社区成为社会服务的空白地带。因此，多方位实现矿城融合、产城融合也是

提升城市化质量的一个重要方面。在新型城市化建设中，由于资源型城市缘矿而建，一城多镇型、多城镇组合发展型、相对集中型的空间格局，实施不同的发展模式应围绕城企产业、空间及社会服务的关系，创造出适合不同类型城企关系的协同发展模式。

二、阳泉市阳煤集团产业及区位扩张过程

阳泉市的煤炭开采由来已久，北宋时就有居民以采煤为生，元、明、清采煤业进一步发展，中华人民共和国成立后更带动了建材、化工等产业的迅速发展。本节选取的研究对象为阳煤集团，其前身为阳泉矿务局，于1950年正式组建，1998年阳煤集团揭牌，由"工厂制"改制为"公司制"。经过60余年的发展，现已成为一个以煤炭和化工为主导产业，铝电、建筑地产、装备制造、贸易物流和现代服务业为辅助产业的强势发展的煤基多元化企业集团。阳煤集团与阳泉市是典型的单一大企业主导型城企关系，在二者互动的过程中，形成典型的资源型城市与资源型企业的协同模式。以下就基于阳煤集团的产业及区位的变迁过程研究其与阳泉市的协同转型过程。

（一）发展历程

阳煤集团的前身是阳泉矿务局，于1950年正式组建，企业发展60余年来，企业营业总值不断上升（图6-1），在2000年之后开始爆发性增长，企业规模逐步扩大；企业职工总数则呈现总体上升、局部年份波动的态势，于2008年达到最大规模（图6-2）。

对阳煤集团的煤炭产业与非煤产业营业收入进行分析（图6-3），从阳煤集团20多年的营业收入来看，1999年，非煤产业营业收入首次超过了煤炭产业，虽然2002—2005年非煤产业又被反超，但是从2006年开始，非煤产业再次超过煤炭产业的营业收入，且差距越来越大，反映出企业全面实现了产业的转型。

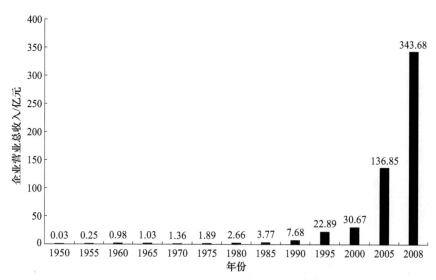

图 6-1　1950—2008 年企业营业总收入

资料来源：《阳煤集团六十年》编委会（2009）

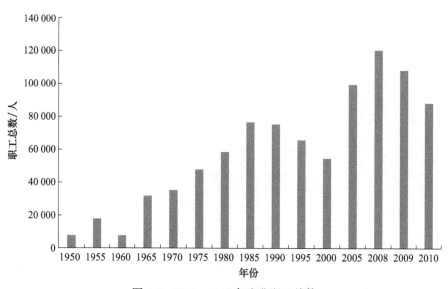

图 6-2　1950—2010 年企业职工总数

资料来源：《阳煤集团六十年》编委会（2009）、山西省统计局（2012b）

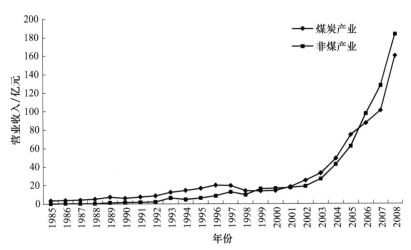

图 6-3　1985—2008 年阳煤集团煤炭产业与非煤产业营业收入

资料来源：《阳煤集团六十年》编委会（2009）、山西省统计局（2010）

（二）经营范围的扩大

回顾阳煤集团的发展，煤炭产业始终持续快速发展，由 1950 年初建时的 81 万 t，增长到 2013 年的 5000 万 t（包括在建和规划建设）。在保证煤炭生产的同时，开始多种经营，至今实现了非煤产业的规模化发展。对集团的生产脉络进行梳理，可以按照企业增长方式将集团的发展划分为 3 个阶段（表 6-1）。

表 6-1　阳煤集团开展多种经营的阶段划分

年代	阶段划分		特征	主要新增部门
1978 年以前	单一产业生产阶段		围绕煤炭的单一生产，煤炭挖掘，煤机修理	矿务局机电修理厂
1978—1992 年	一体化扩张阶段一	垂直一体化	内部一体化，以煤为主的产业链上下游的延伸，建材生产、建筑安装、商业服务	综合服务公司、电石厂、磁材厂、建筑安装队
		水平一体化	新矿井建设，提速与改扩建	二矿、五矿、贵石沟矿
1993—2006 年	一体化扩张阶段二	内部一体化	多种经营系统与原煤系统脱钩，规模化发展；形成以铝锭、磁材、建筑材料、热电、矿机、轻工、商贸为主的七大产业群	兆丰铝冶公司、润达磁材公司、新派塑胶公司、热电厂、安庆大酒店、宏厦公司
		外部一体化	加速并购重组整合地方煤矿，企业网络初步形成	寿阳黄丹沟煤矿、左权石港煤矿

续表

年代	阶段划分	特征	主要新增部门
2006 年之后	多元化扩张阶段	内部一体化 "144"产业结构发展定位	兆丰铝业公司新增 57 万 kW 电力、40 万 t 氧化铝、10 万 t 电解铝项目，华越公司，华鑫电气有限公司，京宇磁材有限公司，宏厦公司五大建筑房地产企业；8 个矿井煤层气抽采系统
		外部一体化 并购重组地方煤矿进入高峰期	成立天安能源投资有限责任公司，进行煤炭资源的重组

资料来源：《阳煤集团六十年》编委会（2009）

　　阳煤集团在发展过程中，产业链不断延伸，多种经营扩张，逐步扩展经营范畴，由煤化工扩展到物流、房地产等现代商贸产业组成的产业体系，2008 年，煤炭产业与非煤产业的生产经营总值比值为 41.34∶58.66，产业结构发生了根本性的转变。

　　这种企业转型模式在其他地区也存在，即一个资源型城市围绕矿业形成的辐射式产业链的产业结构体系（图 6-4）。除了上下游企业外，还可以带动金融业、房地产业、公共交通、保险业等行业的发展。从目前阳煤集团的产业体系来看，构建了以矿产资源为中心的产业体系，除了煤炭产业的上下游产业外，选择市场前景好、技术先进、产业关联度大、具有动态比较优势的主导产业群体，实现产业的转型。由于新的产业新的工厂往往是向外扩展到

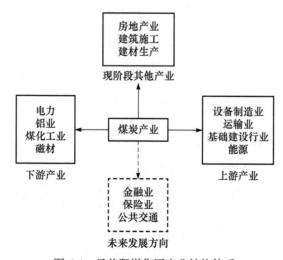

图 6-4　目前阳煤集团产业结构体系

新的区位的，或者直接建在外地，原来的矿区则因技术提升、资源衰竭等，采矿的人数减少了，就业人员的结构发生了改变。另外，还带动了阳泉市金融业、房地业等行业的发展，为将来煤炭产业衰退时城市的经济持续发展创造条件，使阳泉市依托企业在生产、生活各行业建立配套产业，非基本职能与基本职能共同提升。

（三）空间扩张

在计划经济时期，资源型企业大多为国有，是按照国家层面的计划进行生产组织的，对周边地区的带动、辐射作用极为有限。进入市场经济时期，为了企业效益和应对市场需求，企业的经营范围扩大，对周边城市的带动作用也日益凸显。纵观阳煤集团的发展历程，结合产业结构的变化，企业在城市空间的变化可以分为两个阶段（表6-2）。

表6-2　阳煤集团空间布局变化两个阶段

阶段划分	区域	主要部门	主要区位	主要（新增）企业
单部门单区位（20世纪50—80年代）	矿区	采矿	矿区	阳泉矿务局一矿、二矿、三矿、四矿
多部门多区位（20世纪90年代以后）	阳泉市域内	采矿	矿区、盂县、平定	新景矿、贵石沟矿
	以山西省省内为主	采矿	和顺、寿阳、昔阳	长沟煤矿、黄丹沟煤矿、运裕煤矿
		交通	阳泉市	天成集运站
		综合服务	晋中、太原、朔州	开元公司、泰安公司
	山西省省外	化工	淄博、深州、青岛、烟台、石家庄	齐鲁一化、深州化肥有限公司、恒源化工有限公司、巨力化肥有限公司、正元集团

资料来源：《阳煤集团六十年》编委会（2009）

第一阶段为单部门单区位阶段。20世纪50—80年代，以老矿区为原始区位，优越的区位条件和丰富的资源禀赋，为企业的发展提供了优势，产业为采矿业。此时企业形式十分简单，组织功能单一，仅管理4个矿的生产，产品为煤炭类单一产品。

第二阶段为多部门多区位阶段。20世纪90年代以后，随着企业生产规模的扩大，老区以外新建矿井增多，在空间上逐步向市域其他区县扩张。在阳泉市域盂县、平顶新坤新景、贵石沟等煤矿。同时，由于企业多种经营的规模化发展，一些承担特殊功能的专业化部门建立起来，企业空间格局呈现不同功能部门在空间上的分工，变为多区位。

1998年，阳泉矿务局改组为阳煤集团，随着企业生产活动多样化程度的加深，集团下属多个分公司分别对各种产品、部门的生产活动进行管理，呈现多分部结构，地理位置也更为分散。成立了"天安能源投资有限责任公司"，由其全权代表阳煤集团整合煤炭资源，联营兼并地方煤炭企业，进行能源投资开发，在和顺、寿阳等县组建了长沟、黄丹沟等煤矿，企业的空间扩张延伸到阳泉市域之外。在山西省外，以投资、参股等形式对淄博、深圳、青岛等地的多家企业、集团进行管理，组织生产和销售。

这一企业空间扩展的过程是由单一区位转向多区位的过程，在空间上的表现为由市区、矿区转到平定、盂县，市域内转向市域外（和顺、寿阳等），省内（朔州、晋中等）转到省外（河北、山东等），呈现出由近及远的空间扩张特征。阳煤集团企业扩张的区位指向表现在于，原始区位仍是核心生产部门，市中心则是管理部门，绝大多数采矿业部门仍在阳泉市市域范围内谋求未来的发展，这主要可能是由于企业已经与当地建立了密切的社会网络关系。扩张到外省的部门主要为化工部门，体现了企业网络中专业化的分工，这一结论与其他区域的大企业研究极为相似。

通过上述过程的产业转移和空间扩张，原矿区仍以采矿职能为主，阳泉市域内的阳煤集团职能部门则集中在管理（并购、重组）职能及建筑等其他服务业，省内其他地市的部门以规模矿业为主，省外的部门则以化工业为主。可见，阳煤集团通过并购、重组、参股等形式，使业务部门在空间上扩展，强化了初始区位的管理职能和煤炭业的专深化职能。

三、阳煤集团对阳泉市城市转型的影响

（一）阳泉市的产业现状

根据《山西统计年鉴》国民经济主要核算指标的相关数据，阳泉市三次产业的产值和从业人数的比重变化不大，第二产业无论是产值还是人数都占据主导地位，但也显示出一些变化趋势。第二产业的产值略有上涨，同时第三产业的从业人数略有上涨，且二者的变化趋势一致。从绝对量上看，除第一产业产值和人数均下降以外，第二、三产业的产值和人数都呈现上升态势，第二产业的产值上升更为突出，主要原因在于企业以市场为导向，延长了产业链，生产了附加值更高的产品，从而获得了更好的收益。但是，阳泉市作为一个传统的资源型城市，产业结构仍然偏重，在地区生产总值及产业人数的结构中，第二产业生产总值占比在60%左右，第二产业从业人数占比在30%左右（图6-5，图6-6）。因此，城市转型的任务较重。

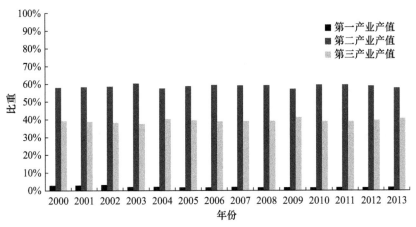

图 6-5　2000—2013 年阳泉市三次产业地区生产总值比重

资料来源：相关年份《山西统计年鉴》

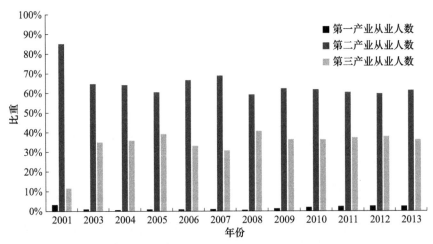

图 6-6　2001—2013 年阳泉市三次产业从业人数比重

资料来源：相关年份《山西统计年鉴》

（二）阳煤集团在阳泉市的产业地位

与阳泉市整体的经济水平相比，阳煤集团的工业总产值占阳泉市的比重整体呈现增长的态势，部分年份略有波动，2007—2010 年稳定在 40%—50% 的水平（图 6-7）；在从业人员总数方面，此比重也呈现类似的变化趋势。对应"单一大企业主导型城市"的有关指标，企业的经济贡献率占城市国民经济中的份额高达 30%—50%，企业从业人员占全社会从业人员的比重一般也在 30% 以下（图 6-8），阳煤集团和阳泉市的关系属于此类，阳煤集团的转型必然会从多方面影响和带动阳泉市的转型过程。

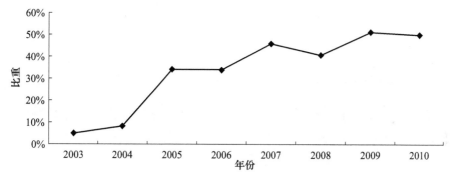

图 6-7　2003—2010 年阳煤集团占阳泉市工业总产值比重

资料来源：相关年份《山西统计年鉴》

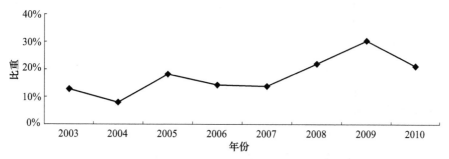

图 6-8　2003—2010 年阳煤集团占阳泉市从业人员总数比例

资料来源：相关年份《山西统计年鉴》

通过相关关系分析阳煤集团与阳泉市的产业协同关系，对阳煤集团工业总产值与阳泉市工业生产总值进行指数分析，得到相关关系式：$y=2E+06e^{3E-0.7x}$，$R^2=0.9548$，呈显著相关，说明阳煤集团在阳泉市的工业生产中占据主导地位，且二者均在稳定地发展、壮大（图 6-9）。

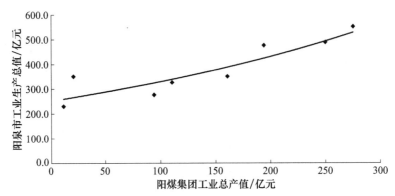

图 6-9　阳煤集团工业总产值与阳泉市工业生产总值的相关关系

资料来源：《阳煤集团六十年》编委会（2009）、相关年份《山西统计年鉴》

（三）城市功能区域扩展与城企关系

城市为工业提供空间载体，实现工业区位与城镇区位的空间融合是工业化与城市化发展的前提。从城市内部空间结构来看，根据极差地租理论，各类用地布局按产业的不同呈现出明显的区位特征，大型工业区被划在远离城市中心的外围区域。即使是重工业城市，也把企业与市区之间隔开一定的距离，保持相对的功能独立，但是随着城市的扩展，市区与企业之间的空间距离越来越近。企业与所依托的城市之间形成了对空间的竞争，而解决的途径一般是企业搬迁或企业转型。企业产业结构的变化导致其所需区位的变化，最终引致城市内部空间结构的变化。

资源型城市的产生总是伴随着采矿点而兴建的，采矿点的空间分布呈现采矿点的近域扩张及点状离散的态势，形成了典型的"城区 ＋ 矿区"双核格局，这一格局长久存在，并直接影响着城市等级的划分。阳泉市所属的 5 个区、县中，矿区一直作为市区参与统计。但是，企业规模不断扩大、某些职能强化之后，会产生分区极化的现象，最终形成综合性城市后，会产生融合的多组团圈层格局。

对于市域范围而言，在已有的阳泉市城市总体规划中，对阳泉市城市性质的定位主要集中在能源基地和区域型次级中心两个方面。由于长期的采矿业主导型产业发展，工矿企业布局分散，土地利用不集约，且受以往矿业企业办社会模式的影响，矿区生产区与企业办公区、职工生活区仍未分离。从功能来看，城区和矿区存在功能混杂，腾挪空间局限，公共设施配套、交通条件、绿地环境等难以大幅改造，居住生活环境较差等的问题。基于阳泉市以煤炭资源为核心的产业基础和资源条件，阳泉市城市总体规划中，提出了组团式发展模式，即老城组团（老城区和矿区）、新城组团（包括新城和荫营）、平定组团（包括平定城关、冶西镇）结合，以生态隔离带和城市快速道路系统相连，实现了公共服务与煤炭开采既相对分离又彼此联系的空间关系。这样的布局使城市功能有了较为清晰的区分，老城组团主要为全市的传统商业服务中心、矿区生产与生活基地；新城组团主要是城市行政商务和文化教育、新型产业聚集区；平定组团承担县级行政、商业文化职能，打造能源与制造业基地、物流中心。空间扩展的方向，由于地形、生态涵养及压煤区和采空区的限制，工业向南，即平定县方向延伸，最终实现阳泉与平定一体化建设，提升平定县的职能。

从区域层面来看，阳泉市作为区域性的中心城市，依靠企业内部及之间的联系，与周围地区形成了相关的产业网络和其他一体化的空间。特别是由于大企业的总部和分部、产业链上下游之间资源供给、产品生产与市场销售过程形成的区域间的联系，阳泉市在更广阔的区域范围内重要性得到提升，其中的企业管理职能、服务业、物流等第三产业职能的提升更为明显。

四、城市发展中面临的空间协调问题

（一）空间扩展和功能提升动力不足

阳泉是一座因煤而立、因煤而兴的城市。煤炭既是阳泉的立市之本，也是阳泉最大的隐忧。传统的能源基地经济发展模式造成阳泉市产业结构单一、能耗高、污染高，发展动力不足、活力不足、后劲不足，转型不易。

近年来，随着煤炭开采量的日益增加和煤炭资源储量的日益减少，为了避免造成"矿竭城衰"的局面，"资源型城市如何转型发展为宜居城市"已成为阳泉市的首要任务。未来应在可持续发展要求的指导下，注重节能降耗，积极发展循环经济，通过打造新型能源和新型材料工业基地，加大特色产业群和现代服务业产业群等替代产业的培植力度，实现产业结构由单一主导型向多元主导型转变，实现阳泉从单一的煤、电主导型产业向多元化产业支撑体系的发展。

（二）生态空间格局碎片化

由于长期的过度开发和粗放式经营，阳泉市产业结构单一、抵御经济风险能力弱，严重破坏了自然生态环境与人居环境。阳泉市煤炭采空区面积达到350km²，占市区总面积的53.52%；伴随煤炭开采，该地区原生地质环境遭到严重破坏，造成采煤区内地表裂缝、土地沉陷、建筑物破坏、工业设施管线受损、山体滑坡、地下水疏干、矸石山堆积、水体大气土壤污染、耕地退化、植被破坏等地质问题和地质灾害。这些灾害大多是永久性的地质灾害，具有影响长远和不易恢复的特点。生态空间格局上，一是散，城市主要组团和空间结构皆沿自然地形扩张，城市内聚效应不突出；二是碎，煤矿无序开发对自然山川地形破坏比较严重，煤炭塌陷区散布在阳泉市主城区周边和郊区，修复难度较大；三是缺，城市公共绿化空间分布不均衡，地表水源和地下水较为缺乏，生态修复难度较大。

（三）城市生活空间局促

阳泉老城区生活空间受自然地形、人口和建设用地日益增长等诸多因素的影响，城市用地集约度较高，可发展空间十分有限。另外，老城区受资源分布和"先生产，后生活"建设方针影响，工业与生活用地相互交叉布局，老城区部分用地功能不尽合理，对城市环境造成较大影响。同时，在城乡二元管理体制下，"城中村"建设布局混乱，市政及公共服务设施不配套，各种用地混杂，国有集体土地相互穿插，村内道路狭窄，外来人口聚集。受以往矿业企业办社会模式的影响，矿区生产区与企业办公区、职工生活区仍未分离，矿区功能混杂，腾挪空间局限，公共设施配套、交通条件、绿地环境等难以得到大幅改善。居住生活环境较差，部分建设用地位于沉陷区上方，建筑安全堪忧。

（四）产业空间布局分散

由于采矿及依托资源发展的产业具有非均衡、分散布局的特点，在阳泉形成了各类资源型产业分布点多面广的态势，在城镇、乡村广泛分布。这类产业一般与居民点保持距离，并封闭运行和管理，因此产生"逆城市化"效应，不利于人口的集聚和服务业发展，貌似工业镇的镇区仍然没有脱离农村形象和功能。因行政体制的束缚、利益主体的多元化，市、区、矿工业在产业空间、用地布局等方面难以统筹兼顾。由于缺乏有效引导，各园区同质化及产业雷同，引进的工业项目功能重复、重叠，缺乏主导产业，产业链和集聚效益难以发挥。

（五）城市空间管理主体多元化

城市建设投资主体由单纯的国家、地方投资向国家、地方、企业多元化、多层次的渠道转变，城市利益分配关系也随之向国家、集体、个人利益分离的趋势转变。在城市管理上，阳泉市存在城市、企业、村集体等多个管理主体的空间分割。在各利益主体追求自身利益的过程中，势必会导致城市空间的不协调。

五、主要结论与协同路径

（一）主要结论

1）阳泉市是一个典型的资源型城市，煤炭资源决定了城市的定位。统计数据显示，第三产业产值及从业人员数量逐年增加，但是阳泉市产业结构仍然偏重，转型仍是城市未来持续发展的重要任务。

2）阳煤集团作为阳泉市最大的资源型企业，已经开展多种经营，走上转型之路。产业链由1950年建厂时的采矿业，发展为目前的多元产业结构体系。从产值来看，已经实现了煤炭向非煤的转型。从区位来看，经历了单部门单区位到多部门多区位的企业发展路径。随着市域外乃至省外资源产业的整合，原始区位职能的煤炭业功能强化、管理及第三产业化趋势明显，企业空间扩张方向遵循距离衰减定律。

3）企业和城市的转型过程不是一蹴而就的，城市功能往往与主要企业的定位有关，转型时产业结构的调整成为关键所在。在城市空间布局方面，应预留企业发展空间，特别是强化不同组团、功能区之间的交通联系，以实现企业内多部门多区位之间的协作。

（二）协同路径和对策

1. 企业多样化和空间扩张与城市功能的协同

阳泉是传统的晋东地区中心城市，需要在巩固晋东中心城市的基础上，进一步拓展中心职能。在传统封闭的条件下，中心职能包括中心地职能和生产职能两大门类，中心地职能以批发零售、餐饮服务等传统服务业为主要门类，而生产职能则主要是以"遍在工业"为主体的工业职能。长期以来，阳泉作为传统的中心城市，体现其中心职能的主要是以煤炭采掘为核心的生产职能，以周边生活服务为核心的中心地职能，以行政办公为主体的行政中枢管理职能，而新兴的以生产服务为核心的经济中枢管理职能则较弱。针对这种情况，应该大力培育新兴中心职能类型，增强中心职能的空间尺度，使阳泉成为晋冀边际地区的区域性中心城市。一方面，通过阳煤集团的多样化发展，实现制造业和服务业的多样化，同时重点通过城市发展生产者服务业，发展经济中枢管理职能，提升生产职能的档次和门类；另一方面，通过阳煤集团的空间扩张和网络联系，强化城市与腹地的经济技术联系，发展辐射功能。

2. 城镇发展空间上城、矿、乡的协同

通过城矿的融合、新城老城的融合，拓展中心城市的发展空间，产业、服务、生产、生活等多方面实现空间协同。依托资源、区位和产业特点，有选择地明确一些重点小城镇，引导其特色发展，完善城乡基础设施和公共服务设施配置，实现城乡基本公共服务均等化和基础设施网络化，促进城乡空间协调发展。采取轴带聚合的模式，构建以南北交通走廊为开发主轴的城镇与经济布局结构。加强主轴带与域外城镇的联系通道建设，增强相互间的经济联系与区域协作，构建开放型的市域城镇体系，形成内聚外联的城镇空间发展格局。

3. 生态空间与生产生活空间建设的协同

以采煤沉陷区治理为重点，突出生态恢复。因地制宜，因山就势，注重"显山露水"；保护水源地、风景区、野生动物栖息地等生态敏感区域；建设

生态网络，保护生态环境多样性。构建与区域相互联系的城市绿地系统，发挥山地优势，使绿化种植多样化、立体化。彻底改变资源型城市环境条件和景观面貌。加强广大乡村的绿化建设，突出田园特色。

4. 城市社区体系和社会空间的整合与协同

资源型城市企业办社会和传统单位制的居住组织模式，使其在社会空间分布上呈现集中性、封闭性和社会资源的单位垄断性特征，导致这类城市社区对企业的高度依附从属，使资源型城市的社区建设存在推力不足、社会公共空间形成缓慢等现象（田毅鹏，2004），严重制约城市的可持续发展。根据新城市主义社区规划的价值观理念（张侃侃和王兴中，2012），资源型城市需构建公平共享、融合的社区体系。具体的对策如下：减少大都市区域弱势居民的长距离通勤，使可支付（廉价住房混合区）住宅接近低技能工作地，或者使低技能工作场所接近那些最需要这些工作的人群，减少对租房和资助居所者的社会歧视，促使他们进入接近工作地区域的住宅；土地利用规划要采取接近公交车站的设施聚集模式，构成数分钟的步行设施，形成不依赖私家车的工作地点；在郊区产业区域布局功能完整的社区，形成上下班沿线的商业发展，郊区商业中心规划更加接近没有私家车的人群，同时应重视发展新的就业岗位，增加贫困居民的流动性，使各阶层工作、居住、交通和游憩四大日常行为具有基本的空间保证，促进城市社会重新成为一个整体。

第七章 煤炭资源型区域工业化与城市化空间协调布局战略与路径

一、资源型区域工业化与城市化空间协调布局的战略取向

（一）资源型区域空间重组的宏观背景与新要求

1. 区域发展的新特点

工业化进入中后期阶段，城市化在经历 30%—50% 的快速发展阶段后，进入 50%—70% 的中后期阶段。工业化、城市化进入新的发展阶段，将带来一系列趋势性变化，主要表现如下：增长动力由"投资主导—工业推动"的组合向"消费主导—服务业推动"的组合转化；发展动力由主要依靠投资驱动逐步转向主要依靠创新驱动；信息化与工业化的融合将推进产业转型升级，逐步形成农业现代化。新型工业化、服务信息化，促进三次产业形成融合互动的发展局面，使城镇在区域经济发展中的载体功能和集聚作用进一步强化。

信息已经成为越来越重要的生产因子和区位因子，促进了知识的扩散、应用和创新，导致经济和社会的空间重组。流动空间内无形通道的作用在强化，信息节点的空间组织作用在加强，而传统通道的作用在下降。在承转空间和地方空间内，传统物质通道仍然是主要的空间链接纽带，高速公路的空间组织功能愈加重要（陈修颖，2003b）。

新型城市化战略对城市化空间布局的转型提出了客观要求。新型城市化空间布局应有效提升不同地区的内需水平，显著改善民生质量，有助于实现以人为本的城市化；应有力支撑生态文明建设，与不同地区资源环境承载力相协调；应推动区域城乡发展一体化，有助于实现全面协调的城市化；应不断优化区域宜居宜业环境，加快构建现代产业发展新体系，有助于实现富有竞争力的城市化（樊杰等，2013）。

随着区域分工深化，区域间互为供求的双边、多边关系将更加紧密，区域合作广度、深度将得到进一步拓展，形式与手段日益丰富。区域一体化进程的加快推进将在一定程度上促进区域空间结构的相应转型。城市区域化、集群化发展将成为新时期城市化发展的重要趋势，城镇群将成为推进城市化的主体形态，城镇群对经济社会的作用将进一步加强，并将成为最具活力和实力最强的经济体系。

城市化与工业化进程中，资源环境约束的加剧，对城乡资源配置效率和城市化质量的要求将不断提高。

2. 国家区域经济政策的基本走向

主体功能区规划将成为促进区域经济全面协调发展的主要手段。"十一五"规划提出，根据资源环境承载能力、现有开发密度和发展潜力，统筹考虑未来我国人口分布、经济布局、国土利用和城镇化格局，将国土空间划分为优化开发、重点开发、限制开发和禁止开发四类主体功能区，按照主体功能定位调整完善区域政策和绩效评价，规范空间开发秩序，形成合理的空间开发结构。"十三五"规划进一步提出，强化主体功能区作为国土空间开发保护基础制度的作用，加快完善主体功能区政策体系，推动各地区依据主体功能定位发展。可见，建立科学合理的功能区划，按照不同的功能区制定并实施因地制宜的区域政策，将成为促进区域经济全面协调发展的主要手段。党的"十九大"报告中，把构建国土空间开发保护制度，完善主体功能区配套政策，作为加快生态文明体制改革、建设美丽中国的主要任务。按照主体功能区的思路，区域发展将更加强调经济社会发展与人口资源环境在空间上的协调，更加强调按照市场规律办事，促进人口和生产要素向优势地区集中。

以城市群为主体形态，推动大中小城市和小城镇协调发展成为新时期城镇体系布局的基本路径。《国家新型城镇化规划（2014—2020年）》强调，要以城市群为主体形态，推动大中小城市和小城镇协调发展，并提出加快培育成渝、中原、长江中游、哈长等城市群，使之成为推动国土空间均衡开发、引领区域经济发展的重要增长极。加大对内对外开放力度，有序承接国际及沿海地区产业转移，依托优势资源发展特色产业，加快新型工业化进程，壮大现代产业体系，完善基础设施网络，健全功能完备、布局合理的城镇体系，强化城市分工合作，提升中心城市辐射带动能力，形成经济充满活力、生活品质优良、生态环境优美的新型城市群。党的"十九大"报告进一步提出，以城市群为主体构建大中小城市和小城镇协调发展的城镇格局，加快农业转移人口市民化。这些论述说明，加快城镇群建设是我国城镇化新发展阶段的主体形态，加快推进中西部城镇群发展是实施国家主体功能区战略的重要任务，是优化城镇化格局的重要方向。

促进基本公共服务均等化与特殊类型地区的发展将进一步得到重视。"十三五"规划要求，推动新型城镇化和新农村建设协调发展，提升县域经济支撑辐射能力，促进公共资源在城乡间均衡配置，拓展农村广阔发展空间，形成城乡共同发展新格局。区域发展的总体战略部署也将相应调整和完善，老（革命老区）、少（少数民族地区）、边（沿边地区）、穷（贫困地区）、枯（资源枯竭地区）、库（区）等特殊类型地区的发展将进一步得到重视。"十三五"规划提出，加强政策支持，促进资源枯竭、产业衰退、生态严重退化等困难地区发展接续替代产业，促进资源型地区转型创新，形成多点支撑、多业并举、多元发展新格局。全面推进老工业区、独立工矿区、采煤沉陷区改造转型。支持产业衰退的老工业城市加快转型，健全过剩产能行业集中地区过剩产能退出机制。党的"十九大"报告提出实施区域协调发展战略。加大力度支持革命老区、民族地区、边疆地区、贫困地区加快发展，强化举措推进西部大开发形成新格局，深化改革加快东北等老工业基地振兴，发挥优势推动中部地区崛起，创新引领率先实现东部地区优化发展，建立更加有效的区域协调发展新机制。并提出，支持资源型地区经济转型发展。

区域一体化与城乡一体化日益受到重视，不同区域的试点正在展开。为推进区域、城乡一体化进程，近年来，国家确定了许多先试任务的改革试验区，在城乡统筹、区域协调发展方面积累试点经验，为推进区域一体化、城乡一体化发展奠定了基础，区域、城乡协调发展的体制与机制将逐步完善。

3. 资源型地区转型对空间重组提出新要求

以山西省为例，区域发展进入加快资源型经济转型的新阶段，经济活动的空间方式必然会产生变化，影响经济集聚和扩散的力量会发生改变，未来宏观经济区位的优化、交通通道建设、产业结构升级、产业集群的演变都将对区域空间结构和区域协调发展产生重大影响。具体来看，有以下几个方面。

1）交通设施建设，使区域宏观区位优势显现，外来投资推动空间演变的动力将不断强化。山西省位于我国中部地区北部，处于国家实施中部崛起战略的重要区域。石太高速铁路、太中银铁路、青岛—银川高速公路主干线形成连接京津核心区、山东半岛经济发达地区与西北地区的重要通道，承东启西的重要交通枢纽地位将进一步提升，"东引西联"节点区位的潜在优势将逐步转化为现实优势。在产业梯度转移中，都市区、城镇密集区、产业园区是最重要的承接载体。在此转移过程中，山西中部地区交通区位的改善和资源的"引力场"效应决定了在承接产业转移方面具有先发优势，制造业外来投资越来越向山西中部城市地区集中，而服务业外资则越来越多地向太原等大中城市集中，山西省中部地带、大中城市在区域经济发展中的地位将进一步提升。不同产业部门外来投资的空间分布格局在一定程度上反映了各地区在不同产业上的现实发展条件，各地区吸引外资的部门结构差异有利于全省产业分工格局的形成。

2）经济转型和产业结构高度化，需要空间组织模式的优化和协同作为支撑。空间结构作为社会经济要素及产业的核心空间载体，需要适应经济转型发展，引导生产要素的合理流动与集聚，为产业结构调整提供空间导向与空间控制，最大限度地规避空间格局不经济的制约作用，创造一个开放、高效、集约的空间环境，以形成经济结构调整与空间结构调整的互促互动态势。

3）城乡生态化建设，要求区域开发更加关注对自然生态环境的保护。要求空间开发不但要促进自身经济的增长和竞争力的提升，而且更加强调社会公平和生态环境保护，需要更加关注人与自然环境的协调，关注自然生态环境的保护和居民生活环境的改善，通过空间布局调整，促进可持续发展的多重目标的实现。

（二）资源型区域工业化与城市化空间协调布局的基本目标

区域工业化与城市化空间布局协调就是要根据区域资源环境的承载能力，统筹区域人口分布布局、产业布局、城镇体系和基础设施，实现人口、居民点、产业在不同空间尺度上的协调与资源环境承载力在空间上的协调，使要素能够充分流动和优化配置，形成空间中人的发展机会和福利水平相对公平、生态环境可持续发展的空间格局。

区域工业化与城市化空间布局协调发展的目标与标志如下：①过程协调。产业集聚过程和人口集中过程与区域发展阶段相协调，人口分布与经济发展的空间格局相一致，人口集中度与经济集中度、资源集中度在地域空间上相吻合。②结构协调。产业结构及演进与城镇体系结构及演进相协调，形成合理和高效的城市体系功能结构以适应环境变化和经济发展的需要，空间格局有利于优化资源的空间配置、提高资源配置效率和经济总体的竞争力。③功能协调。城市内部企业区位需求与城市空间供给、产业空间与生活空间相融合，生产功能和城市生活功能相适应，实现产城融合互动。④效应协调。工业化与城市化空间格局与区域的资源承载力相适应，与主体功能区划相协调，城乡生产、生活、生态空间布局有序，城乡之间的经济社会联系强，城乡居民能享受到均等化的基本公共服务，人民生活水平差距趋向收敛。

以山西省为例，工业化与城市化空间布局协调的总体目标是通过科学引导和有效干预明确区域功能定位，优化空间资源和生产要素配置，提升太原都市圈和其他城镇群的竞争力及参与经济全球化能力；充分重视并发挥各地区的比较优势，构筑合理的区域合作与分工格局；继续推进（革命老区、贫困地区）"两区"开发，推进基本公共服务均等化，缩小地区发展差异；统筹区域发展格局，促进人口与经济活动合理集聚，为区域经济、社会发展构建具有高度适应性，集约、高效、可持续发展的空间载体。具体包括：①优化空间资源和生产要素配置，促进人口与经济活动合理集聚，构建集约、高效的空间开发格局，打造一个可以上升为国家战略层面的重点发展区域，成为牵引山西经济转型发展的新的经济增长极和新兴经济生长空间；②充分重视并发挥各地区的比较优势，加快推进主体功能区形成，逐步构建主体功能清晰的省域空间功能分工格局；③通过矿（区）城（镇）融合、产（业）城（镇）一体，协调矿区布局与城市建设的矛盾，形成产业与城市融合互动发展态势；④统筹区域发展，推进基本公共服务均等化，实现区域公共服务的均等化目标；⑤加快晋西山地丘陵区、晋东土石山区、晋北风沙源区生态功能区的点状开发与面状保护，缓解生态脆弱区域的资源环境压力，实现空间开发与资源环境的协调。

（三）山西省工业化与城市化空间协调布局的战略取向

根据山西省自然地理条件、工业化和城市化一般规律及山西省工业化和城市化面临的特殊问题，空间布局战略的基本取向如下。

1）处理好大中小城市与小城镇协调发展的关系，合理引导人口与产业的空间集聚

"大城市不大、中等城市不强、小城市不特、小城镇发展缺乏动力"是山西省城镇发展面临的主要问题。从城市化与工业化阶段来看，山西省工业化与城市化均处于发展的中期阶段，集中化是发展的基本趋势。随着我国市场经济体系的逐步成熟，区域经济分工格局的弹性化、动态化及山西省对外开放与对外联系的不断强化，经济要素的流动性会日益提高。处于全省中心区位的省域中心城市，与处于对外联系主要方向的具有门户区位优势的大同、阳泉、晋城、运城等城市发展优势更为明显，人口集聚趋势进一步加强，在城市体系中的地位进一步提高。农业产业化、农村非农产业的规模化与合理集聚，将促使县域中心城镇脱颖而出，促进小城镇规模结构分化，打破了小城镇低水平均衡发展态势。因此，在城市化发展的新阶段，应坚持以大带小原则，以省域中心城市、区域性中心城市和县城建设为重点，引导人口相对集中分布、经济相对集中布局，加速提升中心城市和县城的集聚能力与辐射能力，提升城镇体系整体竞争力，构建高效、集约的空间开发格局。

2）处理好工业化和城市化进程中全局与局部利益的关系，走以城镇群为主体形态的集群式的空间布局道路

转变发展方式，山西也必须优化空间布局格局，以增强综合承载能力为重点，强化以城市为中心的区域发展模式，实现高效、集约的空间开发。要把提高空间利用效率作为省域空间开发的重要任务，发挥中心城市的辐射和带动作用，积极导入城市群发展模式，引导人口相对集中分布、经济相对集中布局，使城市群成为现代服务业、新型工业、现代农业的龙头，成为要素集聚、产业集群、经济集约的增长高地，打造一个可以上升为国家战略层面的重点发展区域，成为牵引山西经济转型发展的新的经济增长极和新兴经济生长空间。

3）处理好城市化与主体功能区建设的关系，形成与主体功能定位相适应的空间格局

依据主体功能区区划，对省域空间进行功能分区和发展方向定位，实行分类管理的区域政策，规范开发秩序，逐步走向理想的省域空间功能分工格局。基本格局如下：构建以太原经济圈、大运经济带为主体的城市化战略格局和以先进制造业、现代服务业为主体的经济区域；构建以雁门关生态畜牧经济区、中部粮棉主产区和东西两山杂粮干果产业区为主体的农业战略格

局；构建以晋西山地丘陵区、晋东土石山区、晋北风沙源区三大生态屏障为主体的生态安全战略格局。

4）处理好城矿乡协调发展的关系，走城矿乡统筹发展的道路

突破城乡、城矿"二元分割式"的发展思维，将人口向城镇集中、城镇就业岗位创造和资源型经济转型、农村经济发展统一起来。统筹推进城市化和新农村建设，以工业向集中发展区、农民向城镇和新型农村社区、土地向适度规模经营的"三个集中"，以及城乡基础设施、公共服务、社会保障"三个一体化"为着力点，加快构建以产业化提升农业、工业化繁荣农村、农民市民化的城乡一体化发展的格局。把引导乡镇企业合理集聚、完善农村市场体系、发展农业产业化经营和社会化服务等与城镇建设结合起来，尽快形成一批有影响、有特点的重点小城镇，带动县域经济发展和社会主义新农村建设。

以体制创新为突破口，以棚户区改造、城市空间整合、企业转型、塌陷区整治等为重点，有效解决工矿企业与驻地城市、工矿城市与邻近区域的二元化问题，大力提高城市发展的质量和效益，建立弹性、高效的城市经济开发体系，推进工矿城市的转型发展。

（四）山西省工业化和城市化空间协调布局的战略重点

1）实施"空间集中化"战略，构建高效、集约、开放、可持续的城镇体系空间组织结构

根据区域发展非均衡模型与区域经济和人口分布变动的波动推进过程，在区域发展的相当长时期内，人口与经济的空间集中化是区域发展的内在规律，非均衡发展是区域空间结构演进的主旋律。目前山西省处于工业化中期阶段，区域人口与经济非均衡发展是重要战略选择。山西省经济与人口分布均表现出明显的不均衡性。在三大地带层次上，经济与人口分布均具有向中部地带集聚的特征。在集聚程度上，经济的集中程度高于人口的集中程度，人口经济活力在中部强而在东西部山区弱，人口与经济动态呈逆向演化态势，是人口与经济协调发展问题最为突出的地区，同时也是生态问题最为突出的地区。在县市层次上，人口分布与经济分布的区域匹配关系在不断提高，但人口地理分布的集中化程度低于经济分布的集中化程度。城市化水平与区域经济水平表现出较高的相关关系。山西省城镇经济与人口集聚功能不强，城镇人口集聚程度仍较低。城市平均人口规模远小于全国平均水平，且近年来

发展速度较慢，小城镇数量多、规模小，处于低水平均衡发展状态，缺少区域增长的"引擎"和亮点。为此应实施空间集中化战略，构建高效、集约的空间格局。

遵循经济可达性、社会可达性和人口、经济与生态环境可持续发展原则，利用市场经济的动力机制，结合政府政策引导，积极促进人口与生产要素向发达区域、重点开发轴带、重点开发区域和重点城镇集中，逐步使全省区域发展具有良好的规模效益、低交易成本和高投资回报率，获取区域竞争优势，同时缓解生态脆弱区域的人口压力，建立起人口、经济与生态环境协调的区域格局。在省域层次上，积极促进人口和生产要素向中部盆地和区域性中心城市集聚；在县市层次上，积极推进人口与经济要素向县城和中心镇集中；在乡村层次上，综合扶贫移民、生态移民和工矿区综合治理等政策，缩并地理区位偏远、地质环境恶化、人口少、生活环境恶劣的农村居民点，重构区域村庄布点体系（郭文炯等，2004）。

2）实施城市化数量与质量同步提升战略，促进城市化与新型工业化进程相协调

鉴于全省城市化进程中城镇化水平"虚高"和发展质量偏低的实际，区域城市化的推进一定要从实际出发，合理把握城市化进度，使城市化与地区经济实力和发展水平相适应，使城市化和经济结构战略性调整升级有机地结合起来，在继续保持较快城市化速度的同时，把提高城市化质量放在重要地位，着力提高城市发展质量。提高城市化的质量关键在于，提高城镇土地产出率和资源配置效率，优化城镇产业结构和空间结构，建立良好的人居环境，建设现代化的城镇文化和城镇风貌；以效益和质量为中心，实现规模效益、集聚效益、城市化效益的同步递进，实现人口城市化、产业城市化、景观城市化的全面发展，扎实有效地推进城镇的现代化进程。

3）实施城镇集群化发展战略，强化城镇之间的分工与合作，构建新产业集聚与创新增长的空间

山西省转变发展方式，必须优化国土开发格局，以特大城市为依托，形成辐射作用大的城市群，培育新的经济增长极，成为牵引山西经济转型发展新的经济增长极和新兴经济生长空间。

实施城镇集群化战略，首先要促进城镇之间的职能分工合作。职能分工，意味着城市职能强化，带来城市职能能级提升，辐射范围扩大，不仅是腹地范围扩大，对区域以外的影响力也会增强，这两个方面因素会带来城市、城

镇的经济增长与就业人口的增多，城镇规模扩大。如果将其称为职能分工或
职能强化的直接效应，那么城市职能分工或强化的间接效应，则是职能扩张，
即辅助城市职能或派生城市职能的产生与强化，对非农就业人员产生需求，
进而推动城市人口规模扩张；反过来，城市人口规模扩大，通过对原有职
能或辅助、派生职能的需求，会进一步强化原有职能与派生职能（图7-1）。

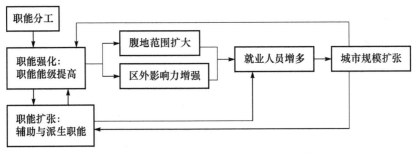

图 7-1　职能分工、职能强化与城市人口规模扩张

　　按照"空间集聚、组群推进、城乡统筹、协调发展"的原则，走以中心
城市为依托、以城镇群为主体形态的大中小城市和小城镇协调发展的集中型
城市化道路。充分发挥各级城镇特别是中心城市在经济社会发展中的主导作
用，以体制创新和产业集聚为动力，以增强城镇群和中心城镇辐射带动能力
为核心，加速推进太原—晋中同城化，着力发展太原都市圈，重点建设地区
性中心城市，培育壮大晋北、晋南、晋东南城镇群，积极推进县级市和大县
城建设，择优培育有产业支撑的中心镇，逐步形成以太原都市区为核心，"一
核一圈三群"为主体，大中小城市与小城镇协调发展、分工明确、功能互补、
布局合理的城镇网络体系。结合城镇体系布局，以中心城市为龙头、城镇群
为依托，按照"板块化发展、园区化承载、集群化推进"的模式，优化产业
结构与布局，积极引导企业向园区集聚，推进产业集聚发展、集约发展，培
育发展专业分工明确、协作配套紧密、规模效应显著的产业集群，成为全省
招商开发和新型产业集聚的主要平台，形成新的高速增长的经济板块。

　　4）实施工矿城市"再城市化"战略，构建资源型城市经济转型的产业
空间

　　实施以城市产业升级、园区重组和载体功能提升为重点的"再城市化"
战略，大力提高工矿城市发展的质量和效益，提高城市资本集聚、产业更新、
技术创新、综合服务与示范功能和城市综合承载能力，促进城市由工业生产

中心向现代人居中心转化是资源型区域城市化战略的重要环节。

改革开放以来，我国大、中城市各类开发区、城市新区的建设，对于新兴产业发展及产业结构升级发挥了重要作用。而工矿城市产业园区还存在产业集聚能力不强、园区与所在城市的发展相脱节等问题。为此，一方面要着力推动园区产业结构升级，强化集群、集聚和辐射效应；另一方面，要按照布局集中、产业集聚、用地集约的要求，引导产业向园区集中，促进园区与城镇有机融合，促进园区建设与城镇发展的良性互动。

全面提高城镇综合承载能力，是工矿城市推进城市化的关键环节。大城市要把解决交通问题放到突出位置，加强城市道路和公共停车场建设；完善文化、体育、医疗等城市公共服务设施布局，加强科技和高等教育设施建设；中小工矿城市重点加强城市供热、供气、道路等设施建设，并做好污水、垃圾处理设施的运行工作；面向"三农"（农业、农村、农民）服务，加强科技、教育、卫生和文化服务体系建设，形成服务农村的区域中心。

5）推进主体功能区战略，促进产业布局、城镇建设与资源环境保护相协调

实施山西省主体功能区规划，并按照功能定位调整和完善区域政策、绩效评价，切实加强对空间资源开发利用的宏观调控，合理配置和利用各种资源，合理安排产业、城镇、乡村及生态保护区域的空间开发强度和开发次序，切实保护自然、人文资源和生态环境，实现城市与人口、资源、环境协调发展。以空间管制为手段，促进城镇建设与资源环境保护的协调发展。

6）实施融圈战略，强化省际、区际区域合作

实施融圈战略，加速融入京津冀，加深与长江三角洲和珠江三角洲地区的经济合作。京津冀是山西省与东部发达地区区域联系最为紧密的区域，也是参与地区经济合作的纽带，山西省东向合作的首选区域应为京津冀，要加速融入京津冀，推进政府、企业层面的全面合作。重点领域如下：经济领域，进一步加强在能源、旅游、农产品、现代服务业领域的合作，做好产业对接，积极主动承接产业转移；基础设施建设领域，重点推进交通网络、出海通道建设方面的深层次合作和网络衔接；资源环境领域，作为京津冀重要的生态屏障，重点推进生态建设方面的合作。

以构建"三西"（山西、陕西、内蒙古西部）能源经济区为重点，扩大与中西部地区的经济合作。重点加强与陕西、内蒙古、宁夏及河南等的合作。重点合作领域为能源经济、老工业基地、特色资源开发、生态建设与环境治

理、物流、旅游、科技等。

（五）山西省工业化和城市化空间协调的战略格局

改革开放以来，围绕国家和山西省不同时期的经济社会发展目标，山西省不断完善区域经济发展的基本思路和布局框架。根据不同时期国民经济和社会发展五年规划纲要，山西省不同时期空间布局战略如下。

"九五"时期，提出搞好沿交通主干线经济开发，开辟太旧、大运、东长等几个经济走廊。充分发挥大中城市的带动和辐射作用，逐步形成布局合理、各具特色的太原、大同、阳泉、晋东南、晋南和吕梁6个经济区的区域发展战略。

"十五"时期，提出加快实施城镇化工程，走大中小城市和小城镇协调发展的城镇化道路，形成分工有序、功能互补、结构合理的城镇体系。积极培育区域优势经济、县级特色经济和小城镇辐射经济，形成合理的区域经济布局。

"十一五"时期，提出形成以南北纵贯的大运高速公路、同蒲铁路及其沿线基础设施为主脉，向东西两翼地带拓展的交通基础设施为支脉的"叶脉型"城镇布局基本框架，以及由晋北、晋中、晋南、晋东南4个一级城市经济区组成的区域经济空间格局。

"十二五"时期，提出按照"空间集聚、组群推进、城乡统筹、协调发展"的原则，吸引人口、产业向发展条件好的6个盆地相对集中，形成"一核一圈三群"城镇空间布局，推进区域性国土开发进程。"一核"即由太原市区、晋中市区、清徐县城、阳曲县城构成的太原都市区，是全省城镇体系的组织核心，经济转型发展的增长极核。"一圈"即太原都市圈，以太原都市区为核心，太原盆地城镇密集区为主体，辐射阳泉、忻定原、离柳中城镇组群的都市圈，包括太原、晋中、吕梁、阳泉、忻州5市的30个县、市、区。该区域是省域经济与社会事业最为发达的核心区域和最为重要的城镇密集地区。"三群"即以大同、朔州为核心的晋北中部城镇群，以临汾、运城为核心的晋南中部城镇群，以长治、晋城为核心的晋东南中部城镇群。

"十三五"时期，提出立足山西区位特点，积极推动东融西进南联北合，加强与周边区域融合发展。大同、朔州、忻州要用好面向京津冀蒙和俄罗斯、蒙古的区位优势，真正成为环渤海地区的广阔腹地和京津"后花园"。阳泉要发挥好山西东大门的优势，力争成为山西走向京津冀和环渤海的重要桥头堡。长治、晋城要力争成为山西走向冀鲁豫和长三角东部发达地区的重要支撑。临汾、运城要积极成为晋陕豫黄河金三角在新欧亚大陆桥、丝绸之路经济带上的重要节点。吕梁要面向陕甘宁，积极参与区域合作。发挥城市群辐射带动作用，优化城镇化布局和形态，全力打造"一核一圈三群"城镇化格局。积极构筑晋北、晋南、晋东南三大城镇群，加快提升城镇群的整体实力，使三大城镇群成为具有较强竞争力的增长型区域。

经过多年的努力，山西省在优化区域布局和协调发展方面取得了明显成效。但总体而言，山西省历次国民经济和社会发展规划中，更加注重产业结构的调整而忽视空间结构的重组，在空间引导、组织、协调、约束等功能方面有所欠缺。根据上述山西省工业化和城市化空间协调布局的战略取向与战略重点，在新的发展阶段，山西省工业化与城市化空间布局应在"一核一圈三群"城市化布局战略基础上，更加注重发展的区域协调性，精准突破特殊类型地区发展的关键短板，注重空间格局的开放性，积极推进与周边重点区域的合作，塑造河谷盆地活力开放的城镇空间格局，建设山地丘陵人文荟萃的美丽宜居家园，形成全方位开放和合作共赢的区域格局。

1. 工业化与城市化重点区域

继续推进"一核一圈三群"城市化战略布局，加快形成新型城市化发展新格局，增强中心城市和重点城市群的集聚功能，促进要素顺畅流动和资源高效配置，为新兴产业发展创造优良的空间载体，推动产业转型升级和创新驱动发展，带动周边区域协调发展。

依托"一核"引领转型升级。"一核"即太原都市区，包括太原市区、晋中市区、清徐县城和阳曲县城，以太原为核心形成的功能一体化地区，是带动全省创新驱动、转型升级的增长核，是全省经济发展的"发动机"。充分发挥太原都市区的区位优势，把山西资源型经济转型综改示范区建设作为太原、晋中提升城市功能和同城化的重要抓手，以创新驱动发展为导向，以营造创新友好环境为突破口，健全创新体系、聚集创新资源、突出效益效率、着眼产学研城融合，围绕重点产业创新链，整合与集聚技术、资本、人才，优化创新发展环境，推动核心技术创新与转化，培育有国际影响力的行业龙头企业，努力打造煤基产业和低碳产业研发基地、高端制造业与服务业、低碳生态住区、优质教育资源集聚区，驱动太原、晋中建设成为全国一流自主创新基地和创新型山西建设引领区。加快开放型经济建设，积极促进工业优化升级，建设综合性国家高新技术产业基地。深化服务业综合改革，大力发展高端服务业，加快建设中央商务区，着力发展总部经济，形成聚集效应，强化科技、金融、商贸物流、教育文化等枢纽和中心功能，促进高端要素集聚，完善综合服务功能，发挥在城镇集群和资源型经济转型中的核心引领功能。

建设"一圈"带动中部抱团发展。"一圈"即太原都市圈，即国家规划中确定的山西中部城市群，包括太原市、晋中市、吕梁市、阳泉市和忻州市城镇与产业密集、交通发达且空间地域相连的地区。这是山西省参与国际国内竞争、带动全省社会经济和城市化发展的核心地区，牵引山西经济转型发展的新兴经济生长空间。太原都市圈应以太原都市区为核心，以太原盆地城镇密集区为主体，辐射阳泉、忻定原、离柳中三个城镇组群，加快构建太原都市圈"一核一区三组群"的城镇空间格局。在全面提升太原都市区整体竞争力的同时，加快推进孝汾平介灵、阳泉、忻定原、离柳中城镇组群一体化进程，促进太原都市圈形成有机融合的交通圈、物流圈、商贸圈、旅游圈和生态圈，全力构建辐射带动能力强的省城都市化地区，提升其在全国的地位，使之成为中部崛起的重要战略支点。

建设"三群"形成多极支撑，增强区域协调性。"三群"即晋北城镇群、晋南中部城镇群和晋东南中部城镇群，是山西省次级区域经济发展的核心区。"三群"现阶段的重点是加快以大同、朔州、长治、晋城、临汾、运城6个中心城市为核心的都市区建设，建立健全都市区协调发展机制，引导都市区内部产业转移和园区合作共建，努力在空间布局优化、产业协同发展、生态环境共保、公共服务共享等方面取得实质性进展，促进县域经济向都市区经济迈进，同时强化都市区与"两山"区域的辐射和带动，借助县域经济向都市区经济转型的强劲实力，推进区域均衡协调发展。

2. 特殊类型地区

高度重视、精准突破特殊类型地区发展的关键短板，增强区域发展协同性；重点突破、加强与周边区域合作，在全国区域战略布局中拓展区际合作新空间，增创扩大开放新优势。

继续推进资源型城市加快转型。资源型城市转型是山西省区域经济发展中一个重要而特殊的问题，也是一个难题。资源型城市转型是关系国计民生、社会稳定与发展的重要问题，推动资源型城市转型是山西省实施区域协调发展战略的重要方面。按照《国务院关于支持山西省进一步深化改革促进资源型经济转型发展的意见》，以深化供给侧结构性改革为主线，依靠体制机制创新，统筹推进新型工业化和新型城镇化，培育壮大接续替代产业，加强生态环境保护和治理，整合"城""矿"，促进融合与互动，保障和改善民生，建立健全可持续发展长效机制，探索出一条资源型城市转型发展的道路。认真落实国家发展和改革委员会《关于加强分类引导培育资源型城市转型发展新动能的指导意见》，坚持统筹协调、分类指导，促进成长型城市资源开发模式更加科学，成熟型城市多元产业体系更加健全，内生发展动力显著增强；衰退型城市历史遗留问题得到基本解决，转型发展基础更加牢固；再生型城市新旧动能转换取得明显进展，经济社会发展步入良性轨道。

促进沿黄—吕梁山、太行山、晋北长城沿线三大生态功能区绿色崛起。立足区域内矿产、生物等自然资源丰富，劳动力资源充足，文化多样，承担着重要生态功能的特点，提升与城镇密集地区和区域中心城市的交通密度，以基础设施、重点产业、合作平台、市场体系的对接为重点，强化与中部地区的联动发展。坚定不移地实施精准脱贫，统筹协调生态保护、能源开发与脱贫攻坚，重点解决太行山、吕梁山的集中贫困问题，确保在全面建成小康社会之际解决区域性整体贫困问题。突出绿色、生态、人文优势，坚持生态优先、绿色发展，整合山水、文化资源，改善基础设施条件，提高基本公共服务能力，加强生态环境建设，构建绿色经济运行体系和文化旅游产业，为区域持续发展创造条件。采取点状发展模式，重点建设县城和发展潜力较大的特色镇，探索特色城市化发展路径，构建自然与文化景观、特色城镇、传统村落相结合的广域旅游休闲地区，打造山青水秀、人文荟萃的绿色生态屏障和休闲旅游经济区。

3. 周边合作重点区域

推动晋陕豫黄河、蒙晋冀（乌大张）长城、晋城焦作济源三个"金三角"深度合作。三个"金三角"是山西省开放对接、融入区域的重要门户和载体。加强三个"金三角"在交通基础设施、能源、生态建设、产业发展和文化旅游等领域合作，有利于创新区域合作机制，促进区域联动发展，为融入"一带一路"、京津冀协同发展、中原城镇群等提供支撑，有利于发挥山西省承东启西的区位优势，有利于探索形成全方位开放和区域合作新格局。

　　加快实施《晋陕豫黄河金三角区域合作规划》，促进临汾—运城—渭南—三门峡的全面合作，积极推动运城区域性中心城市建设，努力打造全国省际交界地区区域协调发展试验区、中西部特色农产品生产加工、能源原材料及装备制造业基地，内陆地区重要的区域物流中心和华夏历史文化旅游目的地。

　　加速推进蒙晋冀（乌大张）长城合作区的体制机制建设，着力打造高效联动、各具特色、协调发展的经济社会合作体，成为京津冀协同发展的功能区、协作区，构建面向京津冀的开放新格局。

　　发挥长治、晋城作为面向东南沿海地区开放合作枢纽门户区域的优势，积极融入中原城市群。晋城是山西对外开放的桥头堡，也是山西连接中原的纽带，为中原城市群核心发展区的 14 个中心城市之一，应重点推动晋城、焦作、济源三角区域的合作，打造煤、电、气、化、冶综合产业基地、新型现代制造业基地，推动中原城市群太行山生态屏障的建设和文化旅游一体化发展，构建晋东南对外开放新格局。

二、资源型区域城镇群建设的实践启示

　　"十二五"以来，山西省各地市按照以"一核一圈三群"为主体的城市化战略要求，积极推进"核心区域"的发展，不断探索资源型区域城镇集群的模式和建设路径，出现了临汾汾河百公里新型经济走廊、长治上党城镇群、晋城沁河流域特色小城镇带等城镇群推进模式，对资源型区域"核心地区建设"具有重要借鉴价值。

（一）临汾汾河百公里新型经济走廊建设的做法与经验

　　根据山西省"一核一圈三群"城市化布局和以城镇群为主体形态加快推进城市化进程的总体要求，临汾市实施了汾河百公里"四化一体"、先行先试新型经济带重大建设工程，目的是发挥沿汾区域人口集中、区位独特、资源赋存丰富、产业基础较好的优势，打造集新型工业、高效农业、现代城镇、文化旅游、生态文明于一体的高度发达的示范区和引领区，带动东西两山全面振兴，形成"沿汾崛起、两翼齐飞"的市域城市化新格局。临汾汾河百公里新型经济走廊建设的主要做法和经验如下。

1）建立统一协调、部门联动、市厅联动的建设与管理机制。临汾市政府成立了临汾汾河百公里新型经济走廊建设指挥部，尧都、洪洞、襄汾成立了分指挥部；市规划、住建、经信、农业、旅游、国土、环保、水利、交通等部门协同推进，着手编制小城镇和各类产业规划；市水利局组织编制了河道水利工程、生态治理工程可研报告，市交通局组织编制了滨河东路可研报告，临汾市委政策研究室综改办编制了汾河百公里"四化一体、先行先试"方案等，形成了部门规划、管理、建设的协调推进机制；省水利厅和临汾市政府召开了百公里汾河工程建设联席会议；等等。

2）区域统筹、"四化一体"优化城乡空间布局。临汾汾河百公里新型经济走廊重点实施河道生态治理修复、交通道路建设、产业园区建设、文化旅游景区开发和城市化建设五大工程。实施汾河三级治理工程，尧都、襄汾、霍州、洪洞等城区段打造城市滨河生态公园；沿河小城镇区段打造城镇亲水景观走廊；远离城区河段加固堤坝，做好绿化，建设生态湿地。建设滨河东、西两条快速路约200km，建设高标准外围配套公路178km。打造大型煤化工、新型材料、装备制造、电子信息、食品医药等18个新型工业园区、10个大型现代农业产业园区和六大物流园区。文化旅游景区的开发，重点推进大槐树、尧庙、广胜寺等17个文化旅游景区景点建设。围绕建设临汾都市区、侯马都市区，大力推进临汾、侯马两个中心城市，霍州、洪洞、襄汾、曲沃4个大县城，霍州大张、洪洞赵城、曲沃高显等19个重点镇和新农村连片建设。

3）强化园区支撑，促进城镇产业集聚。按照"主业突出、链条循环、功能完备"的总体要求，全面加快走廊内园区建设，洪洞赵城煤化工园区、洪洞甘亭工业园区、曲沃优特钢循环工业园区和侯马高新技术电子工业园区建设稳步推进，山西国际陆港园区起步区建设全面推进，强化资金、土地等生产要素向园区倾斜和集中，健全服务保障体系，完善园区功能，不断提升园区的承载能力、就业吸纳能力和人口容纳能力。

4）借助综改试验区平台，深化改革，创新发展体制机制。坚持"统一规划、科学布局、合理分工、统筹推进"的原则，强化规划引领作用。编制完成走廊总体规划及河道治理、道路建设、城镇建设、新农村建设、生态环保、文化旅游和园区建设等各类专项规划。建立走廊内资源统一调配新机制，实现土地、资金、项目、人才等资源的有效利用。建立统一的融资平台，捆绑包装建设项目，加大融资力度，为走廊建设提供资金保障。创新农村土地流转制度，推进农村土地规模化经营。

（二）长治上党城镇群建设的做法与经验

在城市化步入新的发展阶段时，长治市积极发挥上党盆地地区资源富集、人口密集、产业聚集的优势，提出了长治上党城镇群发展思路：在上党盆地内，形成一个以长治主城区为中心，长治县、壶关县、潞城市、襄垣县、屯留县、长子县为交点的一体化发展格局。建成集聚全市80%以上的人口和80%以上的经济总量，实现主城区、大县城、中心镇一体化发展，最宜居最宜发展的城镇群。

上党城镇群建设为长治地区经济社会的发展特别是城市的发展，确立了一种全新的模式。有关专家指出，长治建设上党城镇群，无论是从历史渊源，还是从经济、人口、文化、环境、地理、交通，占尽天时、地利、人和，"一主六卫"组团式布局，人口密集、空间紧凑、经济发达、交通便捷，在平均半径12km、面积5800km²的区域内，集聚了一个中心城市和6个县城，集聚了全市80%的人口、80%以上的地区生产总值、工业生产能力和财政收入，是城镇群发展理想的模式，有利于发挥主城辐射功能，进而形成城市群集聚效应。上党城镇群建设的主要做法和经验如下。

1）以规划为引领、协调机制建立为重点，加强组织领导。根据全省"一核一圈三群"的城镇化战略规划布局要求，编制了《长治市上党城镇群规划（2011～2030）》，对上党城镇群发展的总体目标、战略定位及空间拓展等均做出明确部署。为切实加强对城镇化推进工作的组织领导，加大上党城镇群的建设力度，在成立长治市市域城镇化推进办公室的基础上，整合长治市市域城镇化推进办公室及其工作职责，成立了上党城镇群建设领导组及其办公室，办公室内设战略研究、项目推进和宣传报道3个工作组，各县市区也相应成立了以书记或县长为组长的领导组，落实了人员经费，建立健全了机构制度。全市已形成了主要领导亲自抓、分管领导具体负责、部门协同推进的良好工作局面。

2）以城际快速路网建设为切入点，推动城镇群一体化发展。城际道路网是城镇群发展的血脉，城际快速干道的发达程度决定着城际联系的速度、效率和一体化发展程度。为构建覆盖主城区与周边6县（市）的人流、物流、资金流、信息流大通道，实现主城区与 6 个卫星县城基础设施对接共建，形成优势互补的要素市场，市委、市政府于 2011 年启动实施了市区至周边 6 个县城和长安高速公路（长治—安阳）共 7 条快速连接线构成的上党城镇群路网工程。2012 年底，上党城镇群路网工程已建成通车，为人口聚集和产业集聚提供了"给养"大通道，成为优化城镇群空间格局，加快城镇群一体化发展的重要支撑。

3）以扩容提质为重点，构建中心城市、卫星城、小城镇、中心村城乡协调发展的格局。在主城区大力开展城市"扩容提质"行动，在旧城改造和"提质"方面，实施"九纵九横"主干道畅通工程、"三河一渠"综合治理工程、城中村改造工程、保障性住房建设工程等，改善了人居环境。城市人口承载能力：在新区建设方面，启动上党新区建设；在大县城建设方面，以"六条拓展带"为牵引，以大县城为节点，6 个县城加快建设，正逐步打造成为产业聚集、交通便利的中心城市功能拓展区和新型卫星城，成为吸纳农村人口就近转移的主渠道。同时，加快发展壮大一批建制镇和多种类型、各具特色的小城镇，加快构筑连接中心城区或县城，辐射周边中心村，吸引人口集中、产业集聚、要素集约的城市化发展新平台，每个县建设 20 个人口规模为 2000 人以上的高标准中心村，打造新农村建设的示范和样板。中心城市—卫星城镇—小城镇—中心村良性互动、协调发展的城乡统筹发展格局正在形成。

4）以打造新的产业集聚带、产业园区为重点，构建支撑和带动城镇群发展的产业体系。积极推进城乡规划、土地利用规划、产业布局规划"三规融合"，通过城镇快速路建设和园区整合，优化工业化环境，促进产业集聚，通过园区建设、产业集聚加快人口城市化进程。目前，城镇群内基本形成了煤化工、钢、电力、建材、医药、新能源材料、农副产品加工、旅游及现代商贸服务等产业。

5）以引导农民向城镇集聚为目标，加强政策机制创新。积极探索引导农民向城镇集聚的有效途径，进一步完善农民变市民的政策机制，出台了《长治市市域城镇化实施方案》及配套的户籍制度改革、农民就业创业、进城务工人员子女入学、就医、养老保险等优惠政策，引导人口向城镇集聚。同时，编制了农民变市民流程图，制定印发了户籍管理制度改革实施细则、城乡规划一体化管理实施意见、推进市域城镇化筹融资实施方案等一系列配套政策文件，让进城农民实现了真正意义上的身份转换，享受到与市民的同等待遇。

（三）临汾汾河百公里新型经济走廊、长治上党城镇群建设的启示与借鉴

临汾汾河百公里新型经济走廊、长治上党城镇群建设的新进展、新成就充分说明，都市圈、城镇群是适应新时期山西城市化与工业化发展阶段的城市化主体形态，是提升区域人口与产业集聚能力和竞争力的重要抓手，是资源型经济转型发展的主要载体。临汾汾河百公里新型经济走廊、长治上党城镇群尽管有不同的地域特点、空间形态、推进路径，但在建设发展上呈现出一些共同的特征，可为其他都市圈、城镇群建设借鉴的有以下方面。

1）建立机构、完善制度，有一个高效协调的组织保障机制。在推进都市圈、城镇群建设，促进城市间协调发展过程中，建立有效的组织与协调机制十分必要，有效的组织与协调机制是促进都市圈、城镇群协调发展的制度保障和组织保障。通过高层次领导协调机构及执行机构，组织都市圈、城镇群一体化建设，解决跨行政区的重大问题；同时，建立城市之间、市县之间多层次的协调机制，实现城市政府间、部门间、省市之间的高效协同推进。

2）"四化一体"、综合协调，有一个科学合理的城镇群规划。"四化一体"，统筹兼顾，协调推进工业新型化、农业现代化、市域城镇化、城乡生态化是都市圈、城市群战略选择的基本思路，按照科学发展观的要求，处理好经济发展与社会发展的关系，生态建设与城镇建设、产业发展的关系，组织编制与实施城乡、产业、土地利用、生态、主体功能"五规融合"全覆盖的都市圈、城镇群协调发展规划和专项规划，用于指导都市圈、城市群建设和一体化发展，并建立区域一体化规划管理体制来保障区域协调发展。制定好空间规划，合理组织城镇空间、产业空间、生态空间、现代农业空间，打造高效、集约、可持续的城乡空间体系，把都市圈和城镇群建设成为山川秀美、人与自然和谐的宜居家园。

3）产业集聚、设施带动，有一个明确的推进路径和突破口。产业是都市圈、城镇群建设的重要支撑，推动优势产业向基地化、集群化、园区化方向发展，加快城镇群产业一体化是都市圈、城镇群建设的重要路径。都市圈、城镇群建设要始终抓住产业发展这个重点，以促进产业转型和发展的重大项目为抓手，加快发展一批市场竞争力强的产业。同时，基础设施是都市圈、城镇群发展的必要条件。在推进基础设施建设一体化方面，要以交通项目为重点，加快一批重点项目建设。

4）扩容提质、同城发展，有一个辐射能力较强的中心城市。打造强有力的中心城市，是强化都市圈、城镇群凝聚力，加快构建一体化发展格局的关键。中心城市发展路径：一是推进城市新区示范工程，突出新区的经济、人居、生态复合功能；二是推进城市新区和产业园区的一体化发展，新区不仅成为产业之城，还成为宜居之城、服务之城、文化之城；三是继续实施城市旧区提质工程，探索城中村、棚户区、老旧街区整体开发、成片改造的新路径、新机制和新模式，加快破解城中村改造难题，推进老城区的有机更新，改善人居环境；四是推进中心城市与外围相邻城镇的同城化进程，促进功能对接、空间对接、产业对接、服务对接、生态对接，合力构建城镇群中心城市。

5）依托平台、创新机制，有一个城镇群协调发展的促进机制。都市圈、城镇群建设必须坚持扩大对内对外开放，形成统一、协调、有序的开放格局，把机制创新作为推进建设的重要保障。在开发机制上加快建立土地、水资源、排污权等重要资源的一体化配置机制，以及市县间利益分配补偿机制，实现土地、矿产、水能等各种资源的合理配置和有效开发；在管理体制上，改革传统的管理模式，率先建立适应市场经济体制要求的管理方式；在科技创新体系上，加快建立一批公共技术创新平台，完善科研成果的引进、转化和扩散机制；在市场服务上建立统一高效的产前、产中、产后服务网络，提高开放的吸引力；在招商引资上，加快建立重点建设项目库，建立联合招商引资平台，共同开展对内对外重大招商活动。着力构建优势互补、资源共享、信息互通、产业互动、合作共赢的良性机制，加快区域人才市场、交通网络、信息网络、商贸物流一体化进程。

三、资源型县（市）域工业化与城市化空间布局实践模式

建设大县城、发展重点特色镇是山西推动资源型区域城市化发展，促进县域城乡统筹发展的重要抓手。2010年以来，山西按照建设"大县城"，发展中心村、整合基层村，以大县城带动农村的城乡统筹布局模式进行发展。本节在对襄垣县、孝义市、左权县调研的基础上，总结了通过空间结构调整，促进资源型经济转型，促进城乡一体化发展的基本模式。

（一）资源型经济强县、人口大县"大县城＋重点镇"建设为主导的城乡统筹布局模式

襄垣县的县城发展是"大县城"建设的典型。襄垣县城是上党城镇群的组成部分，是全省经济强县、人口大县。襄垣县以城市化作为推动转型、加速发展的重要动力和抓手，着力建设"一城七镇"，全面推进"五大进城"，大县城建设强势提速。

"一城七镇大县城"战略以现有的旧城、新区为主体，把富阳、王桥两个工业园区纳入县城规划，善福、北底两个乡镇政府搬迁进城，南部向侯堡镇和潞矿矿区延伸拓展，西部越过富阳工业园区和夏店镇连成一体，从而形成东西两翼为王桥、富阳工业园区，城北为文化苑教育园区，城南为商贸物流园区和沿河建设的滨河新城大县城"五大核心区"。

为实现县城扩容，全力推进"五大进城"：一是乡镇进城，把善福、北底两个乡镇政府机关搬迁进城，以乡镇政府进城带动农民进城；二是压煤村进城，把压煤村全部纳入县城总体规划，整建制搬迁进城、集中居住，实行社区化管理；三是初中进城，新建襄垣县二中、襄垣县四中、襄垣县职业中学三所中学，由学生进城带动家长进城；四是产业工人进城，以两大工业园区的落地企业吸纳大量产业工人进城；五是农民进城，设立专项资金，出台优惠政策，吸引农民进城。

襄垣县"大县城"建设主要有4个方面典型特点："五个进城"促进人口集聚，"四个园区"促进产业集聚，宅基地整合置换发展用地，多元化参与共同建设县城。

孝义市是以全域城市化为主导的城乡一体化典型。孝义市围绕建设区域性中心城市战略，强力推进特色城市化进程，启动"1420城镇化建设工程"，即建设规划面积57km² 的主城区、4个特色中心镇和20个社区化中心村，把全市85%的人口集中在城镇，实现特色城市化建设和城乡统筹发展的新突破。

2010年，孝义市制定了《孝义市市域城乡一体化总体规划》，编制了《孝义市域公路交通发展规划》，搭建全域城市道路框架。中心城市实施了孝河生态环境综合治理、胜溪湖湿地公园等一批城市功能提升工程，2012年底以胜溪湖为中心绿轴，"一河两岸、沿河环湖"的滨河城市格局已形成；实施了大孝堡、高阳、兑镇、下堡4个中心镇扩容工程，形成各具特色、多头并

进的发展格局；按照"撤小并大、就近搬迁、优化布局"的思路，推进梧桐新区、东许新区、胜溪新村等 20 个社区化中心村建设；初步形成了"中心城区—中心镇—新型农村社区"一体化的村镇体系。加快城乡基础设施建设，推进集中供热、供气等设施向中心镇延伸；着力推进公共服务、民生保障一体化布局，在全省率先启动名校集团化办学，市乡村医疗卫生院所标准化建设全覆盖，促进城镇和乡村的现代化水平同步提升，探索出一条以全覆盖的城乡一体规划为龙头，中心城区为依托，城市化为主导，以基础设施和公共服务设施一体化、新市镇和农村新社区建设为重点的城乡一体化发展模式。

（二）丘陵山区资源型县域以大县城带动大农村的城乡统筹布局模式

左权县是闻名全国的革命老区，也是国家扶贫开发重点县，是一个典型的山区资源型小县。2010 年县域人口 16.1 万人，人口分布分散，推进农村经济和各项社会事业发展成本高、难度大。为优化城乡布局，县委、县政府确定了以县城为龙头的"1 城 34 个中心村"的城市化发展战略，提出加快建设大县城，集中建设 34 个中心村，有计划、有步骤地移民搬迁、梯次转移，逐步进入县城和中心村的城乡居民点布局调整战略。为加快推进城市化进程，左权县主要抓了以下几个方面工作。

1）按照"宜居、利居、乐居"的原则，加快推进县城建设。一是从增强县城的吸纳力入手，加强住宅小区建设，加快以集中供气、供热为重点的基础设施和文化中心、游泳馆、体育馆、滨河公园等高标准的公共设施建设，完善县城功能。二是以新区建设为突破口，拓展县城面积，建成了总面积 1.18km^2 的滨河新城。三是以创建国家园林县城、国家卫生县城等创建活动为抓手，提升县城品位，县城绿化覆盖率达到 40%，人均公共绿地面积达到 12m^2。

2）按照"十五有"的标准扎实抓好中心村建设。中心村全部按照小城镇的标准建设，至少要达到"十五有"的标准，即有一个长远发展建设规划，有一项主导产业，有一个规模经济小区，有一个文化活动阵地，有一个休闲广场，有一个体育场所，有一个一定规模的购物中心，有一个集贸市场，有一所较高标准中心小学，有一所标准幼儿园，有一所卫生院（所），有一套统一的供排水设施，有一个客运站或候车室，有一套切实可行的环境卫生管理机制，办好一年两次物资交流会。经过几年的建设，不少中心村已经呈现出小城镇的雏形。

3）按照"搬下来、稳得住、能致富"的目标大力实施移民搬迁。城市化的过程就是农业人口由山村向城镇集聚的过程，通过政策和资金扶持，既让迁出村村民"搬得起"，又让迁入村村民"愿意接"，更让移民有活干、有钱赚、能致富，全县移民搬迁大大加快。

4）发展生态庄园经济，破解农民集中后土地利用与就业难题。随着移民搬迁进程的不断加快，一些"空壳村"随之出现，大量土地撂荒，宜林荒山荒坡荒滩难以实现有效开发，成为推进城市化过程中面临的新问题。左权县在加快县城建设的同时，按照"实行移民并村、发展庄园经济"的思路，在农业经营方式的变革上进行了有益的探索。引导企业家及先富起来的社会各界人士到搬迁村集中开发，既为以工补农创造新的载体、提供新的途径，又为移民搬迁出来的农民工提供新的就业选择，更有利于调动山区群众移民搬迁的积极性，加快推进左权的城市化进程，形成"农民下平川、老板进深山、四荒着新绿、旧村变庄园"的左权生态庄园经济模式。

（三）襄垣县、孝义市、左权县城乡统筹布局模式的启示

襄垣县"一城七镇""五大进城"的"大县城＋中心镇"模式，孝义市以"1420"特色城市化建设和新型城市化农村社区建设为重点的城乡一体化发展模式和左权县以"1城34个中心村"及生态庄园经济为特色的"大县城"带动农村的发展模式，充分说明县（市）是统筹城乡发展的主体，城市化是构建城乡一体化新格局的重要载体和推动力量，以大县城为核心、以城市化为主导的县域城乡统筹布局模式，是现阶段推进城乡统筹发展的主导模式和现实选择。

根据"大县城"建设的已有模式与经验，提出如下建议。

1）"大县城"建设应放在城乡统筹发展的背景下，从城乡良性互动的角度进行统筹谋划。要立足城乡空间整体，统筹城乡规划与建设，把城市化与新农村建设结合起来，把城市化与移民并村结合起来，加快推进工业向园区集中、农民向城镇集中、土地向规模经营集中的"三集中"进程，努力构筑以县城为核心，中心镇、中心村协调发展，高效集约、功能明确、设施共享的村镇体系。

2）"大县城"建设要以提升承载能力为重点。针对山西省县城总体规模小的现状，县城建设首先要在做大城镇规模上做文章，重点是集中力量推进新区建设，实现城市扩容。要按照政府引领、市场融资、项目带动的原则，重点抓好道路和给水、排水、燃气、供热、污水和生活垃圾处理等市政公用设施建设，学校、医院、文化体育场所等公共设施建设，提高县城承载能力，聚集人口和第二、三产业。要逐步推进城镇市政公用设施向周边农村延伸服务和覆盖，促进城乡公共服务硬件设施均衡配置，改善农村生产生活环境。

3）"大县城"建设必须做强城镇实力，强化特色产业支撑。做强城镇实力，最根本的是培育城镇产业、壮大城镇经济。发展城镇主导产业、配套产业和服务业，创造更多的就业岗位，做大县城规模，推进大县城建设是一项极其重要的任务。要立足现有基础，把发展特色工业同大县城建设结合起来，支持依托县城的特色产业园区发展，试点开展跨县（市）建园、跨乡镇建园、联合建园，支持发展一批劳动密集型、农副产品加工型、科技应用型及与大型企业相配套的特色产业集群。引导农村非农企业特别是加工制造业向县城工业集中区聚集，将工业集中区建成新型城区，使其成为县城发展的重要支撑。

4）如何促进资源租金收益分配与使用，促进煤焦资源收益向非煤领域和城乡建设投资转化，是资源型区域城乡空间布局调整的重要问题。矿产资源开发与利用应以保护当地居民包括当代人与后代人的利益为前提。合理分配资源租金收益，包括资源租金收益在资源的所有权人与采矿权人之间、在当地居民与生产者之间、在当代居民与后代居民之间的分配，资源部门收入在资源、劳动者、资本、技术等要素之间的分配。将矿业开发获取的收益投资于交通、通信等基础设施及教育、医疗卫生、文化等社会设施，既能促进物质资本、人力资本、社会资本的积累，改善投资环境，推动产业转型，也能让更多的居民享受到资源财富转化的利益，促进社会公平与和谐。这些资源型区域已经出现了矿业财富共享的实践，形成"以煤补农""以煤建城""一矿一企治理一山一沟"等模式。从长远来看还需要完善矿业收益分配制度，通过建立稳定基金制度、矿产品完全成本与价格制度，提高矿业收益首次分配效率和再次分配的公平性，将大自然赋予人类的财富惠及民众，保证当地居民的利益及当代与后代居民的利益。针对矿业开发征收权利金和税金获取资源租金收益，政府再将矿业收益用于公共部门投入和生产性或金融资产投资，一方面完善本区域的基础设施和社会设施，改善居民的生产生活环境；另一方面通过物质资本和金融资本的积累，保证后代居民的利益。

5）城乡统筹布局模式需创新移民机制，确保移民群众"搬得出、稳得住、可发展、能致富"。左权县以林业为主要特色的生态庄园经济解决了"人走村空"之后农民干什么、土地闲置后怎么开发等实际问题。借鉴左权县生态庄园经济发展模式，创新移民与开发机制，因地制宜地发展度假型、开发型、养殖型、游娱型等多种生态庄园经济，促进农民转变为"农业工人"，为农村富余劳动力提供就业机会，实现"老板进村、资本进村、产业进村、农民进城"。

6）城乡空间重组需要完善配套政策，形成加快建设的合力。要加快建立以城乡统筹为导向的户籍管理及配套改革政策体系，县市公安、社会保障、教育等部门要以城乡统筹发展为导向，以综合配套体制改革为着力点，研究综合推进户籍管理制度及与户籍制度改革相配套的就业制度、社会保障制度和教育体制等改革方案，促进制度改革由原来单项突破向户籍、社会保障、就业等综合配套改革转变。要积极探索大县城建设的新体制，尽快制定出台加快县城建设的配套政策，引导生产要素、优势资源向县城集中，形成加快县城建设的合力。要加强城乡土地市场体系建设，试点推进宅基地有偿使用和有偿转让，开展以土地承包经营权置换城市社会保障，以宅基地使用权置换城镇住房的试点，建立城乡建设用地置换和跨区域耕地占补平衡市场化机制和相应的管理办法，抓好存量矿业用地整合利用，破解建设用地短缺难题。

四、资源型县域工业化与城市化空间协调布局的规划：以沁源县为例

沁源县位于太岳山东麓、山西省中南部、长治市西北部，全境形似海棠叶，东西宽约45km，南北长约74km，土地总面积2549km²。全县现辖沁河镇、郭道镇、灵空山镇、王和镇、李元镇5镇9乡254个行政村。2010年常住人口约16.2万人。沁源是个资源大县、生态大县。矿产资源丰富，位于沁水煤田西部边缘，属沁水煤田的一部分，大部分乡镇均赋存煤炭资源，自北

向南的主要产煤乡镇有王和、王陶、聪子峪、郭道、李元等。全县探明煤炭储量 128 亿 t，远景预测储量 128 亿 t，以焦煤、瘦煤和贫煤为主。沁源是沁河的发源地，境内有沁河、汾河两大水系，现有林地 168 494.68hm²，占土地总面积的 66.12%，主要分布于县西、县西北山区，森林覆盖率超过 56.7%，是中国绿色名县和全国生态示范县。在《山西省主体功能区规划》中，沁源属于省级生态保育功能区，是山西省的生态屏障，承担着全省及周边省市水土保持、水源涵养和淡水供给的重要任务。作为新兴的资源型县域，沁源在快速的工业化与城市化进程中，统筹县域空间资源配置和开发建设活动，统筹布局县域生活生产生态空间显得尤为迫切。

（一）资源型县域工业化与城市化特征

1. 区域工业化和产业结构特征

沁源县位于集"煤—焦—电—化"于一体的晋中炼焦煤基地，是山西省三大主焦煤基地之一。2010 年，原煤产量达到 660 万 t，核定生产能力 2760t。以煤为基，将形成"煤—洗精煤—焦—余热发电—棕刚玉冶炼""煤—洗精煤—煤矸石发电—新型建材""煤—洗精煤—焦—化工产品"3 条循环产业链，成为新兴的能源与煤化工基地。全县规模以上工业企业 17 个，其中上缴税金亿元以上企业 4 个，千万元以上企业 6 个，山西沁新集团入围全国煤炭工业 100 强和全国规模以上民营企业 500 强，山西通洲煤焦集团跻身中国民营企业 500 强行列。通过煤矿企业兼并重组整合，形成了 8 个煤炭主体企业、8 个单独保留矿井。工业在全县经济中的主导地位日益突出。2010 年，第二产业增加值占全县地区生产总值的比重达到 67.25%。在工业部门的构成上，规模以上的煤炭采选、焦炭增加值占全县规模以上工业增加值和全县地区生产总值的比重在不断提高，县域主要工业产品仍为原煤、焦炭、电力、粗苯等初级产品，县域经济的发展严重依赖煤炭资源的开发，工业结构的初级化与单一化突出。

2. 人口分布及空间动态

从各乡镇人口分布密度来看，各乡镇人口密度差异极大，以县城所在的沁河镇人口密度最大，为 208 人/km²，王和、郭道、李元、灵空山、聪子峪乡 5 个乡镇人口密度也在全县平均水平以上，而分布于县域东西部山区的官滩、景凤、王陶、法中、韩洪等乡人口密度很低。人口分布显然受自然地理特征影响,中部沿汾屯公路的河谷地带人口密度相对较大,县域东西部山区人口密度最低。

从近年来沁源县乡镇人口变动情况看,人口空间变动特征较为明显。作为县政府驻地的沁河镇,人口从 2001 年的 34 115 人,增加到 2010 年的 39 772 人,2000 年以来人口年均增长率达到 1.94%,占全县人口的比重从 2001 年的 21.8% 增长至 2010 年的 25.4%,9 年提高了 3.6 个百分点,人口增长明显。说明县域人口分布具有向县域中心城镇集聚的明显倾向。其他乡镇人口变动相对较小,仅李元镇人口有所增加,其他乡镇人口均在不断减少(表 7-1)。

表 7-1 2000 年以来沁源县分乡镇人口变动状况

面积 /km²		2001 年			2010 年			年均增长率 /%
		人口 / 人	人口密度 /(人 /km²)	人口比重 /%	人口 / 人	人口密度 /(人 /km²)	人口比重 /%	
沁源县	2554.1	156 164	61	100.0	156 386	61	100.0	
沁河镇	191.1	34 115	179	21.8	39 772	208	25.4	1.94
郭道镇	262.8	19 179	73	12.3	18 193	69	11.6	−0.66
灵空山镇	149.0	9795	66	6.3	9555	64	6.1	−0.31
王和镇	157.8	13 705	87	8.8	13 191	84	8.4	−0.48
李元镇	124.0	10 314	83	6.6	10 430	84	6.7	0.14
中峪乡	120.0	5750	48	3.7	5456	45	3.5	−0.65
法中乡	226.4	9616	42	6.2	8873	39	5.7	−1
交口乡	220.9	9859	45	6.3	9326	42	5.9	−0.69
聪子峪乡	78.6	5886	75	3.8	5774	73	3.7	−0.24
韩洪乡	260.5	11 450	44	7.3	10 660	41	6.8	−0.89
官滩乡	150.6	4029	27	2.6	3827	25	2.4	−0.64
景凤乡	122.8	3337	27	2.1	3145	26	2.0	−0.96
赤石桥乡	188.5	8760	46	5.6	8129	43	5.2	−0.93
王陶乡	292.1	10 369	35	6.6	10 055	34	6.4	−0.38

资料来源:人口数据来自沁源公安统计资料,面积数据来自沁源县土地利用二调资料。总人口、面积与常用数据有所出入

3. 人口城市化及发展趋势

沁源县有沁河、郭道、李元、王和、灵空山 5 个建制镇，根据"六普"，2010 年，全县城镇常住人口 54 360 人，其中，户籍人口 42 713 人。县域城市化水平达到 34.3%。基本情况如表 7-2 所示。

表 7-2　2010 年沁源县城镇驻地人口情况　　　（单位：人）

城镇	常住人口	户籍人口
沁河镇	41 683	31 555
郭道镇	6295	6387
李元镇	2688	1300
灵空山镇	1181	952
王和镇	2513	2519
全县	54 360	42 713

资料来源：沁源县统计局第六次全国人口普查快速汇总表

根据山西省人口变动抽样调查报告数据，2010 年，全县实际城市化水平比全省平均水平低近 12 个百分点，比长治市平均水平低 6.7 个百分点。根据城市化阶段的一般划分，城市化水平大于 30%，为城市化快速发展的中期阶段。

以 2000—2010 年可比的城镇数据分析（图 7-2），2000—2010 年，沁源县城市化率平均提高 2.3 个百分点，同期山西省城市化水平年平均提高了 1.43 个百分点。2005—2010 年，年均增长 2.6 个百分点，远高于全省年均 0.97 的平均水平。

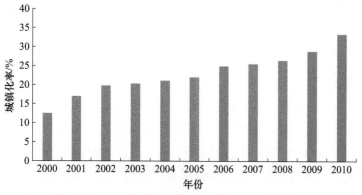

图 7-2　2000—2010 年沁源县城市化率增长情况

资料来源：相关年份《山西统计年鉴》

城市化与工业化是相互影响、相互推动的。2010年，县域工业化水平与就业人口非农化水平分别为67.3%和57.6%，与区域工业化与非农化水平相比，县域城市化水平严重滞后于工业化水平与就业结构的转换水平。

目前，城市化质量还不高，城镇基础设施和社会服务设施的支撑能力还较差，县城供热普及率仅40%，县城燃气普及率仅22%，其他建制镇除李元镇实现集中供热外，均没有实现集中供热；县城以外的建制镇均没有垃圾处理、污水处理、供气设施，排水设施落后；供水能力仅能满足居民用水需求，不能适应城市化快速发展需要。

4. 城镇体系结构特征

城镇体系结构呈首位型分布，城镇人口分布较为集中。沁源县现有城镇居民点5个，乡驻地集镇9个，根据一般的分级标准可划分为4个层次（表7-3）。城镇体系呈明显的单中心结构，首位型分布，人口规模分布集中程度高。从城镇规模结构演进分析，2000年以来，城镇规模结构的演化呈现出进一步集中的发展态势，规模结构向县域中心城镇集中程度明显提高，反映出城镇空间结构处于城市化初期的极化发展阶段。

表7-3　2010年沁源县城镇规模分布

等级	规模 / 人	城镇个数 / 个	城镇名称及人口
I	> 30 000	1	沁河镇（42 000人）
II	10 000—30 000	0	
III	5000—10 000	1	郭道镇（6300人）
IV	< 5000	12	李元镇（2700人）、王和镇（2500人）、灵空山镇（1200人）其他9个乡驻地集镇

资料来源：沁源县统计局第六次全国人口普查快速汇总表

城镇职能以中心地职能为主，城镇职能开始出现分化。目前，沁源县城市化还处于发展初期，城镇职能类型结构为典型的农业社会职能类型结构，大部分城镇为在农村集市贸易基础上发展起来的商贸城镇，城镇职能类型单一，城镇的影响范围较小，多数局限于各自的行政范围之内，难以形成合理的劳动地域分工体系。沁河镇是全县的政治、经济、文化中心，为综合型城镇，随着新区建设步伐加快，城镇基础设施和服务设施建设的完善，综合性服务功能进一步提升，集聚与辐射能力进一步提高。郭道、王和为县域中部、北部片区中心城镇，商贸、文化、教育、卫生等服务中心职能突出，随着郭道、王和工业园区建设，将形成县域重要产业集聚区的依托城镇，生产性服务职能将逐步强化。李元为重要的工业城镇，是县域重要工业区太岳工业园区的依托城镇，工业职能较强，但由于距离县城仅 13km，工业园区的居住及生活服务职能更多依托县城，人口的集聚及综合职能配套受到一定影响。灵空山镇为灵空山旅游区的依托城镇，除综合服务职能外，还具有一定的旅游服务职能。

城镇空间结构呈"叶脉"型，交通基础设施、工业园区与城镇布局空间重叠。受地貌特征与交通条件的影响，县域城乡居民点布局形成"叶脉"型的轴带状布局格局。沿沁河、赤石桥河河谷南北向延伸的汾屯公路是全县城镇与乡村居民点布局的主干轴线，分布 3 个城镇和 3 个乡集镇，成为县域城镇与人口分布带状密集区，城镇空间结构与县域地形结构和交通条件相适应，总体布局格局基本合理。由于县域地貌类型多为山地和丘陵，河谷平地缺乏，城镇发展条件优越的区域与基本农田重点保护区域重叠，与交通设施建设、工业园布局空间重构，建设用地紧缺，矛盾突出。特别是沁河河谷，公路线路、工业园区布局集中，需解决好交通、工业园区布局对城镇的用地分割与污染问题。

5. 乡村居民点现状特征

2010 年，每个行政村平均人口规模仅为 504 人，城中村以外行政村 240 个，平均规模为 479 人，自然村 524 个，平均人口规模仅为 219 人。人口规模 200—500 人的行政村占全县一半，人口少于 200 人的村占 13%。作为农村基本居住生活单元的自然村相对规模小、布局分散，不利于土地的集约利用，无法有效配置完善的基础设施和社会服务设施，严重制约农村居民生活水平的提高；同时，居民点分散布局也影响区域生态环境的改善，自然村调整是规划期内乡村居民点重组的重心。

居民点分布受地形条件、经济发展水平等因素的影响，形成明显的地区差异。平川区居民点密度大、平均人口规模也较大；丘陵山区自然村平均人均规模小，自然村落散布，居住分散，交通不便，生产、生活、就医、就学条件差。2000 年以来，乡镇人口增长速度最快的为沁河镇，年均人口增长率达 1.9%，其他乡镇均为负增长，且下降速度较快，表现出较好的人口空间演变动态。居民点建设占用土地多，农村居民点占地 2683hm²，人均占地

$258m^2$，远超出国家规定的人均用地指标。

（二）县域工业化与城市化互动发展战略

基于沁源县经济社会发展面临的关键问题，沁源县工业化与城市化协调发展战略是，以经济转型为主线，以生产发展为基础，以生活富裕为目标，以生态友好为条件，围绕经济结构调整和空间结构重组两条主线，加快工业新型化、农业现代化、县域城市化、城乡生态化，推动县域社会经济全面发展和生态环境持续优化，努力打造宜居的城镇空间、舒适的农村空间、集约的生产空间、秀美的生态空间，建设具有持续发展能力的宜居和谐沁源。

1. 绿色转型，产业联动，构建现代产业体系

以打造新型能源与煤化工基地、低碳与生态旅游胜地、生态农业与绿色农产品基地三大基地为主导，以绿色、低碳、循环为导向，大力推进农业现代化、工业新型化、生态旅游产业规模化建设，壮大能源产业、焦炭产业、煤化产业、铝及新材料产业（包括棕刚玉、镁合金）、特色农林产品加工业、旅游业、物流商贸业、节能环保八大产业。推进以煤炭资源为基础，煤焦、煤电、煤化等延伸产品为核心的循环产业链，以区位和环境资源为基础，商贸、物流、旅游服务产品为核心的现代服务循环产业链，以特色农业为基础，种植和养殖、加工、包装、销售为一体的农业循环产业链三大循环产业链的建设，构筑产业联系紧密、资源深度整合、区域特色明显的现代产业结构体系。低碳经济、生态经济、循环经济是实现经济转型的方向和标尺，沁源县要从生产方式的低碳转型、产业结构的生态转型和产业组织的循环转型3个方面，较快转变为依靠生态型资源循环来发展的经济，实现社会经济的清洁发展、绿色发展、可持续发展。

2. 城乡统筹，空间集中，构建新型村镇布局体系

沁源县城市化进程滞后，人口空间分布分散，城镇建设质量不高，人口再分布渠道不畅，对整个经济社会发展、区域生态环境建设和居民生活水平提高的约束作用正日益凸显。未来发展应立足城乡空间整体，统筹城乡空间布局的规划与建设，强化空间一体化，以工业向园区集中、农民向城镇集中、土地向业主适度集中的"三个集中"为突破口，全面提高县域空间集中化程度，切实有效解决好人口分散、镇村分散、产业集聚度低、农业集约发展滞

后的问题，努力构筑层次清晰、功能明确、布局合理、发展联动、设施共享的城乡空间发展形态。实施城市化带动战略，突出发展县城，积极发展中心镇和中心村，积极推进村庄整合与小村撤并，构建以县城为核心，以郭道、王和为重点镇和一批中心村组成的结构协调的村镇体系。高度重视县域城镇发展，切实加快城镇基础设施建设和社会事业发展，完善城镇功能，提高其产业聚集能力、公共服务能力和吸纳农村人口的承载能力，着力把县域各个城镇打造成为吸纳农村劳动力和转移农民的第一接口，积极推进人口城市化，加快农民变市民步伐。

3. 点状开发，面上保护，构建以主体功能区为基础的空间开发体系

适应区域发展生态化，人居环境宜居化和产业发展清洁化的趋势，按照沁源生态保育功能区的主体功能定位，坚持点上开发、面上保护的空间开发策略，进一步优化空间开发结构，提高国土资源利用效率，切实保障区域主体功能的提升。按照重点开发、限制开发、禁止开发的主体功能分区，以空间管制为手段，建立空间准入机制，严格按规划调控空间资源的开发活动，合理安排城镇、乡村及生态保护区域的空间开发强度和开发次序，保证区域建设活动的有序开展。加快推进资源环境承载力较强、人口集聚度较高和经济条件较好的地区的工业化与城市化进程，形成县域重点开发的城镇、园区和轴带，构建高效、集中、集约的工业化与城市化空间。限制重点生态功能区和生态环境脆弱的地区大规模、高强度的工业化城市化开发，鼓励发展以林果业为主导的特色农业、林业和旅游产业，禁止对依法设立的各级各类自然文化资源保护区、重要水源地和其他需要特殊保护的区域的产业进行开发，加快县域重大生态建设工程步伐，推进生态镇与生态村建设，构建县域点、线、面结合的生态安全空间格局。

4. 资本进村、农民进城，探索新型的生态庄园经济开发模式

随着城市化推进，移民搬迁进程不断加快，一些"空壳村"随之出现，"农民集中""人走村空"之后农民干什么，土地闲后怎么开发？如何建立以煤补农、以工哺农的新机制？依托移民搬迁后的"空壳村"和耕地、荒山、水、电、路等资源，引导煤焦资本投资于农林业，吸引民营经济投资、组织无地农民加入，以多元化方式筹集社会资本，以租赁、购买土地使用权等形式集中一定规模的土地，因地制宜地发展度假型、开发型、养殖型、游娱型

等多种生态庄园经济，有效承接搬迁村的水、电、路、房屋等设施，承接农民的土地，使农民获得租赁收益或分红收益，促进农民转变为"农业工人"，是一种破解农民集中后土地利用与就业难题的有益探索。引导企业家等先富起来的社会各界人士到移民搬迁村集中开发，既为以工补农创造新的载体、提供新的途径，又为移民搬迁出来的农民工提供新的就业选择，更有利于调动山区群众移民搬迁的积极性，加快推进城市化进程。因此，要把发展庄园经济作为现代农业与城市化互动发展的重要路径，坚持生态立庄、文化活庄、产业兴庄、科技强庄、资源富庄的原则，健全以煤补农、以工哺农机制，积极推进农业经营方式的变革，大力支持社会各个方面投资建设各类庄园经济实体，因地制宜发展度假型、开发型、养殖型、游娱型等多种生态庄园经济，实现"老板进村、资本进村、产业进村、农民进城"，荒山增绿、荒地改良，使"空心村"变成"新庄园"，促进城市化与农业现代化、人口空间集中与就业转变的互动协调。

5. 共建共享，优质均衡，构建城乡一体的基础设施与公共服务体系

以城乡一体化、共建共享、优质均衡为导向，加快基础与公共服务设施建设，积极推进公共设施向"三农"延伸、公共服务向"三农"覆盖，加大投入力度，全面推进城乡社会事业发展。加快推进城乡基础设施一体化建设，以水、电、气、路、通信、网络、广播电视和生态环保工程为切入点，统筹谋划重大基础设施统一布局和建设，基本形成城乡一体的基础设施网络体系，积极推进与农村居民日常生活密切相关的基础设施和公用服务设施建设。加快推进城乡公共服务一体化，加大对农村公共服务体系建设的支持力度，推动社会公共资源向农村倾斜、城市公共服务向农村覆盖，让广大农民在经济发展的基础上，享受更高的教育水平、更好的卫生保健、更完善的体育设施、更便捷的消费环境、更健康的精神生活和更和谐的社会氛围。

（三）县域工业化与城市化空间重组方向与路径

对一个区域来说，空间系统是由人口及居民点系统、生态系统、基础设施与社会服务设施系统、产业系统构成的整体。其中，人口、居民点系统是整个空间系统构成中起控制和干预的中心环节。资源型区域空间结构大多呈现分散布局，并且存在明显的二元城市形态与内部结构。从经济发展阶段看，资源型区域目前多处于工业化初期、中期阶段，区域人口与经济非均衡发展是空间结构的基本趋势。

资源型区域空间重组应选择以城乡居民点重组为主线，鼓励生态脆弱区人口外迁，奠定区域空间基本格局。同时，结合配套产业开发及配套设施建设等，以产业、生态、基础与社会服务设施为支撑，以空间管制和配套区域政策为保障，构建城乡空间合理重组的基本框架（图 7-3）。

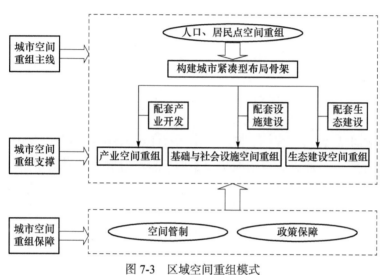

图 7-3　区域空间重组模式

资料来源：张玉民和郭文炯（2011）

1. 县域工业化与城市化空间布局调整的基本方向

以沁源县地理条件、资源禀赋、地域分工和空间演化趋势为基础，按照县域经济社会发展战略思路，综合分析沁源县各片区发展条件，并根据县域土地适宜性综合分析，县域城乡空间发展战略模式可选择 3 种空间发展模式：①适当的集聚，"轴线集聚型与片区中心地型相结合"模式；②强集聚，向心集中发展模式；③较弱的集聚，轴向发展，相对均衡的空间发展模式。按照县域生态保育主体功能区域的总体要求，从是否有利于保障县域生态功能提升，以及推进县域资源型经济转型、提高县域空间集中化程度、提高要素配置和利用效率等因素出发，规划选择"轴线集聚型与片区中心地型相结合"的空间组织模式作为县域空间组织的基本模式。其基本方向如下。

1）强化中心，壮大极核。遵循工业化中期阶段区域空间结构演化和城市化的客观规律，重视县城在推进城市化进程中的积极作用，实施"大县城"和中心镇发展策略，突出发展县域中心城镇，加快生产要素集聚，强化中心城镇职能，壮大规模和实力，提升区域内的聚集效益和辐射功能，使中心城镇发展成为功能明确、设施较为完善、具有吸引力的生态型宜居城镇和县域经济发展的增长极核。

2）培育轴带，分类引导。依托县域重要交通干线，聚合与提升区域发展轴线的核心功能，积极推进轴线上二级中心城镇发展，分类建设城镇与产业集聚轴带，促进产业布局的空间协调，城镇之间、城乡之间的空间联系，带动县域整体发展。

3）村庄整合，促进集聚。以"下山、沿路、进镇、聚居"为导向，以中心村建设、丘陵山区小村迁并为着力点，逐步缩并地理区位偏远、人口少、生活环境恶劣的农村居民点，引导和扶持农民向城镇和中心村集中，重构区域村庄布点体系，促进人口与经济要素向极核和叶脉型轴带集聚。

4）分区调控，整体优化。根据县域内部地域差异和功能分化，将县域空间划分为4类建设分区，通过分区发展的引导与管制，积极调控区域发展方向与建设活动，积极推进人口与生产要素在分区之间及分区内部的合理集聚，推动区域协调发展。

2. 城镇村空间布局调整：地理集中，强化功能

在区域空间发展战略的引导下，县域城镇村空间组织将形成以形似海棠叶的"叶脉"型开发框架为骨架的"一城、四镇、五十村"布局格局。

沁源县形似海棠叶，沁河及支流河谷地区形成县域人口、居民点和工业布局集聚的主要区域，以县城向北沿谷地延伸的汾屯线构成县域人口、居民点及产业布局的主脉，沿沟谷向东西两翼地带拓展的交通基础设施构成县域人口、居民点及产业布局的支脉。由此，形成面状绿色生态与轴状延伸的工业化、城市化空间相结合的空间布局格局，"叶脉"型的点轴布局格局，成为县域人口、居民点与产业集中布局的基本框架。其中，南北向城镇发展主轴上集中了县城、郭道镇、聪子峪乡、王陶乡、王和镇和法中乡等多个乡镇，岳北（王和）园区、新型材料（郭道）园区，向南直接联系长治市区，向北联系平遥古城及所处的山西省城镇发展主轴——大运发展轴，这是县域城镇、产业集聚和经济发展核心轴带。东西向城镇发展次轴上主要有灵空山镇、李元镇和交口乡等乡镇，向西联系临汾市古县，向东联系沁县，并有高速公路通过，在交口乡和灵空山镇都有出入口，这一发展轴是沁源县交通物流集散、产业园区建设、旅游线路组织的重要廊道。

"一城"，即县城，是县域人口集聚与城镇建设的重心，全县的综合服务和创新中心，物流和轻工业集聚中心，也是李元产业园区的主要依托城镇、县域增长极核。以霍黎高速和新区建设、李元循环经济工业区、物流园区和现代农业园区建设为契机，加快扩容提质步伐，扩大规模，完善功能，改善环境，提升品位，强化对全县的辐射和带动作用。

"四镇"，即沿"十字形"主轴线分布的县域中部、北部的郭道、王和两个片区中心，李元工业城镇和灵空山旅游城镇，通过4个中心的重点建设，形成县域人口、产业与自然条件相适应的"集中与均衡"相协调的城镇空间结构与不同性质的产业集聚区。

"五十村"，即50个中心村，发展中心村是重构乡村居民点体系的核心任务，是改善农民生活条件、发展农村经济、促进城市文明传播、推动城乡一体化发展的必由之路。要把中心村发展作为乡村居民点体系建设和实施乡村城市化战略的重点，大力实施城乡风貌改造、农村危房改造、城乡绿化、城乡清洁四大工程，使中心村成为农村地区居民生活的服务中心。

城镇职能结构调整的主要任务是，强化沁河镇的综合服务功能，培育和提升生产性服务职能、交通运输职能，使之成为县域行政管理中心、经济组织中心、文化中心、物流中心、商贸中心、生产性服务中心和人口集聚中心；加强郭道镇、王和镇地方性中心职能的完善，围绕园区建设、依托交通轴带，提升生产性服务职能和交通、商贸职能；围绕园区建设和旅游业发展，提升李元镇生产性服务职能、灵空山镇旅游服务中心职能；以新农村建设为依托，完善基础设施和公共服务设施，提升一般乡集镇的乡域中心职能。

村庄布局调整的方向是按照"规划先行、就业为本、量力而行、群众自愿"的原则，稳步推进新型农村社区建设。村庄布局调整以自然村为单元，积极建设中心村；积极加强"城中村"改造，促进城镇空间的一体化发展；综合扶贫移民、生态移民和工矿区综合治理等政策，加快移民并村，对自然环境恶劣的、人口分散的山庄窝铺实行整体搬迁，并入中心城镇和中心村，重构村庄布点体系，促进人口与经济要素的空间集聚。

3. 产业空间布局重组：园区承载、板块推进

实施产业区经济带动战略，充分发挥政府的科学规划、产业导向、政策扶持、协调服务的作用，加快产业集中区的硬件设施建设，强化软环境服务和管理，加快开发区、同业聚集园区、循环经济园区发展。围绕城乡空间布局格局，培育"一核、两轴、三园、四板块"的产业发展格局。"一核"，即县城，以第三产业和轻型工业为主，大力发展物流、商贸、旅游、金融等现代服务产业及房地产、自行车装配、农副产品加工等产业，加强物流、轻工产业园区建设，成为县域现代产业集聚和创新基地。"两轴"，即南北向汾屯产业发展主轴带，是县域城镇产业集聚和经济核心带；东西向沁洪线与沁沁线产业发展次轴带，近期重点培育太岳（李元）园区和灵空山生态景区，远期产业向轴线东部延伸，带动县域东部产业发展。"三园"，即郭道、王和、李元3个产业发展园区。"四板块"，即县域4类经济发展区域：西部生态旅游经济区、中部资源产业开发区、东部林牧与生态农业区、河谷城镇经济与现代农业区。

4. 生态空间重组战略：突出主体功能、分类分区建设

根据县域东、中、西各区域之间的自然环境特征、资源分布、主体功能与经济地域差异，突出区域主体功能，有利于区域环境的整体整治，有利于分片实施相应的区域管制对策的要求，将县域划分为四大主体功能区，即河谷城镇与经济重点发展区、中部南北向资源开发区、西部生态保护与生态旅游功能区、东部生态保护及生态农业功能区。

河谷城镇与经济重点发展区，主要包括沁河、赤石河和狼尾镇这三条河流的一、二级阶地，是县域建设用地集中、基础设施集聚、城镇人口与乡村居民点密集分布的区域，这一功能区是未来城镇、工业企业（除采矿业外）、第三产业和人口集聚的优先发展地域。这一功能区承担集约化城郊农业区、现代农业、二三产业发展主导区、人口接纳区、基础设施廊道、生态建设廊道等功能，是县域空间管制的重点监管区。城乡建设重点是"一体化"，即加强区域一体化组织与改造，充分考虑基础设施与社会服务设施的共享及生态环境保护方面的协同合作。在人口与经济要素集聚的同时，保持良好的生态环境，形成可持续发展的、具有竞争力的区域空间。

中部南北向资源开发区，主要包括王和西部、王陶中部、聪子峪和郭道

西北部、李元镇，是县域资源集中分布区域，是区域开发适当控制地域。这一功能区承担工矿开发与第三产业发展、生态农林经济、生态环境保护治理、人口流出区等功能。区域发展重点是提高城镇的工矿服务功能，促进城镇范围内城镇、企业、村庄整合发展，大力开展城镇生态环境的综合整治；引导农村居民点适度集聚，压缩分散的乡村聚落，并引导部分人口向中部核心区迁移；坚持专业化、规模化、集约化、生态化的矿产资源开发利用道路，提高对矿产资源的利用率，实现矿产资源的综合利用。

西部生态保护与生态旅游功能区，包括王陶西南部花坡水源地保护区、太岳山森林公园、韩洪乡水源涵养区、灵空山自然保护区等，是县域最重要的生态建设区、生态旅游区。这一区域主要承担天然林保护、水源涵养、旅游业发展等功能。区域发展重点是继续实施退耕还林政策，大力开展植树造林，恢复森林和草地生态系统，开发生态旅游，盘活区域经济，适度发展风力发电和畜牧业，引导农村居民点集聚，促进人口向区外流出，加快旅游道路建设，改善区域交通条件。

东部生态保护及生态农业功能区，包括景凤乡、官滩乡、赤石桥乡、交口乡、郭道镇东部、法中乡、中峪乡，是区域重点生态建设和农业发展的主要区域，这一区域主要承担生态林业、特色农业、水土保持等功能。区域发展重点：一是继续实施退耕还林还草工程，加强水土保持工作；二是发展高效节水农业、经济林种植和养殖业，建立特色农产品、绿色农产品生产基地；三是大力压缩居民点的空间分布，促进居民点的规模化发展，引导区域人口逐步外流，进一步降低区域人口密度。

（四）县域工业化与城市化空间重组政策措施

按照县域空间发展的总体战略，制定区域投资、建设用地供给、产业布局引导、建设项目安排等方面的区域性政策，为空间结构调整提供政策支撑。

1. 明确政府资金安排的优先领域

根据公共财政服务于公共政策的原则，合理划分政府事权，合理界定财政支出范围。政府资金集中用于完善公共基础设施，促进基础产业和公益性事业的发展。优先保证城乡教育、科技、公共卫生、科技推广、公益性文化等公共事业及其设施建设；优先保证污染防治、生态保护和扶贫开发项目。

政府资金支持的重点区域：适宜建设区域的重点城镇、中心村的社会服务设施、公益性基础设施、城镇环境与生态设施建设；生态功能保护区和生态廊道的生态建设；贫困地区、限制建设区域和严格保护区域的移民扶贫；等等。

积极争取国家和山西省生态环境建设、扶贫开发、土地整理等政策性资金，分类、分区有效利用，为区域空间结构调整提供政策支持。引导政策性城镇基础设施建设资金向城镇发展区倾斜；引导政策性生态环境建设资金、扶贫开发资金向生态功能保护区和严格保护地区倾斜。

2. 加强和改进产业布局政策

实施中小企业成长工程。依法淘汰落后工艺技术，关闭破坏资源、污染环境和不具备安全生产条件的企业。鼓励优势企业在市场竞争中兼并和联合低效率企业，以形成适合产业特点的有竞争能力的企业规模结构。按照引导产业集群发展、循环经济原则，优化产业布局，引导分散的企业和新建企业向工业园区集中，促进非农产业的合理集聚和规模化发展。根据区域城镇性质和空间管制区划，制定区域性的产业引导政策，促进城镇与区域的合理产业分工。

3. 建设用地供给政策

统筹区域土地资源的优化配置，合理调整区域建设用地结构。在全县范围内，按照城镇体系规划确定的城镇布局结构，通过实行跨地区调剂建设用地指标和耕地占补平衡，优先安排重点发展城镇、中心镇和中心村的建设用地，缓解城市化进程较快地区城镇建设用地的供需矛盾。

统筹城乡建设用地资源的优化配置，坚持城镇建设用地增加与农村建设用地减少相挂钩的原则，严格控制农村居民点与独立工矿建设用地增量，禁止限制发展村庄和拟撤并村庄新增建设用地，加大农村居民点用地整理力度，实现人口城乡互动与居民点用地城乡互动的统一，逐步实现城乡建设用地的结构性调整。

4. 提高政府对空间资源的管制力度

建立和完善宏观调控体系，逐步把控制经济增长的外部性作为宏观调控的主要内容，把经济结构、生态环境质量、资源利用率、安全生产水平、居民收入等指标作为宏观调控的主要目标，改善调控手段，切实调整和优化政府的经济调节职能。

继续加大对工业的管制力度，避免低水平重复建设。加强企业布局的空间管制，严格限制企业特别是污染型企业的零星布点。依法加强政府对城乡居民点建设的管制力度，整合城乡功能和空间建设布局。严格农村宅基地审批制度，控制农村居民点建设用地规模。积极推进"迁村并点"工作，引导农村新建住宅向城镇与中心村转移。建立县域空间环境与资源调查、监测和综合评价制度，建立动态监测体系，加强对县域资源与环境的监测与评价，严格资源开发和环境的管理与保护。

第八章 煤炭资源型区域工业化与城市化空间协调布局机制创新

　　工业化与城市化空间协调布局受经济活动的区位指向与路径依赖、要素和经济活动的集聚与邻近效应、经济活动的外部性和政策制度3种机制的共同作用，其运行条件包括微观集聚主体的经济理性、完善的要素市场体系和最低程度的集聚与扩散障碍。因此，工业化和城市化空间格局的优化离不开政府的力量，建立健全微观经济主体的现代企业制度，培育发展区域资本、劳动力、土地等生产要素市场，创新机制体制，打破区域之间壁垒及城乡之间、城市内部"二元结构"，克服要素流动的城乡和地区障碍，强化空间规划引领，协调生产、生活、生态三大空间，保障经济、社会、生态效益协调等是推进工业化与城市化空间布局协调的必然要求和支撑条件。

　　促进工业化与城市化空间布局的协调发展，必须遵循区域各要素运作机理和运行规律。综合分析我国区域协调的经验与方法，工业化与城市化空间布局协调的统筹机制应包括市场的基础作用机制、政府的空间管制机制和区域要素系统的统筹调节机制。需要发挥市场在区域之间、城市之间、城乡之间进行资源配置和要素流动的主体作用，按照区域分工与合作的模式构筑工业化和城市化空间开发的合理格局。要发挥空间规划在工业化与城市化布局中的引领作用，强化政府的空间管制机制，加强政府公共服务与社会管理在促进布局协调发展中的职能和作用。要建立区域空间的系统调节机制，对区域产业系统、人口与居民点系统、生态系统进行整体调节，实现区域空间系统整体的人地关系和谐发展。空间布局必须在具体政策的保障下进行，结合不同区域工业化和城市化空间协调发展的背景和要求，需要进行有针对性的制度设计（图8-1）。

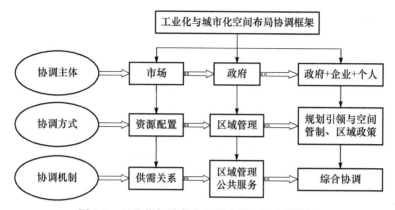

图 8-1　工业化与城市化空间布局协调分析框架

一、空间规划整合与空间协调管控机制

空间规划是公共部门通过设定空间发展框架和原则来影响未来活动空间布局的管理方案，它已成为政府促进区域可持续发展必不可少的公共管理工具和指导区域整合、协调发展重要的手段（张伟等，2005）。20 世纪 80 年代末以来，随着对空间规划作为经济、社会、生态等政策的地理表达功能的认知和"新区域主义"理论的发展，区域发展战略更加关注区域的整体性发展，空间发展规划更注重空间发展的整体性与协调性，各种规划开始走向逐步整合，形成一个整合、协调的战略性公共管理体系（姚佳等，2011）。例如，德国已形成涵盖国家、区域、城市等空间层面的整体性和综合性的规划体系；英国的空间规划已成为包含政策整合、战略治理等内容的综合进程（Jones et al.，2010）。空间规划的协调与整合成为西方国家规划体系革新与完善的核心工作。

我国的空间规划体系形成于计划经济时期，经过多年实践探索与调整，逐步构建起我国现行的空间规划体系，其主要包括国民经济与社会发展规划、主体功能区规划、土地利用规划、城乡规划和生态功能区划等，在优化开发格局、合理配置资源、促进区域协调发展方面发挥了重大作用（杨荫凯和刘洋，2011）。但是各类规划编制分别由不同部门主导，由于缺乏部门之间、规划之间有效的协调与衔接机制，空间规划存在规划体系紊乱、规划功能不清、总体协调与局部冲突现象并存等突出问题，如何建立统筹协调机制、促进规划之间协调与融合是政府、学者近年来关注的问题（韩青，2010），需要把完善区域规划的形成机制作为加快行政管理体制改革、规范政府行政行为的一项重点工作（孙承平等，2010）。

党的"十八大"报告提出要加快实施主体功能区战略，推动各地区严格按照主体功能定位发展，构建科学合理的城市化格局、农业发展格局、生态安全格局。促进生产空间集约高效、生活空间宜居适度、生态空间山清水秀。创新空间规划整合与协调机制，探索建立协调衔接、科学合理的空间规划体系和"多规合一"的有效途径，对于发挥城乡规划的引领和龙头作用，推动工业化和城镇化良性互动、城镇化和农业现代化相互协调，促进形成生产空间集约高效、生活空间宜居适度、生态空间山清水秀的空间格局具有重要意义。

（一）空间规划体系协调面临的主要问题

我国的空间规划开始于20世纪60年代的农业区划工作，20世纪80年代以后，逐渐确立了以区域开发规划（包括国民经济和社会发展规划纲要的相关部分）、土地利用规划、城乡规划（城镇体系规划、城镇总体规划）三大规划为核心的空间规划系统。目前，空间规划体系呈现出依据行政体系设置的并行体系特点，大体上分为以下4类：一是发展和改革委员会系统主导编制的国民经济和社会发展5年规划、主体功能区规划；二是城乡规划建设系统主导编制的城镇体系规划、城镇总体规划、城镇详细规划和乡村规划；三是国土资源系统主导编制的土地利用总体规划；四是环境保护系统主导编制的生态功能区划（林坚等，2011）。产业发展规划，如农业发展规划、行业振兴规划等也涉及产业布局的内容，但难以落实具体的用地规模和位置。从协调角度来看，各种空间规划存在法律授权、行政部门分割、规划的技术标准、目标、重点和管理方式等方面的差异，给规划的协调与衔接造成了一定困难。

1. 规划法律依据不同，缺乏主导性的空间规划

各规划的职能决定法律地位的差异，法律地位反过来影响规划的实施效能。从法律依据来看，国民经济和社会发展规划纲要的依据是宪法，法律地位高于城乡规划和土地利用总体规划；城乡规划、土地利用总体规划的依据分别是《中华人民共和国城乡规划法》（简称《城乡规划法》）和《中华人民

共和国土地管理法》(简称《土地管理法》);主体功能区规划、生态功能区划等依据的是国务院行政规章,理论上法律地位较低。从实践层面来看,《城乡规划法》规定城市总体规划、镇总体规划的规划期限一般为 20 年,但国民经济和社会发展规划的规划期限通常为 5 年,以 5 年期限的国民经济和社会发展规划来指导 20 年甚至更长期限的城乡规划编制,显然很难具有现实操作性。"十二五"规划提出,"发挥全国主体功能区规划在国土空间开发方面的战略性、基础性和约束性作用。按照推进形成主体功能区的要求,完善区域规划编制,做好专项规划、重大项目布局与主体功能区规划的衔接协调"。而在法律依据方面,主体功能区规划法律地位又低于城乡规划和土地利用规划(表 8-1)。

表 8-1　我国主要空间规划编制依据、主管部门和审批比较

规划名称	国民经济和社会发展规划纲要	主体功能区规划	城乡规划	土地利用总体规划	生态功能区划
法定依据	宪法	行政文件	《城乡规划法》	《土地管理法》	行政文件
主管部门	发展和改革部门	发展和改革部门	城乡规划主管部门	国土资源管理部门	环境保护部门
审批机关	本级人大	上级政府	上级政府	上级政府	上级政府
实施力度	指导性	政策性	约束性	强制性	约束性
实施计划	年度计划		近期建设规划年度实施计划	年度计划	
规划年限	5 年		一般 20 年	5—15 年	
类别	经济社会综合性规划	空间战略性、基础性规划	空间综合规划	空间专项规划	空间专项规划

国外空间规划体系多以单一体系为主,即一个行政层级往往以一个主导的空间规划来指导全区域的空间发展策略。而目前我国的空间规划编制、实施和监督主要是由部门来承担的,由于规划法律依据不同、规划审批权限、规划控制和引导的着力点不同,在同一区域层面上,缺乏具有法定意义的起主导作用的空间规划,规划之间脱节,甚至相互抵触。

2. 基础数据、技术标准与技术路线不一致,缺乏规划编制的协调衔接机制

不同类型空间规划之间的协调,在实际工作中会遇到编制所依据的基础资料、统计口径、分类标准、编制内容、编制技术路线等技术性操作层面的

问题。例如，城镇总体规划和土地利用总体规划之间的矛盾主要表现如下：第一，规划编制所依据的基础资料、数据统计口径不一致；第二，规划编制采用的用地分类体系和标准不一致；第三，规划的出发点不同，技术方法不同。城镇总体规划的基本思路是根据区域经济社会发展的需求，采用以地区发展需求为主导的方法，从安排用地的角度看，更侧重于"以需定供"，遵循自下而上的技术路线。土地利用总体规划主要采用"以供定需"的方法，确定建设用地规模，反映的是自上而下的调控意图。规划理念和编制程序的差异，使规划在用地规模、空间安排方面更加难以做到协调与衔接（姚佳等，2011）。

3. 规划编制时间和期限不一致，缺乏规划实施的协调与衔接机制

在规划期限方面，土地利用总体规划的规划期限由国务院确定，具体由国家土地行政主管部门对各级土地利用总体规划的规划基期、基期数据及规划期限做出安排。而城镇总体规划，其规划期限一般由负责组织编制规划的政府根据城镇的发展情况、发展趋势等报经上级政府同意后确定。国民经济和社会发展规划期限以 5 年为基准，滚动编制。主体功能区规划和生态功能区划为近年出现的空间规划，在编制时间和期限方面与前两者的协调也缺乏明确规定。由于各种规划编制时间不同，规划基期、基础数据及规划期限等也不同（张伟等，2005），难以在实际实施中进行协调与衔接。

4. 审批和实施制度自成体系，尚未形成衔接顺畅的管理工作制度

城镇总体规划实行分级审批制度，从直辖市到建制镇，相应的总体规划审批也由国务院一直到县级人民政府，均拥有规划审批权。土地利用总体规划则规定了十分严格的审批制度，只有国务院和省级人民政府能够审批土地利用总体规划，乡镇土地利用总体规划可以由省级人民政府授权的设区的市、自治州人民政府批准。国民经济和社会发展规划纲要由同级人民代表大会审议通过，产业规划、生态环境规划等由同级政府审批，上级规划对下级规划控制较弱。不同规划的审批和监管层次，依据规划的作用地位和行政效力而有所不同，审批和实施制度自成体系，导致上下级规划之间层次不清，出现不同规划之间的矛盾。

（二）空间规划整合与协调的实践探索

为适应城市化和城乡统筹发展的新形势，强化规划在城乡建设和经济社

会发展中的引领和控制作用，近年来，我国各地区积极探索规划统筹协调新机制，加快推进规划理念、规划重点、规划方法、规划实施等方面的改革，不断完善城乡空间规划体系。根据实践探索的特点，结合已有的研究（黄叶君，2012），可概括为以下 3 种模式。

1. 以行政机构改革与职能调整推动规划整合模式

上海、天津、武汉、深圳等城市，通过规划和国土部门整合建立"规划和国土资源管理局"规划管理体制改革，推进以城市总体规划和土地利用规划"两规合一"为主导的规划协调。例如，2008 年，深圳规划和土地管理部门合并成立深圳市规划和国土资源委员会，将城市总体规划和土地利用总体规划统一由总体规划处负责，"两规"协调的力度大大提高，深圳"两规"在建设用地规模范围、基本农田保护等约束性指标上实现了充分协调和统一。其经验如下：第一，近期建设规划成为"城规"与"五年规划"衔接的重要抓手，积极推动由近期建设规划和"五年规划"构成的综合协调各项城市建设行为的"双平台"建设（牛慧恩和陈宏军，2012）。第二，为了进一步推动规划协调与有效实施，强化近期建设规划年度实施计划的编制，不仅使其成为推动"城规"实施的有效手段，还是实现"城规"与"五年规划"对接与协调的重要途径。

2. 以城乡总体规划为统领的城乡统筹规划协调模式

广州、成都、浙江等地以城乡空间总体规划为统领，推进规划的协调。广州市通过编制和实施《广州城市总体发展战略规划（2010—2020 年）》，率先探索以战略规划为统领，协调主体功能区规划、城市总体规划与土地利用总体规划，促成"三规合一"，重点是实现"一张图、四条线、六统一"。"一张图"，即建立城市规划建设"一张图"；"四条线"，即统筹划定生态、基本农田保护、城乡建设用地、产业区块范围；"六统一"，即实现发展目标、人口规模、建设用地指标、城乡增长边界、功能布局、土地开发强度的统一。成都以全域成都规划为总架构，一张图统领全局，坚持六大统一原则（空间统一谋划、资源统一配置、政策统一制定、管理统一架构、标准统一设立、生态统一保育），实现了规划对城乡一体化的统领，确保统筹城乡发展在各区域和各领域整体协调推进。浙江通过编制市（县）域总体规划，实现"城乡全覆盖、空间一张图"，并将其作为各项衔接的基本平台。按照"分段衔接、侧重近期、总量平衡、留有余地"的原则,以5年为一个时段开展规划之间的协调工作。

3. 以重庆、太原为代表的"四规叠合"协调模式

2007年,重庆被定为全国统筹城乡发展综合配套改革试验区。以此为契机,将区(县)城乡总体规划试点作为规划编制体系改革的重要环节。2009年,重庆市发展和改革委员会主导编制经济、城市、土地、环境保护"四规叠合"实施方案,在总体上不改变现有四大规划的编制方式和程序的基础上,按照"功能定位导向、相互衔接编制、要素协调一致、综合集成实施"的原则,探索规划衔接与协调的实施机制。

太原结合新一轮城市总体规划,在山西率先推进城市、经济、土地、环境保护"四规合一"探索,在中心城区城市建设用地规模和范围等方面的土地利用总体规划与城市总体规划进行衔接,并且同步开展规划环境影响评价,做到与土地利用总体规划、城市总体规划、产业发展规划、环境保护规划的相互协调、有机统一。

(三)完善空间规划体系的基本思路与框架

建立和完善空间规划体系,核心是将目前多部门主导的涉及空间开发与利用的各种规划进行整合,合理界定各种空间规划的功能定位和规划内容,进一步理顺现有空间规划之间的内在联系和相互关系(相伟,2010)。

以山西省为案例,针对各类空间规划编制现状,立足现有"多规并存"的规划编制体系,完善空间规划的基本思路如下:遵循"强化龙头、横向协调,完善层次、纵向指导"路径,改变现有空间规划"群龙无首"的局面,确立国民经济和社会发展规划纲要的指导地位,明确主体功能区规划的基础地位和市县域城乡总体规划的龙头地位,理清规划体系的功能分工,抓紧编制实施主体功能区规划,做好相关规划与主体功能区规划的协调衔接,试点开展市县域城乡总体规划,注重研究编制重点区域协调发展规划,加快形成全域覆盖、城乡统筹、功能清晰、横向协调、上下衔接的空间规划体系。

1. 省域层面

建立以国民经济和社会发展规划纲要为指导,以主体功能区规划为基础

的空间规划体系。

编制和实施主体功能区规划，是推动形成人口、经济和资源环境相协调的国土空间开发格局、加快转变经济发展方式，以及促进经济长期平稳较快发展和社会和谐稳定的重要手段。"十八大"报告中提出，要加快实施主体功能区战略，推动各地区严格按照主体功能定位发展，构建科学合理的城市化格局、农业发展格局、生态安全格局。"十二五"规划提出，"发挥全国主体功能区规划在国土空间开发方面的战略性、基础性和约束性作用。按照推进形成主体功能区的要求，完善区域规划编制，做好专项规划、重大项目布局与主体功能区规划的衔接协调"。因此，在省域层面要加快探索建立以国民经济和社会发展规划纲要为指导，以主体功能区规划为基础的协调衔接的省域空间规划体系。

突出国民经济和社会发展规划纲要的战略导向，切实增强战略性和宏观性，突出指导方针、战略任务、空间布局和重大举措。改变规划内容无所不包、涉及领域过宽的状况，减少由市场机制发挥作用领域的内容，进一步充实政府履行公共职责的内容。

突出主体功能区规划在国土空间开发方面的战略性和基础性地位，加快实施主体功能区战略，推动各地区严格按照主体功能定位发展；科学界定规划编制领域，理清规划体系的功能分工，推进相关规划与主体功能区规划的协调衔接。

切实加强区域规划编制，随着经济社会的发展，以跨行政区的特定区域为对象编制的区域规划已成为规划体系的重要组成部分。要按照主体功能区确定的功能分区，加强都市圈、城镇群等需要统筹规划、协调发展的重点开发地区和生态功能区、重点农业区等限制开发地区的区域规划工作，强化区域规划在相应特定区域的指导性、统筹性和约束性，增强编制工作中部门、地区之间的衔接和协调性，发挥区域规划统筹协调区域发展的作用。

进一步明确专项规划定位，坚持突出重点、有所为有所不为，合理界定规划范围与内容，切实改变目前专项规划数量过多、内容空泛的状况，努力增强专项规划的针对性和操作性，使专项规划成为本领域落实宏观调控措施、审批项目和安排投资的依据。

2. 市县域层面

建立以国民经济和社会发展规划纲要为依据，以市县域城乡总体规划为主导的空间规划体系。

市县域层面，规划的空间面积比较小，自然和社会经济的均质性较强，各规划的地域重叠、内容重叠相当严重。要想适应城乡统筹发展的新要求，应将市县域城乡总体规划试点作为空间规划编制体系改革的重要环节，以构建城乡空间全覆盖、各类规划全衔接、专业部门全协调的城乡总体规划为平台，以建立城乡空间规划管治制度为目标，推进各类专项规划相互衔接，着力健全和完善城乡规划体系。

借鉴重庆市、广州市、成都市、浙江省等通过编制县市域总体规划实现"城乡全覆盖、空间一张图"的经验，突出市县域城乡总体规划在城乡统筹发展和空间资源配置中的战略导向作用，在开展市县域城镇体系规划基础上，加快市县域城乡总体规划编制与实施的试点工作。以城乡总体规划为主导，统筹推进城乡建设，加快形成"中心城市—县城—中心镇—中心村—特色村"一体化的城乡体系，统筹安排城乡产业发展和资源环境保护，统筹规划城乡基础设施、公共服务设施和生态休闲设施，着力打造市县域城乡全覆盖，集约、高效、可持续的空间格局，探索新型城市化和新农村建设有机结合的城乡统筹发展的新路子。在城乡总体规划的宏观指导下，重点在宏观调控目标、区域发展方向、重要资源开发、重要空间保护、基础设施等空间布局方面，做好各类规划的衔接与协调，切实避免规划内容自相矛盾。

3. 城市层面

建立以国民经济和社会发展规划纲要为依据，城市总体规划为主导的规划体系。

以国民经济和社会发展规划纲要为依据，坚持城镇总体规划与土地利用、产业发展、基础设施和生态环境等"多规融合"的原则，科学开展城镇总体规划修编，加强城镇近期规划、专项规划和详细规划的编制工作，形成以城镇总体规划为统领，以近期建设规划为重点，以详细规划为基础，各类专业、专项规划为支撑的规划编制体系。

按照城镇"扩容提质"和产城一体发展的要求，将各类产业园区纳入城镇总体规划，统筹规划建设城镇新区和产业园区，推动城镇建设与产业发展有机融合，使城镇新区成为城市经济社会发展新的增长点。

依据城镇总体规划，加快编制城镇控制性详细规划，实现城镇近期建设规划范围内建设用地控制性详细规划全覆盖，为城镇建设提供法定依据；同时，加强城镇专项规划编制，做好大型公共服务设施、重要交通设施和主干道两侧等重要地段的城市设计（图8-2）。

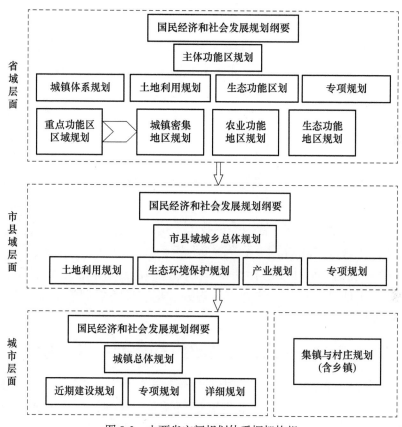

图 8-2　山西省空间规划体系框架构想

（四）空间规划整合与协调机制创新对策

1. 完善规划编制的协调衔接机制，实现规划目标、规划标准、规划内容、信息平台"四个对接"

建立城乡建设、土地利用、产业发展、基础设施和生态环境等规划编制的协调衔接机制，是实现"多规融合"及保障经济社会发展内容在空间上得到落实、空间规划在经济社会发展中得到体现的基础。需要以城乡规划建设用地"一张图"为平台，按照定位清晰、功能互补，突出重点、侧重空间，建立平台、统一信息的思路，加快推进国民经济和社会发展规划纲要、土地利用总体规划、城乡总体规划、产业规划和生态环境规划编制的协调衔接工作，保证发展"目标"、国土"指标"、规划"坐标"、生态"底图"的相互衔接。主要行动如下。

1）科学界定各种规划功能分工，加强各类规划编制内容的创新。按照国民经济和社会发展规划纲要定目标、主体功能区规划定政策、城乡规划定布局、土地利用总体规划定指标、生态环境规划定底图的分工模式，加强各类规划编制内容的创新，突出规划重点，减少重复编制、内容交叉。重点加强各规划之间人口、经济与用地规模，城镇建设用地发展方向，产业用地布局，重要空间资源和生态环境保护的协调和建设时序安排。

2）建设以"一张图"为基础的省、市、县城乡规划空间信息平台。利用全国土地调查成果及年度地籍变更成果，推进"城乡全覆盖、空间一张图"建设，以"一张图"为基础，建设城乡规划共同的地理空间信息平台和管理系统，为规划编制、实施、管理提供技术支持，促进各相关部门的信息互通、资源共享，促进各类规划的"无缝衔接"。

3）完善规划协调法规与标准体系。完善国民经济和社会发展规划纲要、城乡规划、土地利用规划、产业布局规划、生态环境规划等协调、衔接的地方技术标准体系。

2. 完善规划实施机制，建立近期规划（5 年规划）和年度实施计划制度

发挥国民经济和社会发展规划纲要的统领作用，以 5 年为一个周期，滚动编制城镇近期建设规划和产业发展规划等专项规划，调整土地利用规划，形成以近期规划为抓手的规划协调衔接机制，既可保证经济社会发展规划内容在空间上得到落实，又能使城乡规划与土地保护和开发利用规划做到协调衔接。应依据国民经济和社会发展规划纲要，并与政府任期目标相结合，滚动编制 5 年期的城乡近期建设规划、土地利用规划、产业发展等专项规划，并在此基础上制订国民经济和社会发展年度计划、城镇规划年度实施计划和土地利用年度计划，建立规划实施衔接机制。主要行动如下。

1）抓好"十二五"后 3 年"五规"协调衔接工作。结合国民经济与社会发展"十二五"规划评估，同步制定各规划"十二五"后 3 年行动纲要，重点抓好"五规"在发展目标及指标体系、人口与用地规模、建设用地范围、建设用地与产业布局、重要空间资源与生态环境保护等方面的协调与衔接工作。

2）开展城镇近期建设规划、土地利用近期规划、产业发展专项规划和生态环境专项规划等与"十三五"规划相适应的近期规划修编工作。

3）编制城镇规划年度实施计划，将近期建设规划确定的目标任务与国民经济和社会发展年度计划加以具体落实。强化各项规划年度计划的协调衔接，为政府协调各类建设项目、安排年度公共财政、调控年度土地投放提供支持。

3. 健全规划管理协调机制，形成职责明晰、分工有序、衔接顺畅的规划协调管理工作制度

按照城乡统筹、全域覆盖、多规融合的要求，加快推进规划管理机构改革和管理机制创新，完善城乡规划委员会制度，健全规划决策机制，强化规划编制的部门联动，逐步推进大中城市规划管理机构改革，探索建立统一的规划管理体制，加强村镇规划建设管理机构和队伍建设，构建覆盖城乡的规划管理网络，建立全覆盖的城乡规划监管体系。主要行动如下。

1）健全城乡规划委员会制度。健全省、市、县城乡规划委员会制度，强化城乡规划委员会在规划协同编制、联合审查、成果汇交等方面的职能，建立健全城乡规划委员会审议、论证制度和工作规则，保障各层次、各部门规划的有效衔接。先行先试，积极探索发展与改革、城乡规划、国土规划等规划管理部门的机构改革，逐步建立实体性城乡规划委员会。

2）健全部门联席会议制度和规划专家论证制度。建立重大规划协调会议制度，协调解决各类规划编制、论证、实施过程中遇到的重大问题。

3）逐步推进大中城市规划管理机构改革。借鉴上海、天津、深圳、武汉、沈阳等城市的城市规划管理机构与土地管理机构进行整合的规划管理体制改革经验，在大中城市推进城市规划、土地利用规划与国民经济和社会发展规划纲要职能部门的整合改革，逐步建立统一的规划管理机构。

4）建立建设项目审批的部门协同机制。以统一的信息联动平台为技术支撑，推进建设项目审批的部门协同机制和"一站式服务"。

（五）县（市）域城乡总体规划的新理念与规划内容创新

县（市）是相对独立、相对完整的经济行政区域，是我国城市化发展的最基础单元，是我国宏观经济与微观经济的结合部。县（市）域城乡总体规划改革，是空间规划编制体系改革的重要环节。2014年，国家发展和改革委员会、国土资源部、环境保护部及住房和城乡建设部联合下发《关于开展市县"多规合一"试点工作的通知》，在全国28个市县开展"多规合一"试点。以城乡空间全覆盖、各类规划全衔接、专业部门全协调为目标的城乡总体规划，是县（市）人民政府实施乡规划管理、合理配置空间资源、优化城乡空间布局、统筹基础设施和公共服务设施建设的基本依据，是健全和完善城乡规划体系的重要环节。

1. 编制县（市）域城乡总体规划的基本理念和原则

编制县（市）域城乡总体规划，应牢固树立和贯彻落实创新、协调、绿色、开放、共享的发展理念，按照城乡一体、全域管控、部门协作的要求，以主体功能区规划为基础，统筹城乡规划、土地利用总体规划、生态环境保护规划等规划，推进"多规合一"；以资源环境承载力为约束，以生态环境保护、治理、修复为先导，实施底线管控；以城市基础设施向农村延伸、公共服务向农村覆盖为重点，形成城乡一体、协调发展的新型城乡关系，推动形成生产空间集约高效、生活空间宜居适度、生态空间山清水秀的空间发展格局，发挥城乡总体规划在县（市）经济社会发展中的支撑和促进作用。应遵循的基本原则如下。

1）编制城乡总体规划，必须遵守并符合《城乡规划法》及相关法律法规、技术标准和规范的规定，严格规划程序，规范规划相关内容，合理规划指标，科学规划配置各类设施，强化城乡安全防护，真正做到依法制定规划。

2）编制城乡总体规划，应贯彻创新、协调、绿色、开放、共享的发展理念，严格执行国家新型城市化和相关政策，把以人为本、尊重自然、传承历史、绿色低碳、区域协调、城乡统筹、集约节约等理念和要求融入规划全过程，强化城乡功能与空间整合，突出空间资源保护与综合利用，推进基础设施和公共服务设施的共建共享，建设创新、绿色、人文、智慧城镇，改善人居环境，维护公共利益，保障公共安全，促进城乡全面协调可持续发展。

3）编制城乡总体规划，应遵循城市化和城市发展规律，根据不同地区县（市）域的主体功能定位、经济社会发展条件、城市化发展阶段和趋势、城乡生产方式及建设现状的差别，结合资源环境承载力，因地制宜、合理确定县（市）域发展定位、发展目标，合理确定城镇规模，划定开发边界，制定差异化的发展原则与措施，以实现集约、节约的精明增长。

4）编制城乡总体规划，应以国民经济和社会发展规划纲要为指导，充分体现主体功能区规划和生态环境功能区划要求，与土地利用总体规划紧密衔接，与相关专业规划相协调，推进"多规合一"，逐步实现城乡规划"一张图"、空间全覆盖、建设一盘棋。

5）编制城乡总体规划，应与上位层次的省、市域城镇体系规划、城镇群规划、城市总体规划等城乡规划相衔接，严格执行上位层次规划的强制性规定。应当综合评估现行城市总体规划实施情况，并对涉及的城市化发展战略、生态环境承载力、城乡建设用地规模和城乡空间布局结构等重大问题进行专题论证。

6）编制城乡总体规划，应坚持政府组织、专家领衔、部门合作、公众参与、科学决策的工作方式，按照国家有关规定和本级人民政府的要求，建立协调机制，征求相关部门、驻地军事机关和上级城乡规划主管部门的意见，促进城乡规划工作公开、民主、高效、规范、廉洁。

2. 县（市）域城乡总体规划应强化的重点内容与要求

县（市）域空间统筹规划是传统城市规划的薄弱环节。新时期需要结合实际，针对区域协调与城乡统筹、生态环境容量、城乡产业发展布局、城乡建设用地规模和城乡空间布局结构等重大问题开展深入研究，落实主要建设用地和重要设施布局，落实重要自然与人文资源、重要生态敏感区等保护与控制空间布局。重点强化的区域性规划内容如下。

1）现行城市总体规划实施的分析与评价。分析评价现行县（市）城镇体系规划、中心城区规划实施情况，客观反映规划实施取得的成效、规划阶段性目标的落实、各项强制性内容的执行情况等，重点揭示规划及实施中存在的突出问题和出现的新情况，提出规划修编的重点方向、重点内容和应当解决的主要问题。

2）上位规划要求的落实与深化。分析研究省、市域城镇体系规划、城镇群规划、城市总体规划等城乡规划，以及省、市主体功能区规划、生态环境规划、综合交通规划等上位规划对本县（市）的定位、功能、规模、基础设施建设、生态环境保护等方面的宏观要求和关键性规划内容，提出落实与深化方案和措施，对已经不适应发展需要的内容提出调整建议。明确与大区域城镇空间组织体系的衔接关系，与周边区域共同协调解决资源利用与保护、空间发展布局、区域性重大基础设施和公共服务设施布局、生态环境保护与优化等相关问题。

3）城乡发展条件的综合评价。综合考虑县（市）域自然资源、能源和生态环境承载力等因素，对区位条件、经济社会基础、城乡建设现状及发展前景等进行分析与评价，提出城乡发展的优势条件与制约因素。同时，应分析县（市）域发展的宏观环境，明确县（市）域发展的机遇与面临的挑战。应高度重视对城乡空间发展问题的诊断，分析县（市）域资源环境与人口经济的地域组合状况、区域承载能力与发展门槛，揭示人口与经济的空间集聚特征与趋势，找出需要生态保护、利于农业生产、适宜城镇发展的空间单元，为制订城乡空间布局方案奠定基础。

4）城乡发展目标与战略的制定。发展目标包括区域发展定位、近远期目标和规划核心指标、城乡统筹发展的路径及具体发展策略。区域发展定位要明确县（市）在大区域体系中的地位、分工和特色，应符合县（市）的不同主体功能区定位及上位规划的要求。发展目标应包括经济社会发展、城市化、基础设施和公共服务设施建设、资源与生态环境保护和利用等内容，确定具体规划目标应充分体现上位规划的相关规划目标，统筹考虑国民经济和社会发展规划、土地利用规划和生态环境保护等相关规划目标。按照新型城市化的要求，针对县（市）域发展面临的最主要问题，从产业结构战略性调整、区域空间结构调整、资源环境保护等角度，提出发展路径及具体发展策略。

5）人口预测和城乡建设用地规模控制。牢固树立新的发展理念，深入分析人口增长、结构变化、农村剩余劳动力转化和就业结构变化等趋势，研究人口城市化的动力机制，评估上位规划对本县（市）城镇人口的规划要求，考虑自然资源和生态环境等影响因素，对县（市）域人口及城市化水平进行多种方法的科学测算并进行合理论证。预测规划期末和分时段县（市）域的人口规模、城市化水平，确定人口城市化模式，提出人口空间转移的方向和目标，引导县（市）域人口适应生产力布局合理分布。县（市）域人口统计口径按照人口普查常住人口统计，城镇人口统计口径按照人口普查城镇人口统计。按照严控增量、盘活存量、优化结构、提高城镇建设用地集约节约水平的要求，从城镇现状、用地水平、资源条件等实际出发，充分考虑城镇产业发展的要求、交通方式的转变、人居环境的改善等因素，合理确定城乡建设用地规模。

6）城乡生态控制线和生态、农业空间的划定。坚持生态优先、底线控制，全面摸清并分析县（市）域空间本底条件，突出不同主体功能定位，综合考虑永久基本农田、各类自然保护地、重点生态功能区、生态环境敏感区和脆弱区保护等底线要求，对接有关部门划定的生态保护红线、永久基本农田红线等控制线，科学划定生态保护红线和生态空间，统筹考虑农业生产和农村生活需要，划定永久基本农田红线和农业空间。

7）产业发展与空间布局规划。依据国民经济和社会发展规划纲要，提出县（市）域产业发展战略，明确县（市）域产业结构、发展方向和重点，落实非农产业建设空间。对接县（市）域旅游发展规划，按照全域旅游的规划理念，提出旅游业发展战略和空间布局规划。

8）城镇体系规划。顺应城市化空间发展规律，提出城市化空间策略，明确县（市）域村镇体系，明确乡镇的发展定位、建设规模和建设标准，明确中心村布点和建设标准，提出村庄整治与建设的分类管理策略。应从地形地貌、资源分布、生态本底、经济社会发展等方面综合评价县（市）域城乡发展建设条件，深入研究城乡人口空间流动趋势，确定适应城乡人口流动和产业布局的村镇体系，合理确定城镇规模，科学定位城镇职能，明确村镇等级、规模和功能，构建层次分明、各具特色、功能互补的城镇体系。

9）美丽乡村建设与村庄布局规划。要从乡村经济、社会、空间及城乡差距等方面综合评价县（市）域乡村发展的建设条件，预测乡村人口流动趋势，提出美丽乡村建设目标，制定乡村分区发展指引，确定村庄整治类型。

10）城乡空间布局规划。按照促进生产空间集约高效、生活空间宜居适度、生态空间山清水秀的总体要求，统筹规划各类城乡建设用地与非建设用地，合理安排城乡居民点、产业、交通、生态环境和历史文化遗产保护等各类空间要素，划定生态空间、农业空间、城镇空间（含独立型产业聚集区、新区）三大主体功能空间范围，合理确定城乡居民点布局总体框架，形成生产、生活、生态空间的合理结构。

11）县（市）域基础设施规划。按照城乡覆盖、集约利用、有效整合的原则，依据交通、水利、供电、燃气、通信等部门专业规划，结合县（市）域空间总体布局与城乡居民点分布，合理配置综合交通、供水、排水、能源、通信、垃圾处理等基础设施，引导城镇各类设施向农村延伸，促进区域对接、内外联网、城乡衔接、共享共建。提出与周边区域综合交通的衔接要求，明确县（市）域综合交通设施的功能、等级、布局及交通廊道控制要求。结合河湖水系、绿地系统、自然与人文景观，规划休闲宜人、适合居民步行和骑行的区域绿道，构建安全、方便、舒适的慢行交通系统。提出水资源保护和开发利用及给水、污水工程发展目标，明确水源地，提倡区域性供水与污水治理，重点落实区域性管线。提出供电、燃气、供热等能源工程发展目标与容量指标，落实区域性管线及主要供电、燃气、供热设施布局。

12）城乡资源保护和防灾减灾规划。提出县（市）域资源环境保护、历史文化保护、防灾减灾体系建设的要求，提出传统村落保护名录和要求，提出县（市）域水源地（含战略备用水源地）保护要求。

3. 县（市）域城乡总体规划应按照新的发展理念创新的重点内容与要求

县城和城区是传统城市规划的重心，但规划中往往偏重物质空间，轻人文关怀；偏重经济发展，轻社会和谐与环境保护；重数量增长，轻质量提升；重外在形象，轻文化底蕴。新时代的中国城市化进程，需要体现新发展理念的城市规划，需要从关注经济增长转向注重可持续发展和生活品质提升，从关注物质空间形象转向提供优质公共服务和人居环境。新时代需要按照新的发展理念予以创新的重点规划内容如下。

1）关于中心城区的城市性质、规模和城市规划区管控。遵循城市发展规律，按照从关注经济增长转向注重可持续发展和生活品质提升，从重视开发建设转向注重保护利用现有资源，由追求增量规模扩张转向存量效益提升的要求，依据县（市）域人口、城市化水平预测和城镇体系结构等规划，分析确定城市性质、职能和发展目标，合理确定中心城区人口规模，划定城市增长边界控制线，明确规划期内中心城区城市建设用地规模和范围。结合城市增长边界控制线，确定中心城区规划区范围，制定规划区范围内城乡统筹策略。统筹安排规划区生态空间、农业空间和城镇空间，规划设计兼具生态保护、特色农业、休闲观光等功能的环城生态休闲区。

2）关于中心城区总体布局规划。分析评价城市增长边界控制线内用地现状、发展条件和制约因素，结合地形地貌、河湖水系、自然生态、地质灾害防御、重大设施廊道控制、空间布局演进特征等因素，开展城市用地适宜性评价工作，确定主要发展方向、城区空间结构和形态。突出用地统筹和主导功能，确定中心城区生活居住、公共服务、工业物流、生态控制等主导功能区划，明确城市大的功能片区，确定公共中心体系，引导城市空间结构和功能结构的优化。原则上对中心城区空间布局进行多方案比选。深入研究城市各类用地现状特征和问题，认真做好城市存量用地的盘点工作，提出中心城区用地布局和结构优化的目标与原则，确定主要用地布局和用地比例结构。

3）关于老旧城区更新改造规划。在深入研究人口现状及居住状况、土地利用情况、建筑现状的基础上，遵循规划引领、有序推进、提升品质、完善功能、美化景观的原则，明确城市存量用地挖潜目标，划定城市旧工业区、棚户区和城中村等城市更新重点区域，合理确定更新改造、城市修补的时序和规模，重点解决旧城区环境品质下降、空间秩序混乱、历史文化遗产损毁等问题，避免大拆大建。应突出保护原有街巷肌理和不同历史时期的代表性建筑群落，以及优秀近现代建筑，划定历史风貌保护区，严格保护历史风貌，体现城市发展历史延续性，增强城市历史记忆。

4）关于生态修复与绿地系统规划。调查评估城市自然环境质量，特别是中心城区及周边的山体、河道、湖泊、植被、绿地等自然环境被破坏情况，识别生态环境存在突出问题、亟须修复的区域，提出城市山体、水体、废弃地和污染土地修复重点区域、重点地段和修复措施。结合自然山水、城市总体布局，提出绿地系统的建设目标及总体布局。

5）关于总体城市设计。应加强对城市整体空间形态和景观形象的研究和构思，明确城市总体风貌定位，提出城市总体设计目标，确定城市山水格局与城市空间形态；明确城市主要景观要素，划定景观分区；注重协调建筑群体与开敞空间之间的关系，达到让居民望得见山、看得见水、记得住乡愁的目的。

6）关于历史文化遗产保护规划。应开展体现城市不同发展阶段的历史街区和建筑的调查、研究，注重延续历史文脉，彰显三晋文化特色，增强城市魅力，提出历史文化遗产保护的原则、目标，划定历史文化街区、历史风貌区保护范围。历史文化名城应当编制专门的历史文化名城保护规划，其主要规划内容应当纳入城乡总体规划。

二、区域与城乡空间协调机制及政策

（一）区域与城乡空间协调发展的主要障碍

根据前述资源型区域工业化与城市化空间布局的一般特征，结合山西省城市化发展的实践，就区域与城乡空间协调政策层面而言，存在着一些比较突出的问题和难点。主要包括以下几个方面。

1. 城市群整合协调发展的机制尚未建立，城市群发育与发展滞后

城市发展集群化是城市化发展的主导趋势，"十一五"规划纲要中提出"要把城市群作为推进城镇化的主体形态，逐步形成以沿海及京广京哈线为纵轴，长江及陇海线为横轴，若干城市群为主体，其他城市和小城镇点状分布，永久耕地和生态功能区相间隔，高效协调可持续的城镇化空间格局"。虽然太原都市圈作为山西省最重要的城镇密集地区，已被纳入《全国城镇体系规划纲要 2005—2020》《促进中部地区崛起规划》中，但从发展实际来看，人口规模、人口集聚程度相较于中西部其他省份的城镇群仍有较大差距，人口与经济集聚规模偏小，严重制约着山西省经济的转型升级，也使其省际竞争力和区域辐射带动作用不强。从发展机制看，各行政区域各自为政，整合协调发展机制尚未建立，还缺乏协调统一的区域性规划指导；城镇之间缺乏合理的职能分工和有机协作，经济竞争多于合作，工业区、开发区空间比邻，但结构趋同问题十分突出；大型工业企业、基础设施、社会服务设施建设各自为政，造成建设上项目的重复分散和投资浪费，甚至导致城镇之间的相互污染。这些问题严重影响着都市圈、城镇组群的区际竞争力和区域影响力，制约着城镇区域有序、协调、可持续发展。

2. 产业集群、产业园区和城市建设互动发展机制尚未建立，城市发展产业支撑能力不强

工业化是城市化的重要动力，产业集群和产业园区是城市、城镇发展的重要支撑。资源型经济特征导致城市、城镇发展的产业支撑能力不足。具体表现有以下几点。

1) 农业产业化进程滞后，农业产业化龙头企业与城市化关联度较弱。主要表现如下：布局分散，未形成规模化、专业化的农产品加工、流通园区，企业聚集的区域大多数也远离城镇；交通、水电气供应及给排水等基础设施建设除个别进入当地经济开发区的企业，仍然各自为政，投资成本大，也造成了土地资源的浪费。

2) 工业园区是工业化进程中实现优化资源配置、共享基础设施、促进企业聚集、培育产业集群的主要载体。但是与经济发展的需求相比，还存在一些突出的问题：多园区建设缺乏科学的规划，工业园区建设和产业发展政策同当地土地规划、资源和环境规划衔接不够；各地市、县的工业园区产业特色不明显，没有明确的主导产业；各园区项目之间在原材料、产品方面的协作关联度不高，不利于上下游产品产业链的延伸；园区建设与城镇建设脱节，导致污水集中处理，以及集中供电、供水、供气和信息中心等配套设施明显滞后，严重制约着城镇和园区的互动发展。

3）服务业发展缓慢，是制约城市、城镇发展的主要原因之一。第三产业规模偏小，水平偏低；服务业内部结构不够合理，新兴服务业尚未形成规模；区域和城乡服务业发展不平衡，农村地区服务产品供给不足；服务业链条不够长，服务企业规模和实力普遍较小；产业集聚趋势不明显，集聚辐射带动作用不强；市场化程度不高，开放程度较低；城市化进程滞后，制约服务业发展；智力支撑不足，专业人才缺乏；等等。

3. 城乡统筹布局与发展机制尚未形成

把形成城乡经济社会发展一体化新格局的理想目标，转化为现实的行动和未来的真实图景，不仅要建立以市场为导向、以城乡要素自由流转为条件、以工业化和城市化为基础的集聚扩散机制，还要建立以政府为主导、以城乡均衡发展为目标、以规划政策制度为手段的统筹协调机制。但目前统筹城乡发展的制度性障碍仍然较为突出，农民市民化速度缓慢。统筹城乡发展面临的制度障碍削弱了统筹城乡发展的动力与活力，已成为城乡统筹发展的瓶颈：一是户籍制度不统一，制约城乡二元结构的改变；二是土地制度不健全，农民没有实现居住性转移；三是社会保障制度有待完善，农村最低生活保障还没有全覆盖；四是公共财政体制不完善，基层财政转移支付面临诸多问题；五是农村金融组织体系不完善，农业保险发展迟缓。与此同时，不平等的教育体制、歧视性的就业政策等制度层面的制约因素，以及城乡就业结构性矛盾、农民非农就业的适应能力、就业和收入的不稳定等其他方面的因素，制约着农民市民化进程。以工促农、以城带乡的长效机制尚未建立，相关政策和体制有待进一步完善。

4. 工矿城镇转型的促进机制亟待建立

许多城市已进入资源枯竭期。这些城市在发展过程中，各类经济要素的投入重点始终集中在资源型支柱产业和专业化生产部门方面，产业结构初级、缺乏弹性和应变能力。长期的矿城分离导致城市基础设施、公共设施建设历史欠账较多，城市功能不完善，同时煤炭开采造成的土地塌陷、水资源流失、资源和生态环境破坏等问题，给城市的可持续发展带来了巨大的威胁，转型发展迫在眉睫。但由于资源型城市的自身特征，经济发展存在强烈的路径依赖，资源型城市的可持续发展仍存在一系列制约因素。第一，资源型城市中国有大型企业与城市产业存在断层，阻滞城市产业发展。第二，资源型城市中国有大中型企业与地方中小企业相互脱节，协作关系难以建立。在经济形势不断变化的情况下，其应变性、适应性及可调控性均较差，却具有较大的发展惯性和超稳态性，难以实现产业转型发展。第三，资源型城市中城市功能与企业功能错位，企业的封闭运行系统排挤城市功能发展。第四，资源产权国有，价格体系扭曲，资源型城市价值转移缺乏补偿机制。这些机制体制方面的问题，成为资源型城市转型发展的制约因素，大大降低了资源型城市的竞争能力和可持续发展能力。

5. 与主体功能区划相适应的城镇布局调整政策尚不健全

促进工业化与城市化空间格局与主体功能区的协调，需要相关配套政策和绩效考核作为保障条件。现行的财政、投资、土地、人口政策等尚不适应构建主体功能区的要求，迫切需要根据主体功能区的不同定位要求制定相应的财政、投资、产业、土地、人口、环境保护等配套政策和政绩考核指标，补充、调整和完善目前的各类政策，以保障实现区域的主体功能。

基于上述原因，需要以城镇群一体化发展、城乡统筹发展、产业园区与城镇建设互动协调、资源型城市转型、资源节约型与环境友好型城市建设的体制机制创新为重点，优化资源型区域工业化与城市化空间布局的区域、城乡协调机制。

（二）完善区域协调发展机制，加快形成以城镇群为重点的省域主体功能区布局

区域协调机制是指在区域经济一体化发展的过程中，协调相互冲突的利益关系的一系列制度安排和运行机制，主要包括公共决策机制、对话沟通机制、规划协调和监督机制、政策环境协调机制、专项事务协调机制及利益协调机制等。机制创新的目的是促进资源型区域人口与产业空间集聚及主体功能区划相协调，城市空间布局与产业转型升级空间需求相适应。

1. 加快构建适应主体功能区建设要求的区域政策法规体系

加快推进主体功能区规划的实施，按照优化开发、重点开发、限制开发、禁止开发的不同功能定位和要求，进一步优化空间开发结构，构建以城镇群为主体的城市化与新型工业化格局，以六大区域（汾河河谷盆地、桑干河河谷盆地、滹沱河河谷盆地、寿阳阳泉地区、漳河河谷盆地、沁河河谷盆地）的现代农业、特色农业为主体的农业发展格局，以山地、丘陵生态屏障为主体的生态安全格局和"点状开发"的生态友好型能矿资源开发格局，促进区域分工合理化、基本公共服务均等化和区际良性互动。

加快建立适应主体功能区要求的政策法规体系，完善利益补偿机制。按照区域主体功能定位，配套完善财政、投资、产业、土地、环境等政策。省级财政完善对省以下转移支付体制，建立省级生态环境补偿机制，加大对重点生态功能区的支持力度；探索建立生态环境受益地区对重点生态功能区的横向援助机制。建立符合主体功能区要求的投资体制，修改完善现行产业指导目录，明确不同主体功能区的鼓励、限制和禁止类产业。实行差别化的土地管理政策，科学确定各类用地规模，严格土地用途管理。对不同主体功能区实行不同的污染物排放总量控制和环境标准，相应完善农业、人口等政策。

按照不同区域的主体功能定位，制定与实行差别化的评价考核体系。强化对各地区提供公共服务、加强社会管理、增强可持续发展能力等方面的评价，增加开发强度、耕地保有量、环境质量、社会保障覆盖面等评价指标。按照不同区域的主体功能定位，实行各有侧重的绩效考核评价办法，强化考核结果运用，有效引导各地区推进形成主体功能区。

2. 创新城镇群一体化发展的体制机制

对山西省而言，以太原都市区为核心，由太原都市圈、晋北、晋南、晋东南城镇群构成的"一核一圈三群"是全省城市化的主体和新型产业基地，需要通过都市圈及城镇群高效协调管理机制、重要资源一体化配置机制、一体化市场体系、产业协调与共建机制、跨区域基础设施共建共享机制和一体化的生态环境治理机制的建立，优化空间资源和生产要素配置，提高生产要素配置和利用效率，加快太原都市圈的资源整合和经济融合，打造具有全国意义的重点开发区域，加快晋北中部、晋南中部、晋东南中部三大城镇群建设，打造带动区域转型、跨越发展的重点开发区域。

建立都市圈及城镇群高效协调管理机制。建立太原都市圈及城镇群高层次领导协调机构及执行机构，致力于解决跨行政区的重大协调性问题，组织编制与实施都市圈、城镇群协调发展规划和专项规划。健全城市之间、市县之间的多层次协调机制，强化都市圈、城镇群区域规划的立法保障和实施监督。创新行政运行机制，探索区域公共资源的一体化管理，实现政府间高效协同推进。

建立都市圈及城镇群重要资源一体化配置机制。建立建设用地一体化供应和利用体系，推进建设用地指标的区域统筹，提高建设用地配置效率，推动区域水权交易，建立区域排污权交易制度，提高环境容量的总体配置效率。

加快都市圈及城镇群一体化市场体系建设。打破部门、行业垄断和地区封锁，建设都市圈及城镇群"市场共同体"，共创区域开放平台，联合组团进行招商。加快实施银行卡跨市联网、金融同城票据交换，实现城市间通存通兑、同步结算。强化城乡户籍制度改革，促进都市圈及城镇群内部户籍的同城待遇，保证都市圈及城镇群内部人员的自由选择权。

健全产业协调与共建机制。围绕"一核一圈三群"发展定位，编制都市圈、城镇群产业指导目录，实施鼓励类、限制类、禁止类产业的分类引导；推进税收、财政体制改革，建立企业、项目在都市圈及城镇群内转移的利益协调和补偿机制，引导产业合理集聚。

建立跨区域基础设施共建共享和生态环境治理一体化机制。推进重大共享性基础设施的联建共享，促进交通、能源、供水、信息等市政公用设施的城市间对接与共建共享。编制实施都市圈及城镇群生态建设规划，按照区域生态功能，建立多类型的生态补偿机制；开展生态环境补偿试点；制定都市圈及城镇群统一的环境保护地方性法规，完善污染物排放标准体系，建立一体化的规划环评机制、项目布局协商机制；设立都市圈及城镇群环境监控信息共享平台和环保督察中心，完善协同监控管理体系；提高产业发展的环保准入门槛，实行强制清洁生产审核和生产全过程污染控制。

（三）创新资源型城市转型的体制机制，促进专业化职能城市向中心城市的转型

资源型城市转型需要建立资源型城市产业转型援助机制、城矿整合发展机制、生态环境恢复补偿机制和棚户区改造的扶持机制等，使资源型城市尽

快步入多元驱动、良性循环的可持续发展轨道，实现资源型城市向区域中心城市的迈进。

1. 建立资源型城市转型援助的稳定、长效机制

加大对资源衰退型、枯竭型城市改造的转移支付力度。利用资源枯竭城市的转移支付资金，设立对专项贷款的贴息优惠，吸引国家开发银行对资源衰退型、枯竭型城市的基础设施、生态环境改善、接续替代产业、社会保障事业等领域融资项目的积极支持。积极推进并落实山西省煤炭可持续发展基金、矿山生态环境治理恢复保证金和煤矿转产发展资金三项政策，继续将煤炭可持续发展基金的30%用于企业转产和资源城市转型。建立资源型企业可持续发展准备金制度，由资源型企业在税前按一定比例提取并列入成本，主要用于环境恢复与生态补偿、煤炭企业转产、职工再就业、职业技能培训和社会保障等。建立煤炭、冶金、化工等产业退出援助机制，统筹解决战略性退出行业中企业员工的安置、再就业问题。探索财政、金融、税收、土地等一整套扶持的政策，鼓励资源型城市的转产工业园建设。强化资源型城市结构调整和产业替代发展的规划引导，积极引导各种资本投入，延伸城镇产业链，推进城镇产业结构多元化进程。

2. 按照"矿城融合、一体发展"要求建立城矿融合发展机制

制定统一的城市与工矿区改造和建设规划，整合优化城市公用设施和市政设施，促进城镇空间的一体化发展和基础设施、市政设施的共建共享。强化工矿企业与地方企业的技术经济联系，探索共建转产工业园区，推动工矿企业融入地方经济体系。深化煤炭等国有资源型企业改革，建立城矿公共服务资源整合利用机制，促进人才、技术和要素的整合，推进城矿就业、社会保障、社区服务等社会管理的一体化，壮大城市交通、商贸、文化、科教职能，增强城市综合服务功能。

3. 建立资源型城市生态环境恢复和人居环境修复补偿机制

加大用于采矿沉陷区生态环境补偿的一般性转移支付和专项财政转移支付力度。采用市场化模式，推进民间资本参与生态建设投资，积极探索通过市场机制多渠道融资，加快治理与恢复进程。建立采矿塌陷区城乡居民的社会保障机制。建立资源型城市采煤沉陷区土地开发整理的补偿机制和多元化

投资机制。

加大对资源型城市棚户区改造的资金支持力度，省政府扩大资金配套比例。探索建立财政补助、银行贷款、企业支持、群众自筹、市场开发等多元化的资金筹措机制。加大税费政策支持力度，对资源型城市棚户区改造项目，免征城市基础设施配套费等各种行政事业性收费。探索电力、通信、市政公用事业等企业对棚户区改造的支持与援助机制。

（四）完善产城协调布局机制，促进产业转型与城市功能体系协调互动

城市化发展、城市的发展需要以产业发展为支撑，需要建立与城镇分布相适应的产业园区布局调控机制、产业园区互动发展机制、特色产业集群建设促进机制、产业园区与城镇建设一体化发展机制等，形成以城镇为依托、以产业园区为支撑的工业化与城市化互动发展格局。

1. 建立与城镇分布相适应的产业布局调控机制

根据区域城镇体系结构，合理规划和整合各类产业基地、集群、园区布局，合理确定各城镇产业的定位和发展方向，形成大中城市以发展新兴产业为主导、县城和特色镇以特色产业为支撑的产业发展格局。按照以城镇群为主体形态的城镇布局格局，探索建立企业、项目在经济区内转移的利益协调和补偿机制，突破行政区划限制，引导生产要素合理流动，构建布局合理、分工协作的特色优势产业集群。在县、市层面，应加快建立特色产业集群建设的促进机制，围绕推进县域城市化，加大对产业集群化发展的引导，加快培育一批产品加工度深、企业依存度高、产业关联度大、市场竞争力强的特色产业集群，强化县域城市化的动力。联动推进城乡服务业发展，加快基本公共服务均等化进程，形成城乡一体的服务业发展格局。中心城市着力鼓励和引导现代服务业集聚，大力发展总部经济、创意产业、文化产业、体育产业。以县城和区域中心镇为载体，大力发展与工业配套的房地产、商贸、会展、物流、休闲观光、公共交通等服务业。以特色村为依托，积极发展人文生态旅游、特色餐饮、休闲度假等服务业。

2. 创新产业园区与城镇建设的互动协调机制

推进产业园区与城镇建设的一体化发展，需要按照企业集中布局、产业

集群发展、资源集约利用、功能集合构建，带动人口向城镇转移的要求，统筹城镇与产业园区布局，形成产城融合、良性互动的发展态势。衔接好专业园区发展与中心镇、新型农村社区建设，促进周边农民就近转移就业。按照经济、生态、宜居功能复合的要求，着力推进城市新区产业高端化、集群化，带动人口集聚。协调城市政府与开发区管理的关系。按照精简、效能原则，剥离园区管理委员会的行政管理职能，强化经济管理职能，尤其是规划、协调、监督、服务职能，切实把管理职能转到为市场主体服务和创造良好发展环境上来，推进开发区由"区域型政府"职能向"功能型政府"职能的转变。

（五）建立县域城乡一体化布局机制，促进城市化与新农村建设互促共进

按照城乡互动、区域协调、共同繁荣的新型城乡关系要求，加快建立城乡规划、产业布局、基础设施建设、公共服务一体化的体制机制，推进城乡要素配置的市场化、基本公共服务的均等化、社会管理的一体化、产业体系的融合化，走出资源型区域城乡统筹发展的新路子。

1. 探索建立以县城为中心、县域为单元的城乡统筹发展地域模式

县（市）是统筹城乡发展的主体，城市化是构建城乡一体化新格局的重要载体和推动力量，要以县（市）域为空间单元，以全覆盖的城乡一体规划为龙头，统筹推进村镇建设，加快形成"县城—特色镇—中心村—特色村"一体化的村镇体系，配套推进产业发展、要素配置、生态保护、公共服务、民生保障一体化布局，同步提升城镇和乡村的现代化水平，以工业向园区集中、人口向城镇和中心村集中、土地向规模经营集中的"三集中"为导向，加大县（市）域城乡居民点和产业布局的调整力度，着力打造集约、高效、可持续的城乡空间格局。

2. 因地制宜，探索不同的城乡一体化发展模式

城镇密集地区，以大中城市为依托，率先建立以城市化为主导，以基础设施、公共服务设施一体化，以新市镇和农村新社区建设为重点的城乡一体化模式；划定为农业主体功能区、生态主体功能区的县，按照建设"大县城"、发展中心村、整合基层村的发展模式，推进城乡统筹发展。

3. 统筹城乡基础设施和公共服务设施建设

以县城和特色镇为重点，加快城镇基础设施和公共服务设施建设。以中心村为重点，完善农村自来水、污水、垃圾收运处理、义务教育、基础医疗、乡村文化室等设施建设。积极推进城镇市政公用设施向农村延伸服务和覆盖。建立健全城乡公共就业服务体系，统筹城乡的社会保障体系；加大对农村义务教育的投入力度，建立城市优质教育资源向农村延伸的长效机制，推进城乡教育均衡发展；推进乡村医疗卫生机构管理体制改革，建设覆盖城乡的医疗卫生保障体系；建立文化科技下乡长效机制，建设覆盖城乡的公共文化科技服务体系。

4. 建立以煤补农长效机制

建立完善的帮扶新农村建设工矿商贸企业优惠政策体系，支持鼓励大型煤炭企业帮建新农村，实现"一企帮一县""一企帮一乡""一企帮多村"。逐步强化企业、煤矿和帮建村、乡、县的利益联结，实现双赢、多赢目标，推进村矿、村企、乡企、县企的和谐发展。

5. 统筹城乡生态环境建设

以城乡生态化为统领，结合生态功能区划和城镇体系布局，构建点、线、面相结合的城乡生态体系。着力推进以城乡环境综合整治、饮用水源保护、垃圾及污水集中处理、水土流失综合治理、土壤污染防治为重点的城乡生态环境建设。

（六）创新资源节约型与环境友好型城镇建设机制，促进城市布局与资源环境的协调

1. 建立资源节约、环境友好的激励和约束机制

建立反映市场供求状况、资源稀缺程度和环境损害成本的资源价格形成机制，完善节约水、电、煤、油、气等的价格激励机制，建立绿色电价机制。推行分质供水和阶梯式水价制度。建立推进绿色建筑、低能耗建筑与既有建筑节能改造，以及可再生能源建筑一体化应用等建筑节能领域的长效奖励补助机制，推行建筑能效测评与标识，加大建筑节能评价考核力度。完善节约集约用地评价指标体系，建立节约集约利用土地的长效机制，促进城镇紧凑集约发展。

2. 实施宜居城市创建工程

积极开展宜居城市、人居环境范例奖创建活动；深入推进园林城市、环保模范城市、卫生城市、环境优美乡镇、生态文明村创建活动。以"生态宜居"为统领，逐步整合各项创建活动，探索建立山西省"生态宜居城市"创建标准与指标体系，组织开展"生态宜居城市"创建活动。

3. 探索绿色、生态城镇发展模式

建立政府、企业和社会的多元化投入机制，鼓励太阳能、浅层地能、天然气、煤层气、工业余热等可再生能源、清洁能源的应用，吸引和鼓励社会资本及外资参与绿色建筑、低能耗建筑、城镇环境设施、城镇绿化建设，加快改变城镇能源消费结构。山西省与住房和城乡建设部、财政部、国家发展和改革委员会共建资源型区域低碳生态城市示范区，组织开展低碳生态城市示范和技术推广。

4. 健全历史文化名城、名镇、名村和风景名胜区保护与发展机制

加大对历史文化名城、名镇、名村保护的资金支持力度，鼓励企事业单位、社会团体和个人参与历史文化名城、名镇、名村的保护。协调名城、名镇、名村、风景名胜区保护与发展的关系，促进保护与旅游开发的协调互动。理顺管理体制，加强机构建设，强化对历史文化遗产的保护和管理。创新城镇规划、建设理念，传承优秀历史文化，彰显历史文化特色，充分体现城镇的历史感、生态性、文化味。

三、人口和重要资源的一体化配置机制

工业化与城市化空间协调布局的关键是实现人口和生产要素的合理集聚，要素聚集能力也关系到城镇建设和发展的质量。因此，需要尊重市场规律，统筹推进人口管理、土地管理、财税金融等体制机制改革，最大限度地消除人口和生产要素合理集聚的障碍，形成有利于工业化与城市化空间协调布局的制度环境。资源型区域面临的要素合理集聚障碍，与一般区域具有共性，主要包括以下几个方面。

（一）人口流动及相关配套制度

稳步推进"农民工市民化"，解决城市内部人口"二元结构问题"，深化户籍管理及相关配套制度改革，建立适应城市化快速、健康发展的户籍管理及社会保障、教育、就业等配套制度，引导农村人口向城镇集聚。重点内容如下。

1）继续深化户籍制度改革。允许那些在城市居住时间较长、有稳定住所和收入的暂住人口，在就业所在地落户，并使之依法接受当地社区管理，获得与当地市民平等的社会身份。

2）将流动人口管理工作纳入城市社会和经济发展总体规划。对城市流动人口实行有序管理，把流动人口和常住人口放在同等重要的位置进行强化管理。

3）尽快建立城乡统一的劳动力市场，切实加强流动人口的就业管理。大力发展多种形式的劳动就业中介服务组织，逐步形成包括信息、咨询、职业介绍、就业培训等在内的社会化就业服务体系。充分挖掘产业部门的就业潜力，最大限度扩大就业容量。

4）实施社会保障全覆盖工程，基本养老保险、基本医疗保险、最低生活保障三项制度覆盖城乡。打通城乡之间社会保险制度障碍，逐步实现城镇企业职工养老保险与新型农村社会养老保险之间、城镇基本医疗保险与新型农村合作医疗之间、城乡医疗救助制度之间的衔接和社会保险关系转移接续的顺畅。加大城镇保障性住房建设力度，将廉租房建设中享受西部大开发政策的范围扩大到全省所有县市。

（二）建设用地资源一体化配置及相关管理制度

按照"统一规划、依法管理、市场配置、政府调控"的原则，创新土地管理方式，建立节约集约用地的新型城市化发展模式。

明确界定农村集体建设用地各种权利，完善土地法律制度。对流转土地的产权主体、权利和利益边界进行法律确认，保障农民作为承包地产权主体各项权益的实现。改革征地制度，对于新增的公益性用地，继续通过征收或征用的方式获得，并实行国有；对于非公益性用地，在符合城乡建设统一规划的前提下，由用地单位通过市场获得，允许农村集体建设用地进入市场交易，保障农民获得合理的补偿，保证农民土地被征后的生活水平有所提高。

建立统一的城乡建设用地市场。加强城乡土地市场体系建设，实行国有建设用地和集体建设用地相协调的"统一市场"，逐步达到"同地、同权、同价"。以经济手段促进工业化和城市化进程中土地的节约和集约使用。按照国家有关节约集约用地的要求，加快城镇规划相关技术标准的制定和修订，并利用价格和税收等经济手段，促使各项建设建筑密度、容积率、绿地率达到合理标准。

加强城乡建设用地的统筹安排，推行增减挂钩。建立城乡建设用地置换和跨区域耕地占补平衡市场化机制。建立易地开发补充耕地和省内跨区域实现耕地占补平衡的管理办法。优先安排城镇群的建设用地，缓解城市化进程较快地区城镇建设用地的供需矛盾。创新城乡建设用地增减挂钩模式，突破城乡建设用地增减挂钩只能以县为单元调剂的限制，推行以城镇群为单元的城乡建设用地增减挂钩试点，有效解决中心城市建设用地短缺问题。推进矿业用地管理机制创新，抓好存量矿业用地整合利用。开展露天矿业用地改革试点，建立矿业用地土地复垦补偿机制。

改革农村宅基地制度，深入研究进城定居农民享受城镇住房政策和农村宅基地政策的衔接，推行宅基地有偿使用和有偿转让，鼓励进城定居的农民放弃农村的宅基地。开展以土地承包经营权置换城市社会保障、以宅基地使用权置换城镇住房的试点，实现农民向市民的身份转换。

（三）城镇建设资金保障与投融资体制机制

积极推进城镇财税及投融资体制改革，规范县级投融资平台建设，完善多样化城镇建设和新农村建设投融资渠道，建立新型城乡建设投融资体系。

推进省、市、县级投融资平台的规范、健康发展。整合各类投资公司和投资基金，组建省级综合性投资集团，下设包括城建投资公司在内的专业投资公司，搭建城市基础设施建设投融资平台。各区市政府整合城市基础设施和公共设施资源，搭建市场化运作的新型融资平台。建立城建资产与资源注入机制，提高投融资主体的"造血"机能，引进民间投资，促进投资主体多元化，改善融资平台公司的股权结构。建立投融资平台公司债务分析和预警机制，设立城建项目偿债基金，逐步形成城建投资主体偿债保障机制。

探索多样化的城镇建设投融资渠道。吸引民间资本、大型企业集团参与城市化建设，支持外资投向城市化建设。加强与开发性金融合作，推动发行城镇投资建设债券、市政建设债券和股票；积极采用 TOT（transfer operate transfer，移交—经营—移交）和 PPP（public private partnership，政府和社会资本合作）等多种方式，进行城建项目的融资创新；鼓励煤炭企业参与城镇基础设施和城镇区改造。

强化政策性银行的支持和信贷、保险的保障。支持国家开发银行加大对城市化建设项目的信贷投放。推进农业发展银行开展县域城镇建设贷款业务；鼓励各银行机构积极为城镇基础设施建设提供信贷支持；鼓励保险公司积极为城市化基础设施项目开展保险业务。

继续深化市政公用事业改革。进一步加快建立城市供水、供气、供热、公共客运、垃圾和污水处理等行业特许经营制度。鼓励各种所有制形式企业参与城市市政公用基础设施的建设和经营。完善市政公用产品定价机制和政府公共财政合理补偿机制。

参 考 文 献

巴顿 K J，1986. 城市经济学 [M]. 上海社会科学院部门经济研究所城市经济研究室译. 北京：商务印书馆.

白明英，郭文炯，2013. 资源型经济转型的空间结构基础及重组策略：以山西省为例 [J]. 中国名城，（6）：34-38.

包卿，陈雄，2006. 核心—边缘理论的应用和发展新范式 [J]. 经济论坛，（8）：8-10.

鲍超，2014. 中国城镇化与经济增长及用水变化的时空耦合关系 [J]. 地理学报，（12）：1799-1809.

鲍寿柏，胡兆量，焦华富，等，2000. 专业性工矿城市发展模式 [M]. 北京：科学出版社.

鲍文，2011. 成渝经济区产业发展与城市化空间协调布局战略研究 [J]. 科技管理研究，（20）：95-99.

北京市科学技术委员会，1996. 跨世纪的抉择 [M]. 北京：北京科学技术出版社.

陈建军，陈菁菁，黄洁，2009. 空间结构调整：以加快城市化进程带动产业结构优化升级 [J]. 广东社会科学，（4）：13-20.

陈明星，2015. 城市化领域的研究进展和科学问题 [J]. 地理研究，（4）：614-630.

陈明星，陆大道，刘慧，2010. 中国城市化与经济发展水平关系的省际格局 [J]. 地理学报，65（12）：1443-1453.

陈明星，唐志鹏，白永平，2013. 城市化与经济发展的关系模式：对钱纳里模型的参数重估 [J]. 地理学报，68（6）：739-749.

陈雯，宋伟轩，杨桂山，2013. 长江三角洲城镇密集区的城市化发展态势、动力与趋势 [J]. 中国科学院院刊，28（1）：28-38.

陈修颖，2003a. 空间结构重构的效应及地域性策略 [J]. 财经科学，（6）：39-42.

陈修颖，2003b. 区域空间结构重组：理论基础、动力机制及其实现 [J]. 经济地理，7（4）：449.

陈修颖，2005. 区域空间结构重组：理论与实证研究 [M]. 南京：东南大学出版社.

陈亚光，钱勇，2006. 中国资源型企业与城市的协同演化 [J]. 工业技术经济，25（1）：66-70.

陈彦光，周一星，2005. 城市化 Logistic 过程的阶段划分及其空间解释：对 Northam 曲线的修

正与发展 [J]. 经济地理, 25 (6): 817-822.

成德宁, 2004. 城市化与经济发展: 理论、模式与政策 [M]. 北京: 科学出版社.

党兴华, 郭子彦, 赵璟, 2007. 基于区域外部性的城市群协调发展 [J]. 经济地理, (3): 463-467.

邓玲, 张鸥, 2011. 四川工业化与城镇化互动效应的动态研究: 基于 VAR 模型的实证分析 [J]. 经济问题, (11): 115-119.

杜闻贞, 1987. 城市经济学 [M]. 北京: 中国财政经济出版社.

杜瑜, 樊杰, 2008. 基于产业—人口集聚分析的都市经济区空间功能分异: 以我国三大都市经济区为例 [J]. 北京大学学报 (自然科学版), (3): 467-474.

樊杰, 2007. 我国主体功能区划的科学基础 [J]. 地理学报, 62 (4): 339-350.

樊杰, 田明, 2003. 中国城市化与非农化水平的相关分析及省际差异 [J]. 地理科学, 23 (6): 641-648.

樊杰, 刘毅, 陈田, 等, 2013. 优化我国城镇化空间布局的战略重点与创新思路 [J]. 中国科学院院刊, (1): 20-28.

樊杰, 孙威, 傅小锋, 2005. 我国矿业城市持续发展的问题、成因与策略 [J]. 自然资源学报, (1): 68-77.

樊杰, 陶岸君, 吕晨, 2010. 中国经济与人口重心的耦合态势及其对区域发展的影响 [J]. 地理科学进展, 29 (1): 87-95.

樊杰, 王宏远, 陶岸君, 等, 2009. 工业企业区位与城镇体系布局的空间耦合分析: 洛阳市大型工业企业区位选择因素的案例剖析 [J]. 地理学报, (2): 131-141.

封志明, 刘晓娜, 2013. 中国人口分布与经济发展空间一致性研究 [J]. 人口与经济, (2): 3-9.

冯德显, 汪雪峰, 2013. 传统农区城镇化研究 [J]. 中国科学院院刊, 28 (1): 54-65.

冯俊新, 2009. 经济发展与空间布局: 城市化、经济聚集和地区差距 [D]. 北京: 清华大学.

冯云廷, 2001. 城市聚集经济 [M]. 大连: 东北财经大学出版社.

葛莹, 姚士谋, 蒲英霞, 2005. 试论城市体系的微观经济分析 [J]. 南京社会科学, (3): 40-47.

郭海荣, 郭文炯, 2009. 资源枯竭型城市转型发展研究: 以晋中南部城镇组群为例 [C]. 科技支撑 科学发展——2009 年促进中部崛起专家论坛暨第五届湖北科技论坛文集.

郭克莎, 2002. 工业化与城市化的经济学分析 [J]. 中国社会科学, (2): 44-55.

郭腾云, 徐勇, 马国霞, 等, 2009. 区域经济空间结构理论与方法的回顾 [J]. 地理科学进展, (1): 111-118.

郭文炯, 2011. 山区县域空间结构系统化重组战略与操作模式: 以山西省石楼县为例 [J]. 地域研究与开发, 30 (1): 25-28.

郭文炯, 2014. "资源诅咒" 的空间结构解析: 核心边缘理论视角 [J]. 经济地理, 34 (3): 17-23.

郭文炯, 白明英, 2000. 太原大都市区城市化特征、问题与对策 [J]. 经济地理, (5): 63-66.

郭文炯, 白明英, 2013. 空间规划整合与协调问题研究: 以山西省为例 [J]. 技术经济与管理研究, (8): 89-94.

郭文炯, 白明英, 2014. 城镇化与资源型经济转型: 关系、机制与互动路径 [J]. 区域经济论丛, (13): 62-81.

郭文炯, 郭廷儒, 2012a. 探索山西城乡统筹发展的新模式 [N]. 发展导报, 2012-12-07.

郭文炯, 郭廷儒, 2012b. 以城镇组群加快市域城镇化进程 [N]. 发展导报, 2012-12-11.

郭文炯, 李锦生, 2009. 山西特色城镇化发展战略思考 [J]. 经济问题, (1): 125-127.

郭文炯, 吕敏娟, 2016. 山西传统村落区位特征研究 [J]. 中国名城, (11): 51-59.

郭文炯, 吕敏娟, 2018. 山西省传统村落人口特征及变动研究 [J]. 西北人口, 39 (1): 41-50.

郭文炯, 张复明, 2004. 城市职能体系研究的思路与方法: 以太原市为例 [J]. 地域研究与开发, 23 (4): 56-59.

郭文炯, 安祥生, 王尚义, 2004. 山西省人口分布与区域经济协调发展研究 [J]. 经济地理, 24 (4): 454-458.

郭文炯, 姜晓丽, 杨伟, 等, 2015. 资源型地区流动人口空间分布特征与影响因素分析: 以山西省为例 [J]. 中国名城, (2): 56-61.

郭文炯, 张侃侃, 孙晶波, 2013. 2000 年以来人口城镇化省际差异新特征: 基于 "五普" 与 "六普" 数据的比较 [J]. 西北人口, (5): 29-34.

郭晓东, 牛叔文, 吴文恒, 等, 2010. 陇中黄土丘陵区乡村聚落空间分布特征及其影响因素分析: 以甘肃省秦安县为例 [J]. 干旱区资源与环境, 24 (9): 27-32.

郭泽光, 2012. 山西资源型经济转型国家综合配套改革实验区发展报告 2012: 历史选择与改革探索 [M]. 北京: 中国财政经济出版社.

国家计委宏观经济研究院课题组, 2002. 我国资源型城市的界定与分类 [J]. 宏观经济研究, (11): 37-59.

韩青, 2010. 空间规划协调理论研究综述 [J]. 城市问题, (4): 28-32.

韩亚芬, 孙根年, 李琦, 2007. 资源经济贡献与发展诅咒的互逆关系研究: 中国 31 个省区能源开发利用与经济增长关系的实证分析 [J]. 资源科学, (6): 188-193.

贺传皎，王旭，邹兵，2012. 由"产城互促"到"产城融合"：深圳市产业布局规划的思路与方法 [J]. 城市规划学刊，（5）：30-36.

胡爱华，2004. 工业化与城市化互动机制发展研究 [D]. 武汉：华中科技大学.

胡援成，肖德勇，2007. 经济发展门槛与自然资源诅咒：基于我国省际层面的面板数据实证研究 [J]. 管理世界，（4）：15-23.

黄金川，方创琳，2003. 城市化与生态环境交互耦合机制与规律性分析 [J]. 地理研究，（2）：211-220.

黄叶君，2012. 体制改革与规划整合：对国内"三规合一"的观察与思考 [J]. 现代城市研究，（2）：10-14.

纪良纲，陈晓永，2005. 城市化与产业集聚互动发展研究 [M]. 北京：冶金工业出版社.

简新华，2005. 论中国的重新重工业化 [J]. 中国经济问题，（5）：16-26.

姜爱林，2001. 21 世纪初中国城镇化和工业化发展的战略思考 [J]. 现代城市研究，（5）：54-57.

姜晓丽，张平宇，郭文炯，2014. 辽宁沿海经济带产业分工研究 [J]. 地理研究，33（1）：96-106.

蒋满元，2005. 城市化与经济结构演变互动机制的逻辑模型及分析 [J]. 现代经济探讨，（12）：34-37.

金凤君，2007. 空间组织与效率研究的经济地理学意义 [J]. 世界地理研究，（4）：55-59.

金钟范，2010. 基于企业母子联系的中国跨国城市网络结构：以中韩城市之间联系为例 [J]. 地理研究，29（9）：1670-1682.

景普秋，2003. 中国工业化与城镇化互动发展研究 [M]. 北京：经济科学出版社.

景普秋，2013. 资源型区域矿—城—乡冲突及其协调发展研究 [J]. 城市发展研究，20（5）：146-151.

景普秋等，2011. 基于可耗竭资源开发的区域经济发展模式研究 [M]. 北京：经济科学出版社.

景普秋，范昊，2010. 基于矿产开发的区域经济发展模式：理论假说与个案研究 [J]. 中国软科学，（10）：124-132.

景普秋，郭文炯，2009. 煤炭资源型县域工业化、城镇化演进中的偏差问题：基于山西的实证 [J]. 兰州商学院学报，25（2）：44-51.

景普秋，王清宪，2008. 煤炭资源开发与区域经济发展中的"福"与"祸"：基于山西的实证分析 [J]. 中国工业经济，（7）：80-90.

景普秋，张复明，2003. 工业化与城市化关系研究综述与评价 [J]. 中国人口·资源与环境，（3）：34-39.

景普秋，张复明，2005. 资源型地区工业化与城市化的偏差与整合：以山西省为例 [J]. 人文地理，（6）：38-41.

李诚固，韩守庆，郑文升，2004a. 城市产业结构升级的城市化响应研究 [J]. 城市规划，（4）：31-36.

李诚固，郑文升，王晓芳，2004b. 我国城镇化与产业结构演变的互动变化趋势研究 [J]. 人文地理，19（4）：50-54.

李程骅，2008. 城市空间重组的产业动力机制 [J]. 南京师大学报（社会科学版），（4）：59-65.

李存芳，周德群，葛世龙，2009. 可耗竭资源型企业转移区位选择行为研究进展及启示 [J]. 经济地理，（8）：1288-1293.

李钢，2015. 矿地统筹发展及关键技术探讨 [J]. 中国土地，（6）：55-58.

李国平，2008. 我国工业化与城市化的协调关系分析与评估 [J]. 地域研究与开发，27（5）：6-16.

李军堂，2000. 矿区可持续发展动态分析与适应性对策 [D]. 北京：中国矿业大学.

李玲，2001. 改革开放以来中国国内人口迁移及其研究 [J]. 地理研究，20（4）：453-462.

李文彬，陈浩，2012. 产城融合内涵解析与规划建议 [J]. 城市规划汇刊，（7）：99-103.

李小建，1999. 经济地理学 [M]. 北京：高等教育出版社.

李小建，2006. 经济地理学 [M]. 2版. 北京：高等教育出版社.

林坚，陈霄，魏筱，2011. 我国空间规划协调问题探讨：空间规划的国际经验借鉴与启示 [J]. 现代城市研究，（12）：15-21.

刘洁，2011. "单一大企业主导型"城市发展研究 [D]. 济南：山东建筑大学.

刘洁，王宇成，苏杨，2011. 中国人口分布合理性研究 [J]. 人口研究，（1）：14-28.

刘盛和，陈田，蔡建明，2003. 中国非农化与城市化关系的省际差异 [J]. 地理学报，58（6）：937-946.

刘松涛，严太华，2014. 知识关联、劳动者迁移与城镇化格局：基于新经济地理视角的理论分析与数值模拟 [J]. 华东经济管理，（4）：27-35.

刘修岩，何玉梅，2011. 集聚经济、要素禀赋与产业的空间分布：来自中国制造业的证据 [J]. 产业经济研究，（3）：10-19.

刘艳军，李诚固，2009. 东北地区产业结构演变的城市化响应机理与调控 [J]. 地理学报，（2）：153-166.

刘艳军，李诚固，王颖，2010. 中国产业结构演变城市化响应强度的省际差异 [J]. 地理研究，（7）：1291-1304.

刘耀彬，2004. 改革开放以来中国工业化与城市化协调发展分析 [J]. 经济地理，（5）：600-

605.

卢伟，2014．我国城市群形成过程中的区域负外部性及内部化对策研究［J］．中国软科学，
　　（8）：90-100．

陆大道，1995．区域发展及其空间结构［M］．北京：科学出版社．

吕敏娟，郭文炯，2016．资源型区域乡村聚落规模结构及空间分异动态［J］．经济地理，
　　36（12）：126-134．

吕园，2014．区域城镇化空间格局、过程及其响应：以陕西省为例［D］．西安：西北大学．

马凯，2011．推进主体功能区建设　科学开发我们的家园［J］．行政管理改革，（3）：4-15．

马晓冬，马荣华，徐建刚，2004．基于 ESDA-GIS 的城镇群体空间结构［J］．地理学报，
　　59（6）：1048-1057．

梅林，孙春暖，2006．东北地区煤炭资源型城市空间结构的重构［J］．经济地理，26（6）：
　　949-956．

穆东，戴仁竹，任一鑫，2002．矿业城市与矿业企业协同发展探讨［J］．国土资源科技管理，
　　18（5）：19-24．

宁越敏，1995．从劳动分工到城市形态（二）：评艾伦·斯科特的区位论［J］．城市问题，
　　（3）：14-16，20．

牛慧恩，陈宏军，2012．现实约束之下的"三规"协调发展：深圳的探索与实践［J］．现代城
　　市研究，（2）：20-23．

牛叔文，刘正广，郭晓东，等，2006．基于村落尺度的丘陵山区人口分布特征与规律：以甘
　　肃天水为例［J］．山地学报，24（6）：684-690．

钱陈，2005．城市化与经济增长的主要理论和模型述评［J］．浙江社会科学，（2）：190-197．

钱纳里 H，塞尔昆 M，1989．发展的格局 1950—1970［M］．李小青，等译．北京：中国财政
　　经济出版社．

秦志琴，2015．山西省迁移人口空间格局变化及其经济因素分析［J］．地域研究与开发，
　　34（1）：166-171．

秦志琴，郭文炯，2016．区域空间结构的"资源诅咒"效应分析：基于山西的实证［J］．中国
　　人口·资源与环境，26（9）：110-115．

仇方道，佟连军，朱传耿，等，2009．省际边缘区经济发展差异时空格局及驱动机制：以淮
　　海经济区为例［J］．地理研究，28（2）：451-463．

《山西省城镇体系规划研究》编委会，2005.山西省城镇体系规划研究［M］.北京：中国科学技
　　术出版社．

山西省人口普查办公室，2002.山西省 2000 年人口普查资料［M］．北京：中国统计出版社．

山西省人口普查办公室，山西省公安厅，山西省人口普查办公室，1993. 山西人口四十年 [M].
　北京：中国统计出版社.

山西省统计局，2002. 山西统计年鉴 2001[M]. 北京：中国统计出版社.

山西省统计局，2007. 山西统计年鉴 2006[M]. 北京：中国统计出版社.

山西省统计局，2010. 山西统计年鉴 2009[M]. 北京：中国统计出版社.

山西省统计局，2012a. 山西省 2010 年人口普查资料 [M]. 北京：中国统计出版社.

山西省统计局，2012b. 山西统计年鉴 2011[M]. 北京：中国统计出版社.

山西省统计局，2017. 山西统计年鉴 2016[M]. 北京：中国统计出版社.

邵明伟，2015. 工业化与城市化关系：一个全面述评 [J]. 区域经济评论，（4）：151-160.

邵帅，齐中英，2008. 西部地区的能源开发与经济增长 [J]. 经济研究，（4）：147-160.

邵帅，齐中英，2009. 基于"资源诅咒"学说的能源输出型城市 R&D 行为研究：理论解释及
　其实证检验 [J]. 财经研究，（1）：61-74.

沈镭，程静，1998. 论矿业城市经济发展中的优势转换战略 [J]. 经济地理，（1）：52-57.

沈镭，程静，1999. 矿业城市可持续发展的机理初探 [J]. 资源科学，21（1）：44-50.

沈玉芳，2008. 产业结构演进与城镇空间结构的对应关系和影响要素 [J]. 世界地理研究，
　（4）：17-24.

施祖麟，黄治华，2009. "资源诅咒"与资源型地区可持续发展 [J]. 中国人口·资源与环境，
　（5）：33-36.

宋飏，王士君，2011. 矿业城市空间格局、过程、机理 [M]. 北京：科学出版社.

宋飏，王士君，王雪微，2012. 矿业城市空间结构演进过程与机理研究 [J]. 城市发展研究，
　19（2）：48-53.

宋飏，肖超伟，王士君，等，2011. 国外典型矿业城市空间可持续发展的借鉴与启示 [J]. 世
　界地理研究，20（4）：76-83.

孙承平，李鲁静，王东升，2010. 区域规划、产业转型与区域发展：2010 年"十二五"区域
　规划学术研讨会观点综述 [J]. 中国工业经济，（7）：146-151.

孙东琪，张京祥，张明斗，等，2013. 长江三角洲城市化效率与经济发展水平的耦合关系 [J].
　地理科学进展，32（7）：1060-1071.

孙明，秦鑫，代路滨，2011. 基于资源枯竭理论的黑龙江煤炭城镇空间发展研究 [J]. 小城镇
　建设，（8）：25-27，42.

孙平军，修春亮，2010. 脆弱性视角的矿业城市人地耦合系统的耦合度评价 [J]. 地域研究与
　开发，29（6）：75-79.

孙平军，丁四保，修春亮，等，2012. 东北地区"人口—经济—空间"城市化协调性研究 [J].

地理科学，32（4）：450-457.

谈明洪，范存会，2004. Zipf 维数和城市规模分布的分维值的关系探讨[J]. 地理研究，23（2）：243-248.

田毅鹏，2004."典型单位制"对东北老工业基地社区发展的制约[J]. 吉林大学社会科学学报，（4）：97-102.

万会，沈镭，2005. 矿业城市发展的影响因素及可持续发展对策[J]. 资源科学，27（1）：20-25.

王超，李蔚，王虹，2013. 产城综合体：工业化、城镇化互动发展的路径创新[J]. 社会科学研究，（3）：114-116.

王国霞，秦志琴，2013. 山西省人口与经济空间关系变化研究[J]. 经济地理，33（4）：29-35.

王缉慈，等，2001. 创新的空间：企业集群与区域发展[M]. 北京：北京大学出版社.

王磊，2001. 城市产业结构调整与城市空间结构演化：以武汉市为例[J]. 城市规划汇刊，（3）：55-58.

王小玉，2007."核心—边缘"理论的国内外研究述评[J]. 湖北经济学院学报（人文社会科学版），（10）：41-43.

相伟，2010. 建立规划协调机制 加强规划间的协调[J]. 宏观经济管理，（8）：30-32.

肖金成，刘保奎，2013. 国土空间开发格局形成机制研究[J]. 区域经济评论，（1）：53-58.

肖立军，付建平，2013. 产业集群作用下工业化与城市化互动发展分析：以四川省为例[J]. 商业时代，（3）：115-117.

谢海，2008. 积极探索资源型城市转型的有效途径：基于阳泉市的思考[J]. 理论探索，（4）：157-158.

徐康宁，王剑，2006. 要素禀赋、地理因素与新国际分工[J]. 中国社会学，（6）：65-77，204-205.

许学强，周一星，宁越敏，1997. 城市地理学[M]. 北京：高等教育出版社.

许学强，周一星，宁越敏，2009. 城市地理学[M]. 2版. 北京：高等教育出版社.

杨敬年，1988. 西方发展经济学概论[M]. 天津：天津人民出版社.

杨开忠，等，2001. 中国西部大开发战略[M]. 广州：广东教育出版社.

杨显明，焦华富，许吉黎，2015. 煤炭资源型城市空间结构演化过程、模式及影响因素：基于淮南市的实证研究[J]. 地理研究，34（3）：513-524.

杨小凯，黄有光，1999. 专业化与经济组织：一种新兴古典微观经济学框架[M]. 北京：经济科学出版社.

杨荫凯，刘洋，2011. 加快构建国家空间规划体系的若干思考[J]. 宏观经济管理，（6）：

17-18.

《阳煤集团六十年》编委会，2009. 阳煤集团六十年 [M]. 太原：山西人民出版社.

姚华松，许学强，薛德升，2010. 广州流动人口空间分布变化特征及原因分析 [J]. 经济地理，30（1）：40-46.

姚佳，陈江龙，姚士谋，2011. 基于新区域主义的空间规划协调研究：以江苏沿海地区为例 [J]. 中国软科学，（7）：102-110.

叶裕民，2001. 中国城市化之路：经济支持和制度创新 [M]. 北京：商务印书馆.

尹继东，张文，2007. 论我国工业化与城市化的双重演进：基于劳动力转移理论的实证分析 [J]. 南昌大学学报（人文社会科学版），（1）：90-94.

于涛方，吴志强，2006. 京津冀地区区域结构与重构 [J]. 城市规划，30（9）：36-41.

于涛方，甄峰，吴泓，2007. 长江经济带区域结构："核心—边缘"视角 [J]. 城市规划学刊，（3）：41-48.

曾菊新，1996. 空间经济：系统与结构 [M]. 武汉：武汉出版社.

翟顺河，郭文炯，景普秋，2010. 资源型区域城镇化动力、特征与战略取向：基于山西的实证 [J]. 城市规划，（9）：67-72.

翟振武，2001. 中国人口规模与年龄结构分析 [J]. 人口研究，25（3）：1-7.

张诚，杨宝，2010. 改革开放以来东北区城市化空间结构分析 [J]. 经营管理者，（4）：48.

张复明，2001. 工矿区域城市化模式研究：以山西省为例 [J]. 经济地理，（44）：418-423.

张复明，2007. 资源型经济理论解释内在机制与应用研究 [M]. 北京：中国社会科学出版社.

张复明，2011. 资源型区域面临的发展难题及其破解思路 [J]. 中国软科学，（6）：1-9.

张复明，郭文炯，1999. 城市职能体系的若干理论思考 [J]. 经济地理，19（3）：19-23.

张复明，景普秋，2006. 资源型经济及其转型研究述评 [J]. 中国社会科学，（6）：78-87.

张复明，景普秋，2008. 资源型经济的形成：自强机制与个案研究 [J]. 中国社会科学，（5）：117-130.

张国康，2003. 论国有企业社会职能剥离 [J]. 经济师，（1）：133-134.

张浩然，衣保中，2012. 城市群空间结构特征与经济绩效：来自中国的经验证据 [J]. 经济评论，（1）：42-47.

张侃侃，郭文炯，2013a. 城市转型中的单位社区化特征 [C]. 中国科协年会.

张侃侃，郭文炯，2013b. 基于空间特征、过程与机制的流域经济研究 [J]. 经济问题，（10）：103-108.

张侃侃，郭文炯，2016a. 国内资源型城市城企协同发展研究及启示 [J]. 太原师范学院学报（社会科学版），（4）：52-55.

张侃侃, 郭文炯, 2016b. 资源型城市转型中城企协同关系研究: 基于阳煤集团与阳泉市的分析 [J]. 经济研究参考, (39): 70-77.

张侃侃, 郭文炯, 2017. 汾河流域城镇化进程及影响因素分析 [J]. 中国名城, (10): 20-27.

张侃侃, 王兴中, 2012. 可持续城市理念下新城市主义社区规划的价值观 [J]. 地理科学, (9): 10.

张侃侃, 薛瑞, 2018. 资源型地区农业转移人口的结构变动及进城意愿分析: 基于山西省的实证研究 [J]. 经济研究参考, (4): 45-51.

张娜, 2012. 推动新城建设 "产城融合" [J]. 浙江经济, (11): 26-27.

张伟, 刘毅, 刘洋, 2005. 国外空间规划研究与实践的新动向及对我国的启示 [J]. 地理科学进展, (3): 79-90.

张文忠, 王岱, 2014. 中国资源型城市的城镇化特征和发展路径选择 [J]. 中国国土资源经济, (6): 12-17.

张晓明, 2006. 长江三角洲巨型城市区特征分析 [J]. 地理学报, 61 (10): 1025-1036.

张颖, 赵民, 2003. 论城市化与经济发展的相关性: 对钱纳里研究成果的辨析与延伸 [J]. 城市规划汇刊, (4): 10-18.

张永国, 宗科, 2006. 煤炭企业协同发展研究 [J]. 矿山机械, 34 (11): 6-9.

张玉民, 郭文炯, 2011. 资源型城市转型发展中的城乡空间统筹规划研究: 以山西省孝义市为例 [M]. 太原: 山西经济出版社.

张毓峰, 胡雯, 2007. 中国经济增长的空间组织基础及其转换研究 [J]. 经济论坛, (11): 43-46.

张云飞, 2014. 城市群内产业集聚与经济增长关系的实证研究: 基于面板数据的分析 [J]. 经济地理, 34 (1): 108-113.

赵改栋, 赵花兰, 2002. 产业—空间结构: 区域经济增长的结构因素 [J]. 财经科学, (2): 112-115.

赵红军, 尹伯成, 孙楚仁, 2006. 交易效率、工业化与城市化: 一个理解中国经济内生发展的理论模型与经验证据 [J]. 经济学 (季刊), (4): 1041-1065.

赵玲, 2011. 基于主体功能区划的吉林省城市化机制与路径选择 [D]. 长春: 东北师范大学.

钟业喜, 陆玉麒, 2011. 鄱阳湖生态经济区人口与经济空间耦合研究 [J]. 经济地理, 31 (2): 195-200.

周维富, 2002. 中国工业化与城市化协调发展论 [D]. 北京: 中国社会科学院研究生院.

周一星, 1982. 城市化与国民生产总值关系的规律性探讨 [J]. 人口与经济, (1): 28-33.

周一星, 孙则昕, 1997. 再论中国城市的职能分类 [J]. 地理研究, 16 (1): 11-22.

朱玉明，2001. 城市产业结构调整与空间结构演变关联研究：以济南市为例 [J]. 人文地理，16（1）：84-87.

Auty R M, 1993. Sustaining Development in Mineral Economies: The Resource Curse Thesis[M]. London: Routledge.

Baland J M, Francois P, 2000. Rent-seeking and resource booms[J]. Journal of Development Economics, 61: 527-542.

Corden W M, Neary J P, 1982. Booming sector and de-industrialization in a small economy[J]. The Economic Journal, 92: 825-848.

Fujita M, Thisse J F, 2002. Does geographical agglomeration foster economic growth and who gains and loses from it[J]. The Japanese Economic Review, 54(2): 121.

Gylfason T, 2001. Natural resources,education and economic development[J]. European Review, 45: 847-859.

Jones M T, Gallent N, Morphet J, 2010. An anatomy of spatial planning: coming to terms with the spatial element in UK planning[J]. European Planning Studies, 18(2): 239-257.

Krugman P, 1991. Increasing returns and economic geography[J]. Journal of Political Economy, 99(3): 483-499.

Lucas R E, Rossi-Hansberg E, 2002. On the internal structure of cities[J]. Econometrica, 70(4): 1445-1476.

Sachs J D, Warner A M, 1995. Natural resource abundance and economic growth[R]. NBER Working Paper, (12): 63-98.

Scott A, 1988. Metropolis: From the Division of Labor to Urban Form[M]. London: Pion Limited.

Unwin A, 1986. Systematic Geography[M]. London: Brian Knapp.

后　记

　　本书旨在从理论上解释"资源型经济问题""资源诅咒"的空间结构与空间组织方面的原因，并以山西省为实证，探索资源型区域工业化与城市化空间协调布局的路径与政策框架。

　　在关于资源型区域工业化与城市化关系的研究中，学术成果目前主要集中于工业化与城市化水平的相关关系、偏差现象及资源型城市空间形态的实证研究等方面，而从工业化与城市化空间关系角度解释资源型经济问题形成的内在机制及转型对策的研究相对较少。作为经济结构变动过程的工业化和作为空间秩序安排过程的城市化之间的空间协调内涵是什么？作用机制是怎样的？如何从工业化与城市化空间结构角度来解释资源型经济的形成及存在问题的内在机制？如何以工业化与城市化空间结构重组来推动区域资源型经济转型发展？面对这些问题，2011年笔者申报了"煤炭资源型区域工业化与城市化空间协调布局研究"国家社会科学基金项目，并获批。在研究课题启动后，课题组开展了广泛的调研和深入的讨论，逐步形成了对区域工业化与城市化空间协调布局内涵的基本认识，并由此确定了研究的核心内容，即核心—外围人口分布与经济布局的协调，城镇体系内部产业结构与城市功能结构的协调，城市地域层面上企业区位与园区功能相匹配、产业空间与生活空间融合的协调，区域人地系统层面城市化空间格局与主体功能区布局的协调。

　　2017年5月，课题组完成了《煤炭资源型区域工业化与城市化空间协调布局研究》初稿，报送全国哲学社会科学规划办公室。2017年11月，课题组收到5位评审专家的意见。评审专家认为：该课题成果根据区域经济学相关理论，按照国家区域经济发展战略和政策，在理论分析的基础上，以山西省为实证研究案例，探索资源型区域工业化和城市化空间协调布局的路径和政策框架，为优化工业化与城市化空间协调布局，促进资源型区域经济综合配套改革提供了参考依据。课题研究方向思路正确，研究方法科学合理，研究成果有创见、有特色，具有较大的学术价值和应用价值。成果的突出特色包括：①该成果在对国内外区域工业化与城市化相关理论系统研究的基础上，对区域工业化与城市化空间协调布局的内涵、影响因素与作用机制及运行条件等进行梳理和概括，提出自己的观点和结论。②该成果通过"资源诅咒"的分析视角，解释资源型区域的空间结构特征。课题将"三部门"模型及"核心—边缘"模型结合起来，从产业结构与空间结构的区域协同角度，揭示煤炭资源型区域工业化和城市化关系的特殊演进过程及区域性特征，以及特殊的作用机制和空间效应。③该成果运用大量的数量经济分析方法，通过建立相关模型，进行实证研究，将研究结论建立在科学分析的基础上。④该成果采用大量的案例分析方法，以山西省省域及孝义市、阳泉市等为案例进行具体的剖析，针对性较强，使研究具有较有力的说明。成果的应用价值和学术价值主要表现如下：该成果在对相关工业化与城市化理论全面梳理的基础上，较为系统地提出区域工业化与城市化空间协调布局的内涵、主要任务与内容、影响因素与作用机制及运行条件等，从"资源诅咒"的空间结构视角解释资源型区域的空间结构模式，为研究工业化与城市化协调布局提供了一个新的理论视角；以山西省为案例，具体研究煤炭资源型区域工业化与城市化空间战略，提出工业化与城市化空间布局协调的目标、战略取向和路径，并面向资源型区域转型综改实验实践，提出强化空间管制和空间规划机制创新的思路与行动，对我国资源型区域产业与空间协调发展具有一定的借鉴意义。

同时，专家指出，该课题研究从立项到结题时间跨度大（跨两个 5 年规划），实证研究中数据来源大部分是"十一五"时期（2010 年前），对市场作用的认识还停留在"基础性"作用层面，在理论认识上还不完善，数据来源和面板数据不够充分，数量分析也显不足等，有待进一步改进与提高。2018 年 5 月，全国哲学社会科学规划办公室通过了该课题的验收（证书号：20181656）。同时，课题组根据评审专家提出的具体修改意见，又对成果作了进一步完善。

本书是课题组集体智慧的结晶。项目组成员景普秋在项目申报和研究阶段做了大量的工作，对课题整体构架、理论研究部分做出了重要的贡献。白明英主要负责功能协调、规划机制的研究，秦志琴、王国霞主要负责人口集聚方面的研究，张侃侃主要负责城企关系方面的研究，张玉民、姜晓丽主要负责案例分析与研究。此外，研究生吕敏娟、薛瑞、温鹏飞、刘志坚、郜丹阳、郑泽文、张昱等，在乡村聚落研究、书稿校对和图表修改方面付出了辛勤的劳动。在课题研究过程中得到太原师范学院、山西省住房和城乡建设厅、山西省城乡规划设计研究院等有关单位的大力支持，得到山西省城乡统筹协同创新中心的出版资助。在此，作者对为课题研究和本书顺利完成、出版提供支持和帮助的单位和个人表示诚挚的感谢！

郭文炯

2018 年 6 月 11 日